AI财务

财务人员如何用ChatGPT为自己赋能

王 红 ◎著

天津出版传媒集团
天津科学技术出版社

图书在版编目(CIP)数据

AI财务：财务人员如何用ChatGPT为自己赋能 / 王红著. -- 天津：天津科学技术出版社, 2023.8

ISBN 978-7-5742-1504-7

Ⅰ. ①A… Ⅱ. ①王… Ⅲ. ①人工智能－应用－财务管理 Ⅳ. ①F275-39

中国国家版本馆CIP数据核字(2023)第143062号

AI财务：财务人员如何用ChatGPT为自己赋能

AI CAIWU : CAIWU RENYUAN RUHE YONG ChatGPT WEI ZIJI FUNENG

责任编辑：吴文博

责任印制：兰　毅

出　　版：天津出版传媒集团 / 天津科学技术出版社

地　　址：天津市西康路35号

邮　　编：300051

电　　话：（022）23332377

网　　址：www.tjkjcbs.com.cn

发　　行：新华书店经销

印　　刷：河北万卷印刷有限公司

开本 710×1000　1/16　印张 20.5　字数 270 000

2023年8月第1版第1次印刷

定价：79.00元

FOREWARD 前言

这几年，AI 这个名词已经频繁出现在我们的生活中、工作中，财务领域的从业人员一定深有体会。财务机器人的出现和应用不仅改变了财务工作的方式，也将在某种程度上改变财务人的工作性质和职责。在这个日新月异的 AI 时代，财务人如何适应这种变化，如何利用 AI 工具提升自己的工作效率和职业能力，是我们需要深思的问题，这也是我写这本书的初衷。

在开始了解 AI 财务之前，首先要弄清楚一个概念——什么是 AI？

AI 是人工智能的英文简称。每每提起 AI，很多人的大脑中都会浮现出机器人的形象，这显然是一个误区，机器人不等于 AI。机器人只是 AI 技术的一种应用形式，也可以看作 AI 的一种载体。机器人能够执行一些预先设置好的任务，像我们熟知的财务机器人，就可以自动纳税申报、打印凭证、处理发票等。

其实，AI 并不一定需要物理形态。它可以是一个聊天机器人、一个自动驾驶系统，或者是一个智能搜索引擎。从更宽泛的角度来理解的话，那些能够模仿人类智能，帮助我们更好地理解和处理问题的技术和系统都可以被称为 AI。这么来看，AI 财务也可以简单理解为用 AI 技术来解决财务问题。

如果要问现在什么 AI 工具最火，那肯定不得不提 ChatGPT。自发布以来，关于ChatGPT 的话题就热搜不断，其文本生成能力也让人惊呼：人工智能竟已如此强大！面对这么强势来袭的 AI 潮流，坚决抵制显然是不明智的，顺势而为，拥抱变革，用 AI 为自己赋能，或许你就能成为吃到第一批 AI 红利的财务人。

用 AI 为自己赋能这个话题如果要展开说内容就太多了，未来 AI 技术能进步到什么程度谁都难以预料，与其现在就开始焦虑自己会被 AI 所取代，倒不如主动出击，先利用 ChatGPT 迈出自我提升的第一步。

本书就是帮你迈出第一步的工具。书中设置了很多实战模拟的场景，如解析账务疑问、费用报销统计、固定资产明细核对、个人工作总结等。这些都是普通财务人最真实的日常工作情境。我将结合这些工作内容，用最简单直白的语言和具体的操作流程截图，一步一步详细展示用 ChatGPT 辅助工作的操作步骤，帮助你了解和掌握 ChatGPT 的使用方法，并教你利用 ChatGPT 解答工作中的难题，更有效地处理文档、数据和报告，甚至是制订职业规划和备考计划。即使你是一个财务新手，也能跟着内容直接上手应用。

我希望财务人员能从本书中看到 AI 的无限可能性，形成自己对 AI 的深刻理解，并以积极主动的心态参与这场 AI 变革。未来属于懂 AI 的财务人。

本书在写作过程中，与 ChatGPT 的问答截图均为自动生成，无法修改，且本书所涉及的人名、客户名称等均为化名，特此说明。

CONTENTS 目录

1 AI时代的财务新视角

AI与下棋的三场缘分你听过吗？三场棋局开启了AI的三个阶段，如今我们正处在一个瞬息万变、充满创新与挑战的AI 3.0阶段。AI的风暴已经遍及各行各业，财务领域也是其中之一。企业财务工作正在被重构，数字化浪潮汹涌袭来。对于许多财务人来说，一直纠结着一些问题，如“财务职业会消失吗？”“取代我们的会是谁？”“未来的出路在哪里？”，这些问题的答案或许你都能在本章找到。

1.1 AI 3.0 正在进行时

——从 1.0 到 3.0，AI 正在颠覆你所有的认知。

当我们回顾 AI 发展的脚步，会发现 AI 与下棋有着理不清的缘分。AI 赢得的三场棋局，掀起了三次人工智能热潮，分别对应着 AI 的 1.0、2.0 和 3.0 阶段。如今，AI 3.0 正在进行时……

1.1.1 初出茅庐的 AI 1.0

一切还要从 1956 年的夏天说起，在位于美国新罕布什尔州汉诺威的达特茅斯学院，一场研讨会持续了 2 个月之久，这就是“达特茅斯会议”。“人工智能”的概念就是在这场会议中被正式提出的。

这里还要记住一个名字——约翰 · 麦卡锡（John McCarthy），他就是提出人工智能概念的科学家，后来被称为“人工智能之父”。1956 年也就成了人工智能元年，AI 1.0 阶段从这一年开始。

1.0 阶段的 AI，就是让计算机能够像人一样思考并完成一些特定的任务。

1962 年，国际商业机器公司（IBM）的计算机专家阿瑟 · 塞缪尔（Arthur Samuel）编制的西洋跳棋程序拿下了康涅狄格州的跳棋冠军。

这个西洋跳棋程序的开发离不开数量众多的棋局实例。阿瑟 · 塞缪尔总结分析了很多的棋局数据并编入程序，让程序在下棋的时候，可以自己评估棋盘上的局面，更快地找到棋局中的好棋或坏棋，然后选择、调整下棋的方法，最后赢得胜利。

这里，还提出了一个新的概念——机器学习。阿瑟·塞缪尔强调该程序在选择下棋方法的时候是不依赖预先编程的指令的，而是在一定程度上模拟人类思维做出判断，这意味着计算机是可以进行自主学习的。

显然这个结论足够颠覆人们的认知，计算机在人们眼里不再只是一个计算速度特别快的机器，AI就像给计算机安装上了一个“大脑”，让计算机有了自己的“思维”。

这场棋局的胜利，在当时掀起了一股AI热潮。人们受到了震撼，大感人工智能的神奇。不过，人们很快发现，这个跳棋程序就只会下西洋跳棋，其他的什么也不会。

所以，1.0阶段的AI只能算是弱人工智能，也可以叫专业人工智能，主要利用“专家系统”让计算机完成相应的任务。就是在某一个特定的专业范围内，把大量的专家智慧汇总在一起，然后用编程的方式写入计算机。

这种编程的逻辑一般包括条件逻辑，即满足什么条件做出什么样的行动。计算机判断是否符合条件，并做出相应的动作，看起来就像完成了一次“思考”的过程。而且，因为计算机的计算能力一般比人脑速度更快、结果更准，所以可以将任务完成得更快、更好。

但是这种预先编写的程序有很大的限制，必须一切都按照最初提供的那些专家经验来进行学习判断。假设规则变了，或者场景变了，人工智能就不知道该怎么办了。

就拿刚才的西洋跳棋程序来说，如果下棋的规则有些新的变化，或者对手有了新的下棋策略，这个程序就失去效用了，更别说赢得棋局了，此时就需要重新导入新的数据和编程逻辑才能继续运转。

这种情况其实很难算是真正意义上的“自主学习”。但不管怎么说，AI 1.0都在人们的心中种下了一颗智能的种子，让人们在看待世界时有了一种名为 AI 的视角。从这以后，很多领域都开始尝试用专业的程序配合相应的机器，来替代人们完成一些重复性任务。

1.1.2 算无遗策的 AI 2.0

AI 与下棋的缘分并没有在 1962 年画下句点。到了 1997 年，IBM 公司开发的又一款象棋计算机——深蓝，在一场六局制比赛中，以 2 胜 1 负 3 平的成绩，击败了当时排名世界第一的棋手加里·卡斯帕罗夫（Garry Kasparov）。

即使是在媒体通信并不如现在发达的 20 世纪末，这一场棋局的胜利也成功地让 AI 又一次成为当时的热点。

深蓝可谓 AI 2.0 阶段的代表性开端作品，这一阶段的 AI 就像一个看起来会学习的计算机程序。这种学习能力是靠海量的数据支撑起来的。比如深蓝，IBM 开发人员就把百年来所有国际特级大师开局和残局的下法，都输入给了深蓝。

不同于“专家系统”，这是一种“穷举法”，也就是归纳总结。先利用大量的数据进行学习训练，建立模型，然后归纳、总结、标记、输出。与人类去学习一门新学科知识的过程一样，通过学习基础知识、练习试题、总结做过的错题，来提升自己的能力。如果在考试的时候碰到了做过的原题，就很可能取得更好成绩。

但是，同样是总结的过程，为什么深蓝就能战胜加里·卡斯帕罗夫呢？

在比赛结束后，深蓝的研发小组就说出了背后的诀窍——原来，深蓝研发小组在开始比赛前就已经根据公开的对局过程，针对加里·卡斯帕罗夫的下棋风格进行了编程。而且比赛开始后，在六局制每场对战结束的时候，研发小组都会及时根据这一场对局中加里·卡斯帕罗夫的表现，有针对性地微调。

正所谓，“知彼知己，百战不殆”，可以说，深蓝已经被打造成一个专门针对加里·卡斯帕罗夫的下棋高手。但加里·卡斯帕罗夫却对深蓝的历史对战记录一无所知。

尤其是在第二场对局中，加里·卡斯帕罗夫因为判断失误，导致这一场达成平局。之后的形势就足以想象了，五局之后，世界第一棋手竟然与计算机战成平手，这无疑打垮了加里·卡斯帕罗夫的斗志，再加上体力也不行了，没办法抗衡不知疲倦的计算机。于是在最后的决胜局，仅仅 19 步后，加里·卡斯帕罗夫就以失败收场。

对比之下，现实情况已经很明显了，深蓝通过“穷举法”对棋局进行计算的能力太强大了，一切行动判断都来自程序逻辑，几乎不存在自己判断失误的情况，称得上是“算无遗策”。而加里·卡斯帕罗夫作为人，会犯错误，在体力、情绪方面的变化都会干扰他下棋时的判断。

不过，AI 2.0 的“穷举法”还是局限在已有的数据库中，只不过相较于 1.0 阶段，数据的规模更大了，从“小数据集”转向“大数据集”，但这种归纳总结形式的机器学习与人的学习过程，还是有不一样的地方。

到底有什么不一样呢？

举个例子来说，现在有一个任务，判断一张图片里有没有喜羊羊。

如果想让 AI 快速识别出喜羊羊，研发人员要先把上百万张喜羊羊的图片编入程序中，归纳总结出“喜羊羊”的特征，如雪白的羊毛，脖子上用蓝色的绳子挂一个金色的铃铛。机器学习的过程是从这些图片里学会发现这些特征，然后按照这些特征来对照图片中有没有符合的喜羊羊形象，如果不符合这些特征，AI 很可能判定这不是喜羊羊。

但是，人类学习的过程就不是这样的，换一个幼儿园的小朋友来，只要看过几集动画片，哪怕碰到喜羊羊伪装成一只母狼的剧情图片，脸上戴着面具、化了妆、戴着头巾，小朋友还是能迅速认出这是喜羊羊。这就是人类学习特有的举一反三过程，是机器学习还没有的能力。

于是，在接下来发展过程中，AI 领域的研究重点开始放在怎么能让计算机拥有像人一样学习的能力。有没有可能编写出一套规则，覆盖所有的变化情况。这也是思考怎么从弱人工智能走向强人工智能，从专业人工智能走向通用人工智能的过程。

1.1.3　自主学习的 AI 3.0

AI 与下棋的缘分还在继续着。虽然 AI 已经赢得了西洋跳棋、国际象棋，但东方的围棋一直被称为最复杂的棋类，计算量之庞大远超一般人的能力。在很多时候，围棋的学习过程被认为需要靠“悟性”。

2016 年，又有一场棋局受到了全世界的瞩目。谷歌旗下的 DeepMind 公司研发的人工智能围棋程序 AlphaGo 战胜了韩国代表性棋手李世石，这让众多人大跌眼镜。

这种胜利并不是偶然的。随着更多的对弈数据被不断输入程序，AlphaGo 一直在升级，现在与人类棋手对弈的胜率几乎接近 100%。可以说，在围棋这一领域，人类已经很难再战胜 AI 了。

那 AlphaGo 是怎么学会下围棋的呢？

这里就不得不提到深度学习了，前面已经说过，AI 使用了机器学习的方法赢得了两场棋局。但显然这种学习的方法很难说得上是自主学习。但深度学习的出现，让 AI 有了自主学习的“感觉”。

不再需要人工去提取规则或特征，而是让计算机自己提取规则特征，也就是把“算法归纳”这项艰巨的任务交给计算机去完成。

严格来说，深度学习还是机器学习的一种形式，但是这种学习方式已经不再单纯依靠大数据集做支撑了，而是使用大量的神经网络层进行计算。AlphaGo 的网络结构就是基于深度卷积神经网络，这种神经网络特别适合处理像围棋这样的网格数据。

AlphaGo 有一个自己的评估函数，通过神经网络模型来“看”棋盘，在大量的围棋对局数据训练中，学习到什么样的棋局是好的、什么样的是坏的。然后，AlphaGo 就会通过搜索树来模拟接下来可能的每一步棋。这就像是在一片森林里面找路，每一步都有很多个方向可以走。搜索树就是用来表示所有可能的走法的“地图”。AlphaGo会根据自己的评估函数，预测每一步棋之后的棋局，然后选出最好的那一步。

但是因为围棋的可能走法太多了，所以AlphaGo不能把所有的可能都算一遍。这时候就需要“剪枝”，也就是放弃一些明显不好的走法，就可以节省时间和资源。

AlphaGo还有一个特别厉害的地方，就是可以通过强化学习自我进化。就像人下了很多局围棋之后，会发现自己越来越擅长下棋。AlphaGo也是这样，它通过和自己下棋，不断改进自己的评估函数和搜索策略，变得越来越厉害。

所以，AlphaGo下围棋就像是一个聪明的孩子在玩游戏。它会观察、思考、试错，然后不断学习和进步，最后成为一个围棋高手。这就是深度学习的魅力，已经称得上是一个自主学习的过程了。

很多人由衷地惊叹AI比人看起来似乎更聪明。

其实，AI在下棋方面赢过了人类，并不能说明AI就比人脑更聪明。在真正的围棋对弈中，比的是双方的心性和选择。获胜的一方除了技巧高超，另一个获胜的关键还是揣摩对手，所以与人下棋，赢的是人，不是棋。但与AI下棋，就只能在棋上面比拼了。

AI下棋的每一步的选择说到底还是一种计算力，也就是俗称的“走一步，看三步”，只要计算机程序一直在升级，就能看到后面的几十步、几百步，所以AI在计算能力方面超过人类是注定的。

2021年，梅拉妮·米歇尔（Melanie Mitchell）所著的《AI 3.0》出版，这是梅拉妮·米歇尔教授根据自己从业多年的工作经历记录下来的内容，全景式再现了AI的前世、今生和未来展望。

该书提到AI 3.0是智能觉醒的启蒙，将掀起第三波人工智能热潮。这本书的很多观点都代表了当时的AI前沿。该书的最后还提出了几个问题，其中一个问题是计算机能够具有创造性吗？

在仅仅间隔两三年后，如今我们再回头看，AI技术已经在很多方面有了重大的突破，从 Diffusion 模型到 GPT 模型，不管是在图像生成领域，还是在文字生成领域，都打破了人们对于 AI 只是一个冰冷机器，而毫无创意的印象。随后，ChatGPT 爆红，更是打开了通用 AI 的大门，展现出了赋能众多行业的较大潜力。

创造性似乎已经不再是人类的特权，如在绘画这个我们一直认为是艺术的最高表现形式的领域里，AI 已经开始大显身手了。普通人依靠 AI 庞大的模型和随机化算法，就能够在短短时间里创作出充满艺术感的图像。这难道不是一种创造性吗？

所以，这 2016 年第三场棋局的胜利，也许早已拉开了 AI 3.0 的序幕，掀起了人工智能的第三次热潮，AI 的所代表的含义也随着有了新的变化。3.0 阶段的 AI 是感知环境后做出合理的行动，并获得最大收益的一种计算机程序，最突出的学习方法是深度学习。

现在 AI 3.0 仍在进行时，也许下一秒就会有新的突破。不只是强人工智能，未来，超人工智能也未必不能实现。

1.2 财务领域的 AI 风暴

——AI 风暴来袭，财务领域正迎来飞跃的契机。

正逢 AI 3.0 热潮，财务领域也站在了风口。从 2017 年的财务机器人问世，财务数字化成为一项战略，到 2018 年智能财务研究中心成立，再到中央企业世界一流财务管理体系的建设落地，财务领域的一系列动作让人目不暇接。这一场 AI 风暴最终酝酿出一场名为数字化转型的浪潮，等着众多企业前去探索，有望实现发展的飞跃。

1.2.1　财务机器人问世

还记得 2017 年 5 月那个让人眼前一亮的动画吗？一款名叫“德勤财务机器人”的 H5 动画刷屏网络，那是财务机器人第一次走进我们身边的现实世界。那一刻，AI 悄然在财务领域落地生根，带来了全新的财务工作体验。

早在 2015 年的时候，财务机器人（RPA）的概念就被德勤会计师事务所提出来了。那时候的我们或许还没有完全理解这个概念代表着什么，但是仅仅过去 2 年时间，这个神秘的概念就化身为“小勤人”来到我们身边。

小勤人就是德勤会计师事务所推出的财务机器人，这个小家伙可以说是个财务界的工作狂。它可以自动完成任务，不会感到疲劳，连轴转地工作，堪称企业的最佳员工。

无论是资金收付、自动纳税申报、自动对账清账、表单审核、发票处理、报表自动化、工资核算、费用报销审核、凭证打印，还是业财数据传递、数据智能采集、主数据维护，小勤人都能轻松搞定。

2017 年注定是繁忙的一年。不仅有德勤的财务机器人闪亮登场，紧接着普华永道会计师事务所、安永会计师事务所、毕马威会计师事务所也都带来了他们的财务机器人及其解决方案，四大会计师事务所齐上阵。

普华永道会计师事务所的机器人不仅满足于财务领域，还把触角伸向了人力资源、供应链以及信息技术等领域。就像一个万能的小助手，用智能软件帮企业完成那些耗时、规范化、重复性强的工作。最方便的是，它还不需要企业去更改任何的应用系统或者技术。

安永会计师事务所的机器人则被赋予了一个崇高的使命，就是推动业务流程变革。安永预言，机器人流程自动化（RPA）将成为下一波技术革命的浪潮，将减少人们在大批量活动中的工作需求。

毕马威会计师事务所也赶上了这趟火车，成为最后一家明确提供机器人流程自动化服务的企业。毕马威提供一站式的企业机器人流程自动化服务。这包括确定高级自动化的优先领域，为未来员工制定多方面的战略和规划路线图，选择合适的供应商和合作伙伴，建立治理计划，以及通过试点或多个流程领域实施首选的自动化解决方案。真的是一揽子服务！

这些财务机器人在效率、成本、精准度方面都为财务工作带来了全新的变革。举个例子，财务人应该都查验过发票，一张一张地在官网手工核对，数量一多就容易出错，时间一长还觉得自己眼发花、头发胀。有了财务机器人呢，财务人要做的就是打开手机进行拍照，然后上传，结果一下就出来了，不仅速度快，准确率还高。

这就是财务机器人的“威力”，它们擅长做重复性工作，它们 24 小时不打烊，它们可以把原本耗时且烦琐的手工作业，如同变戏法一样，以更快的速度、更低的成本、更高的准确度完成。

于是，一场财务领域的 AI 风暴就此开始了。

1.2.2 财务数字化成为一项战略

有了财务机器人，有了财务智能化解决方案，自然要应用起来，探索所有的可能性。这种应用的过程，就是财务数字化的一部分。

财务数字化在 2017 年就已成为风向标。那一年，人工智能被我国政府正式写入年度工作报告。《新一代人工智能发展规划》也跟着发布，这个规划让人特别印象深刻，因为它提到要创建国家级的人工智能开放创新平台。依托科大讯飞建设的智能语音国家新一代人工智能开放创新平台，就是其中的一项规划。

当前，我们正处在一个信息爆炸和技术革命的时代，各行各业都在寻求数字化转型，而财务领域也不例外。

AI 是财务数字化的关键技术之一，但只有 AI 是完不成数字化的，还需要搭配其他的技术，如区块链、大数据、云计算和物联网等。每种技术都有着自己的特性和优势，相互补充配合，才能完成一场数字化转型。

这么一看，财务数字化就是一场由众多先进技术驱动的变革。

不过，单靠技术的进步还是不够的，技术毕竟是外在的力量。真正推动财务数字化起步的，还得是企业自身要转型的内在自我意愿，这需要企业抱有创新精神和勇于变革的态度。

比如，2017年，北京元年科技股份有限公司推出的一项雄心勃勃的战略——“AI in All”。这个战略就是要在接下来的3～5年，把AI技术广泛应用到财务共享、管理会计和数据分析等领域，推动企业的财务数字化水平更上一层楼。紧接着，很多公司都纷纷发布了自己的财务数字化战略。

数字化这场华丽的变身，影响的不仅仅是财务的工作方式，也在改变我们对财务工作的理解和认知。

公司的财务部门得做什么？旧思维告诉你，财务就是记账、算钱，看看公司是赚是赔。但财务数字化告诉你，你还可以做得更多。

怎么更多？就是预见未来，而不仅仅记录过去。

财务部门将一改过去的“账房先生”形象，成为企业的真正的战略部门，在数据的海洋中找出潜在的商业机会，探索营利的新途径，和其他部门一起并肩作战，推动公司的业务发展，创造出更大的价值。

在这个过程中，我们期待看到更多的技术和方法被应用到财务管理中，让财务数字化成为推动企业发展的强大引擎。

1.2.3 智能财务研究中心成立

就在2018年，上海国家会计学院和一群志同道合的合作伙伴，共同创建了国内首个智能财务研究中心。这个全新的平台就像是科幻电影中的实验室，敢于大胆尝试，把AI和IT技术引入财务领域，探索出了一片疆土，深入研究着智能财务的无穷潜力和无限可能。

不过，这个研究中心并不像传统研究机构那样条条框框，反而是一股新鲜的风，带来了全新的“三无”机制——无行政级别、无学科边界、无组织边界。

这种机制让人耳目一新，犹如一片净土，任何有志有才的人都可以在这里施展才华，只要有想法，有创新，就可以潜心地研究。

而这片自由的土壤持续吸引着更多优秀的研究团队和企业加入，如美国管理会计师协会、科大讯飞、用友网络、浪潮集团等纷纷把自己的资源投入这个研究中心，为研究中心带来了丰富的知识和力量。

大家围绕智能财务大胆创新，提出了一个又一个新的研究课题，像是用高科技编织的一张巨网，捕捉到了许多重要的研究成果。

2021 年，这个曾经的研究中心已经升级为智能财务研究院，成了国内财务研究领域的一座重要高地。他们依然保持初心，以智能财务为核心，坚持探索、研究，同时大方地分享研究成果，举办智能财务最佳实践评选，通过这些实际的行动，推动全行业的发展。

智能财务研究中心的成立与持续进步，是这场财务 AI 风暴的重要推手。他们用自己的实际行动——热情的研究和无私的分享，为大家展示了智能财务的无限可能，在一个崭新的领域开辟了一条财务发展道路，让我们看到了未来的财务新路径，也让我们期待财务管理会变得更加智能，更加高效。

1.2.4 世界一流财务管理体系建设

有了财务机器人的问世，有了财务数字化的战略指引，有了智能财务研究院的成果支持。终于，万事俱备，财务领域的 AI 风暴吹向了中央企业，国家点名要求中央企业加快建设世界一流财务管理体系。这是 AI 在财务领域的一个重要落地契机。

2022 年，国务院国有资产监督管理委员会发布了《关于中央企业加快建设世界一流财务管理体系的指导意见》（以下简称《意见》）。这份《意见》让中央企业财务部门跳出传统框架，运用人工智能新技术，从信息处理的角色逐步转变为数字化、智能化的决策者，甚至成为企业数字化转型的先锋。

这份《意见》重点提出了一个“1455”的框架。我们可以将其视为中央企业财务部门工作的全面地图，提供了一个实际的、实用的工作方向。这个框架不仅涵盖了中央企业财务部门现有的日常工作，也设定了中央企业财务部门未来更高的目标和标准。

▲“1”指的是一个目标

即通过建设世界一流的财务管理体系来“支撑战略、支持决策、服务业务、创造价值、防控风险”。

这 20 字的目标，让我们明白，世界一流的财务管理体系应当有战略眼光，需要引导企业决策，为业务提供服务，为企业创造价值，并同时防控风险。

换句话说，财务部门不再是传统意义上的记账部门，而是成为企业战略决策的重要参与者。这一点恰与前面提过的财务数字化战略一致。

▲“4”代表了四个变革

分别是理念变革、组织变革、机制变革、手段变革。

这些变革要求中央企业财务部门在实践中应立于实际、守正创新、开放协同、精益求精、技术赋能、坚守底线，并对组织架构和工作机制进行优化。就像是一扇通向世界一流财务管理的大门，需要打开它们才能进入一片新的天地。

▲第一个“5”是五项基本职能

包括强化核算报告、强化资金管理、强化成本管控、强化税务管理和强化资本运作。

这些职能是世界一流财务管理体系的五个关键任务，让中央企业财务部门更能做到合规精准、安全高效、精益科学、规范高效和动态优化，需要投入大量的时间和精力去完成。

▲第二个“5”代表了五大体系

分别是全面预算管理体系、合规风控体系、财务数智体系、财务管理能力评价体系和财务人才队伍建设体系。

这五大体系为中央企业财务部门全面、有效、智能、前瞻性发展提供了支持。就像是五个基石，需要稳固每一块，才能建设起坚固的世界一流财务管理体系。

“1455”框架为中央企业描绘了一个全面、详细、实用的财务管理蓝图，提供了从信息化向数字化、智能化转型的指南。按照这个框架进行工作，中央企业财务部门有望在 5 ～ 15 年跃上新台阶，并建成与世界一流企业相适应的世界一流财务管理体系，成为引领企业数字化转型的先行者。

自从《意见》发布后，很多中央企业开始将这个“1455”框架运用到财务转型实践中，包括中国保利集团有限公司、中国中车股份有限公司、华润（集团）有限公司等。这些中央企业并不是照搬“1455”的框架，而是在这一框架的指导下走出了自己的特色道路，如中国中车股份有限公司的“11345”总体建设思路，就是基于“1455”的框架演变出来的特色道路。

于是，财务领域的这场 AI 风暴终于在技术就位、战略就位、研究就位之后，在实践领域落地了。以中央企业为首，为众多其他企业打了一个样，掀起了一场财务数字化转型的浪潮。

1.3 AI 时代财务人的出路

——AI 时代，取代你的可能不只是 AI，还有善用 AI 的财务同行。

人工智能会让财务职业消失吗？面对 AI 3.0 热潮和财务数字化转型风暴，国内的上千万财务人的“路”在何方？人机共生或可成为一个有待探索的方向。当竞争对手不是 AI，而是善用 AI 的财务同行，我们能做的就是用 AI 为自己赋能，做一个新型的 AI 财务人。

1.3.1 财务职业会消失吗?

在经济学界，有一个“杰文斯悖论”，出自19世纪英国经济学家威廉姆·斯坦利·杰文斯（William Stanley Jevons）。

19世纪的英国，煤炭的消耗量飞速增长，带来了大量的污染。人们想，要是能提高燃煤效率，就能用少量的煤做更多的事，这样是不是就能减少对煤的需求了。

但是威廉姆·斯坦利·杰文斯却发现了一个令人惊讶的事实：提高燃煤效率，对煤的需求反而会增加，因为燃煤效率的提高会扩大生产的规模，所以燃煤的需求也增加了。

听起来很难懂，让我们用一些简单的例子来解释一下。

我们的手机电池一般用一段时间就没电了，充电有时候会比较麻烦。有些人不禁会想，如果手机的电池续航时间更长，就能减少电量的消耗了。但事实一定是这样吗?

如果你的手机电池续航延长，你可能就会更愿意玩手机，在手机上消耗大量的时间，结果是你对电池的续航需求反而又增加了。

再如，石油资源是有限的，我们可能期待小排量汽车能省油，结果因为开车的成本更低了，更多的人愿意开车，反而导致石油的消耗总量更大了。

所以，技术的提高本来能让我们更有效率地使用某种资源，但这反而会增加我们对这种资源的需求。这就是“杰文斯悖论”。

把这个论题的范围再扩大一些，当初计算机的发明，原本是为了取代一种叫作“computer”（计算者）的工作。但随着计算机技术的发展，却需要更多的人去生产、维护和使用计算机。

现在，无人驾驶技术的发展，也可能让司机这个职业消失。但是，我们需要更多的工程师去研发无人驾驶技术，更多的维修工去修理无人驾驶汽车，甚至可能需要哲学家去帮助决定在两难的情况下，如前进和刹车都会发生事故的时候，无人驾驶车辆应该怎么选。

回到人工智能会不会让我们失业这个话题，很多人都觉得自己要被AI 取代了。

但其实，这个问题并不像看起来那么简单。因为，就像杰文斯悖论所说的，技术进步并不一定会让资源的使用更少，反而可能导致对某种资源的需求增加。这里的“资源”就指的是我们，是人力资源，包括财务人。

人工智能可能会让一些财务工作变得更容易，但更容易也就意味着成本更低了，反而可能会让更多的公司愿意引入这些财务功能了，导致对财务职业的需求更大。

简单点来说，其实有些企业对于财务的重视程度并不高，尤其是很多小微企业，也许是因为成本的限制、业务比较简单，或者其他的原因，这些企业很多只是设有一个简单的记账报税岗位，甚至直接找外部代理记账，把财务工作外包了出去。

在这类公司里面，财务职业其实有很大的潜在市场。如果 AI 能让这些公司的老板看到财务对公司业务发展的支持价值，而又不需要付出很高的成本，可能他们会很乐意成立一个专门的财务部门，这就变相增加了企业对财务职业的需求。

不过也不能盲目乐观，尽管从长远来看这个需求量是增加的，但是到底这个需求量的增加能不能覆盖财务从业人数的增加还未可知。毕竟我国每年都会新增上万，甚至数十万的财务类毕业生，同时还有其他行业的人才跨界从事财务工作。

可以确定的一点是，人工智能的出现就是会取代一些传统的财务工作，这是已经存在的事实。比如，资金收付、纳税申报、对账清账、表单审核、发票处理等。对于这些工作，财务机器人都能办到，所以可能会让一些基础性的财务工作变得不再需要人工去做。

但是同时，一些新的财务职业也会被创建出来，如财务机器人咨询师、AI 自动化流程操作员等，还有在设计财务类人工智能系统的时候，也需要财务人的参与。

AI 的出现更像是给财务人提供了一把工具，帮助财务人更高效地完成工作，也让财务人有更多的时间和精力去处理更复杂的问题。比如，分析财务数据，发现其中的趋势和问题，为公司的决策提供依据；或者可以设计和优化财务流程，提高公司的经营效率。

从这个角度看，未来的财务职业并不会消失，但很可能会迎来一次大调整。低端的财务工作将会面临淘汰，整体上财务工作可能会变得更复杂，岗位的划分会更加细致，创造的价值更高，也更需要各类人才，而不是让财务工作变得更简单，更容易被 AI 取代。

1.3.2 取代你的是谁？

在确定财务职业大概率不会因为 AI 的出现而消失之后，你可能会以为财务人可以放下那些面临未知科技的焦虑。然而，现实却并非如此，毕竟如今大部分财务人从事的工作，就是那些随时可能被 AI 替代的基础性内容。

但是，取代你的一定就是 AI 吗？

这个问题的答案并不是一成不变的，不仅取决于你所处的工作环境，还得分短期和长期来说。

假设你现在就在一家大型企业中工作，从事的刚好是那些基础性财务工作，而且财务机器人或者其他的 AI 系统已经来到或即将来到你的工作环境，那么短期来看，你所面临的情况可能就是和机器赛跑了。在这样的情况下，取代你的很可能就是 AI。

然而，从长期的角度来看，即便机器可以完成大量的基础性财务工作，它们仍然需要人类进行指挥和审核。换句话说，仍有一些岗位会被保留下来，只不过这个时候，你的竞争对手可能会是比你更加熟悉 AI 的老同事或者是新人。

我们需要意识到的是，大型企业的数量是有限的，能够提供的财务岗位数量也是有限的。实际上，绝大多数的财务从业人员都在中小微企业中工作。虽然我们不能否认，人工智能的发展速度已经超越了我们的想象，但它现在还远没有达到在企业全面普及应用的程度。

对于那些占据了企业数量九成以上的中小微企业来说，特别是一些小微企业，其面临的问题是引进、运行和维护一个财务机器人，或者 AI 财务系统的费用可能比企业的注册资本还要高。因此，在这个价格变得更加“亲民”之前，大多数在中小微企业就职的财务人员，可能还没有那么快面临与 AI 一起工作的场景。

那么，这些在中小微企业工作的财务人员就可以暂时松一口气了吗？并不是的，不要忘记，AI 一直在发展。ChatGPT 的出现，就是一个典型的代表，已经让 AI 变得触手可及。任何一个财务人员，都可以利用这样的工具来提高自己的工作效率。

所以，从长期的角度来看，无论你在哪里工作，你都可能会面临与 AI 共事的情况，甚至可能被 AI 取代。但是从短期来看，最先取代你的，可能不是 AI，而是那些能够更熟练地使用 AI，借助 AI 更快、更好地完成相同工作的财务同行。

要知道，我国已经开始培养大数据会计、智能会计等专业的财务新人才，未来的财务毕业生可能在校期间就已经可以熟练应用 AI 来开展工作，而身边已经嗅到发展趋势的同事，也很可能已经私下开始学习利用 AI。

那么，取代你的到底是谁？可能是 AI，但更大的可能是善用 AI 的同行。

无论最终的答案是什么，财务人都需要从现在开始思考未来的出路到底在哪里了。

1.3.3 人机共生是出路吗?

在我们的工作和生活中，AI正在以肉眼可见的速度改变着一切。如果你做过财务工作，那么可能对一些让人头疼的任务非常熟悉，如收集和整理数据、填写烦琐的表格、计算无数的数字。如果核账的时候出现了几分钱的误差，更是令人崩溃的瞬间。

好消息是，AI的出现可以帮助我们更快、更好地完成这些任务。比如，财务机器人、专家系统、人工神经网络、自然语言处理等，都已经开始在各种财务任务中发挥作用，从会计核算到战略管理，它们正在帮助我们，使我们的工作变得更轻松、更高效。

试想一下，企业一般每个月都需要生成一份财务报告，以前这可能需要财务人花费几天的时间去完成，更大型的集团合并财务报表甚至需要更多的财务人共同完成。现在，借助AI，这项工作可能只需要几分钟。

这就意味着财务人一定会被AI取代吗?

其实这是一个很好回答的问题，不需要做那些基础的财务工作后，财务人就可以用省下来的时间去做其他的事情，如分析财务报告、找出公司可能存在的问题、制订新的战略计划。

所以，企业不需要从AI和财务人里二选一，这也不是一个非黑即白的话题，企业会说“我都要”。

但是这个“都要”也不是什么人都要，企业发展需要AI，也需要财务人，但不需要所有的财务人，尤其是抵制AI的财务人。

还记得当初会计电算化出现的时候，那些坚持要用算盘的财务人都怎么样了吗?被淘汰了!留下来的是谁呢?是那些并没有把计算机当作敌人，而是把它当作有用工具的财务人。

同样的道理，AI也不是我们的敌人，那些抵制AI、不愿意学习与进步的财务人，注定是会被淘汰的，只不过是时间的早晚罢了。特别是那些从事低端财务工作的人，很可能是最早被 AI 取代的。留下来的是那些都是把 AI 当工具，用 AI 帮助自己更好完成工作的财务人。

这么来看，人机共生或许就是 AI 时代财务人的出路。

什么是人机共生呢？就是人与 AI 一起工作。形象点来说，人机共生就像一个团队游戏。人与 AI 成为搭档，AI 的强项是处理大量数据和计算，就像一个数字大师，可以很快地进行计算和分析；而人的任务则是指导 AI，告诉它应该做什么、怎么做。在工作过程中，AI 可能会有犯错误的时候，而人的任务是在 AI 犯错误的时候，及时纠正它。

如果单独站在"人"的立场，也可以把 AI 看作一个技能点，如果财务人愿意学习和使用这个新的技能点，就有可能在这个快速变化的世界中找到属于自己的位置。

所以，财务的未来不是属于 AI，而是属于掌握了 AI 的新财务人。

1.3.4 人无我有，人有我优

人机共生下，赛道已经变了，这不是一场人与 AI 的较量，而是一场普通人与善用 AI 的人之间的较量。

在已经趋近于饱和的财务从业市场，除了高端类财务人才是企业争着要的，大多数从事中低端财务工作的人，或者还没成长起来的财务人，就只能自己想办法武装自己，尽最大的努力挖掘自己的潜能。

那么，怎么做到自己不是被取代的那个，反而有可能成为取代别人的那个呢？

在营销界一直有一句话叫作"人无我有，人有我优"。在这个自我营销的时代，财务人也可以借鉴这句话，把自己塑造成那个人力资源中的"畅销品"。

毕竟，对于普通的财务人来说，在求职的时候通常处于一个买方市场。因为好的企业、好的岗位是稀缺资源，竞争激烈。因此，如果你想让自己在众多的求职者中脱颖而出，或者你想在当前的企业里扎根长驻，保证自己不被那些技能更强、工资更低的新人所取代，就需要不断提升自我，不断地开发新领域，让自己没有“平替”。

普通财务人怎么做到“人无我有，人有我优”呢？

最直接的方法就是利用 AI，让 AI 成为自己的技能点，做一个新型的 AI 财务人。一旦你会利用 AI，就能在那些还未接触 AI 的同行面前实现“人无我有”。然后，当大家都开始使用 AI 的时候，你就需要让自己成为那个熟练掌握并能够善用 AI 的人，那样你就做到了“人有我优”。

换句话说，无论是在当前，还是在未来，你都需要一直保持对 AI 技术的领先地位，始终快人一步。

现在出路有了，目标也明确了，具体怎么做，又有人开始犯难了，从哪里入手呢？

其实，我们手边已经有了一个现成的工具，那就是 ChatGPT。ChatGPT 是一款人工智能聊天机器人，它可以帮助你解决各种工作上的难题，如提高写作效率、做表格、制作演示文稿等。而且，在你求职面试、规划职业发展道路、备考财务证书的过程中，ChatGPT 也能帮得上忙。这些都是本书接下来要重点介绍的内容。

财务人需要把握住这个机会，因为这可能是我们在财务职业道路上的一次重要的转折点，也可能是我们在工作和生活中实现自我提升的一次重要机会。

让我们一起来探索如何用 ChatGPT 为自己赋能吧！

2

了解 ChatGPT

ChatGPT 最近火爆全网。大家只知道这是一款聊天机器人，但没有真正接触过它的人可能并不了解它是怎么运行的，也不知道除了聊天它还能做什么？这一章就是一个大揭秘过程，揭开你所不知道的 ChatGPT“身份信息”，聊一聊 ChatGPT 的考证经历，最后对它的功能来进行大盘点，帮助财务人全方位地认识一下 ChatGPT 这个 AI 工具，以便未来更好地利用它。

2.1 什么是 ChatGPT

——ChatGPT，财务人的入门级 AI 助手。

如果你对 ChatGPT 一无所知，那可以从家庭背景、亮相时间、外表、大脑、成长经历来一个全方位的了解，并透过这些外在的表现看到 ChatGPT 作为一个 AI 助手的本质。

2.1.1 家庭背景

就像我们了解一个人的身份，先要知道他来自哪里一样。ChatGPT 也不是凭空冒出来的，它出自一家人工智能公司——OpenAI。

OpenAI 在 2015 年底成立，时间并不长。创始人是一群知名的企业家和研究者，他们共同看好人工智能技术的发展，于是创立了这家公司。以下是其中的一部分主要创始人：

埃隆 · 马斯克（Elon Musk），特斯拉（Tesla）和太空探索技术公司（SpaceX）的创始人，是一位富有远见的企业家。

山姆 · 阿尔特曼（Sam Altman），OpenAI 首席执行官，一位知名的创业者和投资者，曾是 Y Combinator 的总裁。Y Combinator 是一家全球知名的创业孵化器。

格雷格 · 布罗克曼（Greg Brockman），这是 OpenAI 的首席技术官，他在人工智能领域有着丰富的经验。

此外，还有一众在人工智能领域经验丰富技术大能和研究人员参与其中，在此就不做详细介绍了。

这些创始人共同的愿景是创造出一种能够公平、安全地为全人类带来益处的通用人工智能。这从“OpenAI”这个名字就可以感受到，其包含着一种开放、公开、透明的态度。

OpenAI 以其一流的研发实力，在全球范围内赢得了较高的声誉。他们开发的 GPT 系列、DALL · E 系列、Whisper 系列等人工智能模型，都在各自的领域取得了瞩目的成果。特别是大语言模型 GPT 系列，其代表作品就是我们的主角——ChatGPT，引起了全世界的广泛关注。

2.1.2 亮相时间

2022 年的 11 月 30 日，对于人工智能的历史来说，是个值得纪念的日子。就在这一天，OpenAI 的首席执行官山姆 · 阿尔特曼在社交媒体上宣布了一则重要的消息：“今天我们发布了 ChatGPT。欢迎点击这里与它聊天。”同时附上了网址链接。

这意味着，OpenAI 的新作品 ChatGPT 正式亮相，向公众开放。任何人都可以点击链接，免费注册账号和它进行聊天。这个发布事件，就像是一场热烈的盛宴，邀请全世界的人们来共同见证和体验这个全新的人工智能产品。

2.1.3 外表

ChatGPT 的“外表”看起来很朴素，界面设计非常简洁，没有华丽的装饰或者炫目的设计。白色的背景，黑色的文字，让人一看就能明白怎么使用。

打开网址（https://chat.openai.com/），登录账号，一进来就能直接看到 ChatGPT 的界面，如图 2-1 所示。

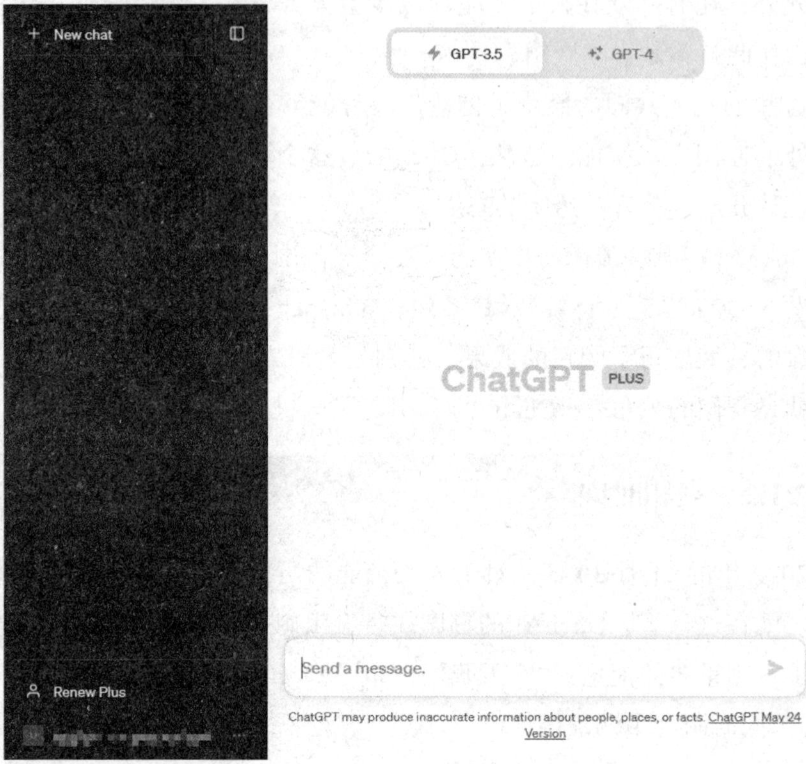

图 2-1　ChatGPT 的界面

就像我们使用过的其他聊天软件一样，左侧可以新建一个对话框，还可以显示提问过的问题。右侧是一个简单的聊天窗口或对话框，你可以在下方的输入框里键入任何你想问的问题或者想说的话。

比如，我们先来跟它打个招呼，在输入框中打出“你好呀”，然后点击右方的箭头图标（或键盘敲击“Enter”键）发送，如图 2-2 所示。

图 2-2　ChatGPT 的提问界面

然后，ChatGPT 会在上方的对话区域给出回答，如图 2-3 所示。

图 2-3　ChatGPT 的提问回答界面

你可以将这想象成一场在线聊天。你和 ChatGPT 就像是两个聊天的人，只不过 ChatGPT 是用代码编写的，而你是一个真实的人。

2.1.4 大脑

虽然 ChatGPT 的外表看起来非常简单，但是它的内在却非常强大。ChatGPT“读”过的书籍、论文、新闻和网页文本数量庞大到超乎我们的想象，称得上是博学广识。而且，它不仅可以回答你的问题，还可以进行归纳、总结，甚至创作出新的内容。

这一切还要归功于 ChatGPT 有一个强大的“大脑”——GPT 模型，在刚才的界面上我们就能看到，如图 2-4 所示。

图 2-4　ChatGPT 界面中的 GPT 模型选项

GPT 全称就是“generative pre-trained transformer”，翻译过来就是生成型预训练变换模型。

GPT 是一种基于 transformer 架构的自然语言处理模型。transformer 这个名字可能听起来有点复杂，但实际上，就是一种深度学习模型，之前我们提到过，AI 3.0 阶段，深度学习让人工智能学会了自主学习。

transformer 的工作原理类似于大脑可以同时处理各种视觉、听觉、触觉这些感官输入的信息一样，transformer 也能同时处理一段文本内容中的各个部分。这样就能更好地理解文本的意思了，因为它可以做到我们阅读理解里常说的联系上下文。

GPT 模型还有一项很重要的技术，就是 residual connections。我们可以将其想象成大脑里的记忆回路。我们的大脑会记住过去的信息，当需要的时候再把这些信息调取出来。这一技术就有类似的功能，它让GPT 模型能够记住之前处理过的信息，并在需要的时候再拿来用。

还有一种叫作 layer normalization 的技术，是一种用于神经网络的正则化技术，就像是一种调节机制，让 GPT 模型在处理各种信息时，能保持一种平和稳定的状态，而不会过于偏离主题，让 GPT 模型更好地理解并生成文本，也就是回答得更好。

GPT 模型很复杂，除了上面这些技术和模型，还有很多数不清的技术共同支撑起来，才让 ChatGPT 有了强大的能力，不仅可以理解我们的问题，还可以回答得连贯又相关，并且每次的回答都是独一无二的，不是简单复制或者重复已经说过的答案。就像是有一个真正的人在跟我们交谈一样，它时不时还会答出一些让我们惊讶的答案，从而让我们感叹它说得真好，这完全颠覆了我们对于机器人都很呆板的印象。

2.1.5 成长经历

ChatGPT 就是随着 GPT 模型的不断进化成长起来的，也可以说ChatGPT 本身就是 GPT 模型研发到一定程度后的一个应用作品。

就像每一个成长故事都有一个开始，GPT 系列的成长旅程就是从GPT-1 开始的。这是 OpenAI 团队在 2018 年发布的第一个预训练模型，拥有 1.17 亿个参数。GPT-1 就像一个儿童，虽然还没独立应用，但已经充满潜力了。

GPT-1 采用的是单向 transformer 架构。transformer 架构前边已经介绍过了，能同时处理很多信息。从生成文本，到问答，再到文本分类，这是迈出成长的第一步。

然后就到了青涩的“青少年时期”——GPT-2 出现啦。2019 年，OpenAI 团队发布了 GPT-2，参数数量增加到了 1.5 亿个参数。GPT-2 开始展现出强大的学习能力。

GPT-2 可以生成看起来更自然、更通顺的文本，回答的准确性也提高了，甚至还能做成翻译和摘要概括这些有点复杂的任务。但是，GPT−2 生成的回答有时候真是“一言难尽”，专业点来说叫荒谬，逻辑不通。这是因为它只是在模仿着我们输入的内容来回答，而不是理解了问题再来回答。

不过，少年终究还是要长大成年的，OpenAI 团队针对 GPT−2 的问题做了专门的改进。随后在 2020 年发布了 GPT−3，能更精细、更准确地模拟我们人类的语言。

最开始 GPT−3 的表现，也不是那么让人满意，缺陷还挺明显的，就是回答的内容有可能存在误导性，或者比较空洞，没什么内涵，其实就是理解能力还不行。

发现问题就要解决，OpenAI 团队开始转变策略，采用一种“微调”技术对 GPT−3 模型做出修正。这就像是给成年人上一些短期的进修课程，让他们在大规模的非监督学习后，用一个较小的、具有特定目标的数据集细化模型。

这期间还发布了很多 GPT−3 的升级版本，我们现在看到的 GPT−3.5 就是 GPT−3 的进阶版。虽然 GPT−3.5 与 GPT−3 在模型结构上是相似的，但 GPT−3.5 在性能和规模方面有所提升。GPT−3.5−Turbo 就是 GPT−3 中最大的模型变体，拥有 1.75 万亿个参数，比 GPT−2 大了一千多倍。

因为 GPT−3.5 是在 GPT−3 之后发布的，并且它的改进是在 GPT−3 的基础上进行的，所以一般把 GPT−3.5 视为 GPT−3 的一部分，将其归入 GPT−3 的范畴。这种分类方式可能是为了更好地反映 GPT 模型系列的进化过程，同时可以方便地将 GPT−3.5 与 GPT−3 进行对比。

除了继续完善 GPT−3 模型，OpenAI 团队还争分夺秒地用 GPT−3 模型开发出了 ChatGPT，并将其发布了出去，就是前边提到的 2022 年 11 月这个时间点。

ChatGPT 在 GPT−3 的基础上进行了一些适应性的调整，特别提高了对话场景的实用性。这些调整包括修复一些问题和不恰当的回答，并进行了额外的训练和优化。这让 ChatGPT 在与我们进行对话的时候，显得更加可靠。

这里要提一句，虽然 ChatGPT 没有直接基于 GPT-3.5 进行构建，但它还是受益于 GPT-3.5 模型所带来的技术和经验，才有了现在我们能使用的版本。

你以为这就结束了吗？并没有，就在 ChatGPT 发布后不过百天，OpenAI 就动作神速地又更新了，发布了一款更强大的新一代语言模型 GPT-4。在实际运用的时候，我们就能感觉得出这个新版本的强大。GPT-4 回答的内容显然更可靠，写得更精彩，我们在前边的 ChatGPT 界面上也能看到最新的 GPT-4 选项了。

随着 GPT 模型从 GPT-1 到 GPT-4 的成长和进化过程，ChatGPT 也在这个模型的支持下一步一步来到我们眼前。而且根据 OpenAI 发布的相关消息，这个成长远没有结束，不久的将来，GPT-5 就要发布了，真令人期待又紧张，不知道 ChatGPT 会再一次进化成什么样子。

2.1.6 本质

在全方位了解了 ChatGPT 之后，透过这些“现象”，我们要抓到 ChatGPT 的本质。本质决定了我们为什么要了解它、应用它。

ChatGPT 的本质是什么呢？就是一个 AI 助手。

作为一个 AI 助手，它是如何进行辅助的呢？简单来说，就是理解我们提出的问题，然后生成相应的回答，这是一个非常强大的功能，因为它覆盖了我们工作和生活中的许多方面。

不要小看回答问题这个能力，更不要把它简单地当作一个聊天工具，那就把“路”走窄啦。当你发散思维后，就能发现，很多任务都是在问答中完成的。比如，了解生活常识，解决课业中的难题，写一篇报告，翻译一段语言，都可以用提问的方式交给 ChatGPT，让它给你回答，帮你解惑，帮你快速完成任务。如果你的想象力还能再延伸一些，很多工作难题、情绪困扰、小病问医，都可以尝试问问它。

不过仍有很多人对它的表现能力心有疑虑，怀疑它回答问题不准。其实从它的火爆程度就能窥见一斑，现在很多小孩子都听说过 ChatGPT 了。

虽然目前的 GPT 模型回答结果未必都很准确，但是总归它能提供很多的思路，我们再去仔细求证就行了，总比完全不知道要做什么好。而且，用过的人明显能看出来 GPT-4 的回答要比 GPT-3.5 更好，这已经很令人惊讶了。要是以后升级到 GPT-5，甚至 GPT-6 的时候，一定会让我们更加惊叹。

从这些角度来看，ChatGPT 完全可以成为我们工作和生活的“助手”，只不过这个“助手”是一个人工智能。所以，ChatGPT 的本质就是一个 AI 助手。

那这个助手的通用性怎么样？特别是针对本书所特别关注的“财务人”，应用 ChatGPT 能得到想要的辅助效果吗？现在我们来分析一下。

如果你现在就是一名会计，每个月都重复着一模一样的工作，审核资金、记账、报税、开票、核票、报销、出表、装订凭证等，看起来几乎在过同样的日子，而且除了工作起来更加熟练以外，进步的空间就那么大。就算你手速再快，凭借人工，这些工作的效率提升还是有限的。

要想实现速度的飞跃，或者工作质量的提升，让自己能早点下班去享受生活，或者有更多的时间去学习、考证，为未来的升职加薪铺路，就必须学会提高工作效率。只是效率高还不够，想要脱颖而出，就得又快又好。

这个时候脑子灵活一点的人就想到要借助工具了。不说听起来很高端的工具，就拿实际会计工作中做的各种表来说，如果做表的时候能利用好各类函数，一般都能事半功倍，这是再普遍不过又切实可行的工具了，使用起来也很容易。

于是，有一些会计决心改变现状，花钱去报名办公自动化类课程，也有的潜心自学，在网上找免费的教学资源。可无论收费的还是免费的，这些课程有多少人是真的看完了并能熟练应用于自己的工作中的？

不仅平时琐碎的工作很少能让你腾得出时间去进修、去学习，而且会计之路也是一条考证之路，有点业余时间还被各种备考催着，抽出来时间学其他课程真的太难了。

就算有的人真的下定了决心，也让出了自己的休息时间，付出了大量的努力学习相关的课程，总结技巧，但在实际操作的时候没人指导，就又犯了难。例如，刚才让怎么操作来着？有时，步骤都记住了，到了真的用到自己公司的表中，忽然又一时间也不知道要用哪个函数了……

就算最后都完成了，工作效率也提高了，但是学到的技巧真的都能用上吗？很多时候课程里学习了一大堆技巧，但恰好能在自己工作中用上的没有几个，其他学习的内容随着时间的推移不去练习，又忘了……回想起来这一路的学习付出怎么好像与收获不成正比呢？

怎么办呢？你可以看看 ChatGPT。

现在你就有了一个随叫随到的 AI 助手，遇到问题都能尝试问一问。比如，刚说的用函数不知道下一步该怎么操作了，就问一问；还有时常会碰到的写个人工作总结，总觉得自己要点都写上了，但怎么看起来就是这么枯燥没亮点呢；明明做了一堆工作，但是自己描述起来就没什么成就。没关系，让 ChatGPT 帮你润色。

相较于其他的 AI 助手或工具，ChatGPT 算得上是一个入门级的。只要你会用微信、QQ 这些聊天软件，就会用 ChatGPT。

这与过去那些需要用编程语言才能操作的辅助工具是不一样的，那种工具对于外行的普通人是很难应用自如的，而 ChatGPT 就解决了人与机器沟通的障碍，用这种直观化的聊天方式，让 AI 真正带给我们方便。

在未来的 AI 领域，肯定还会有更多像 ChatGPT 这样的工具出现，打破人与 AI 协作的壁垒，但目前财务人迈出探索的第一步，就可以从了解 ChatGPT 开始。

2.2 GPT-4 已通过注册会计师考试

——ChatGPT 是懂财务的。

2023 年 5 月，一个消息震惊财务界——GPT-4 成功通过了美国注册会计师（CPA）考试，此前 OpenAI 也曾让 GPT-3.5 版本参加注册会计师考试，但当时并没有顺利通关，这一次竟然通过了！

2.2.1 财务人眼里的 CPA

如果你问一个财务人，什么证书是最难考的，大概率他会告诉你是 CPA，也就是注册会计师。如果你再问什么证书的含金量最高，大概率他还会告诉你是 CPA。

在很多财务人眼里，CPA 算得上是一个天花板级别的证书了，是财务人眼里的“光”。拿下这个证书的同行，常被戏称为“牛人”。

有价值才有需求，CPA 能成为含金量这么高的“金字招牌”，引得众多财务人纷纷参与其中，有的甚至将其列为人生必考证书，必然有其价值。虽然每年的通过率惨不忍睹，不过这也侧面证明了 CPA 的稀有属性。

这个价值具体体现在哪儿，自然是企业的认可。当企业把 CPA 看作财务人的能力象征，自然就倒逼想要升职加薪的财务人努力备考。

CPA 考试是个既有挑战又有机会的过程，也是一个展示专业技能、职业素质和解决问题能力的平台。通过 CPA 考试的人将获得丰富的专业知识，具备高质量的审计、税务和顾问服务能力，能在商业环境中提供实用的财务建议和解决方案……能做的太多了，而且，通过 CPA 考试，成为注册会计师，才会有唯一的审计报告签字权，也就是说，只有注册会计师才能在审计报告上签字盖章。

在财务人眼中，CPA 这束“光”可能代表了太多的内涵。

CPA 是认可，也是努力的见证。这个考试是全球认可的，具有很高的职业声誉。所以，这不仅仅是一张证书，还意味着通过的人已经掌握了会计、审计和税务等专业领域的知识，并且具备了一定的解决复杂财务问题的能力。这是每一位财务专业人士多年辛勤学习和努力的最佳证明，也是他们专业技能的至高象征。

CPA 是竞争力。在职场上，CPA 证书就像一把打开财务领域新机会的钥匙，是财务人在财务领域取得优势的一种方式。持有 CPA 证书，也侧面证明有了让企业信赖的能力和才智，这在充满竞争的就业市场中代表了个人的竞争力。

CPA 是前途。获得 CPA 证书的人有着更多的职业选择和更大的职业发展空间。无论是在大型会计师事务所、金融机构，还是在跨国公司，CPA 证书都是一块“敲门砖”，能打开一扇通往更高职业层次的大门。持证的财务人也可以作为独立的注册会计师提供专业服务，自主创业。更重要的是，CPA 考试培养的综合素质和思维能力，也使这些人有更大的可能从事更高层次的管理工作，如首席财务官（CFO）。

CPA 是挑战。财务人准备 CPA 考试，意味着接受了一场持久的挑战，需要用耐心、毅力和决心去面对。通过这个备考过程，财务人不仅可以锻炼自己的意志力和学习能力，而且可以对自己的未来有更明确的规划和更大的信心。

CPA 是投资。对于财务人而言，投入在 CPA 备考上的每一分每一秒，都可以看作一种对自己的投资。虽然备考过程可能会让人疲惫不堪，但是从长远来看，CPA 证书将会带来无法估量的回报。它不仅能提升财务人的职业竞争力，增强财务人在行业中的地位，而且能帮助财务人提高自己的收入水平，实现自己的职业目标。

也许正是因为 CPA 在财务人眼中如此重要，所以当 GPT-4 已通过注册会计师考试的消息传来，整个财务界都震惊了！普通财务人甚至需要花费数年才能通过的考试，竟然就这么被人工智能攻克了。

这简直是对 AI 和深度学习技术在财务领域应用的最佳见证。从某种角度来说，财务人完全可以将 ChatGPT 当作一个“外挂”，开启人机共生的职业道路。

这个结果意味着，在人工智能进一步展示了赋能财务人的强大力量后，财务领域的 AI 风暴也将持续升级。

2.2.2 GPT-4 的考证之路

如果你还在怀疑 ChatGPT 的能力，或者还怀疑 GPT-4 模型通过了注册会计师考试这一消息的真实性。那么可以看看下面这些 GPT-4 参与的模拟考试成绩。

▲美国律师资格考试，GPT-4 成绩居于应试者的前 10% 左右。

▲美国高考 LSAT 考试，GPT-4 成绩为 163 分，满分 180 分，打败了 88% 的考生。

▲美国高考 SAT 循证阅读与写作，GPT-4 考了 710 分，满分 800 分，打败了 93% 的考生。

▲美国研究生入学考试 GRE 写作，GPT-4 的表现处于中等水平。

▲美国量子力学科学家斯科特·亚伦森（Scott Aaronson）所教授的“量子信息科学导论”课程 2019 年实际期末考试，GPT-4 得到 69 分，满分 100 分，学生平均分为 74.4，可以说是相当于获得了 B 级的成绩。

▲在会计类资格考试的“四大”考试中，包括注册会计师（CPA）、注册管理会计师（CMA）、注册内部审计师（CIA）和注册税务师（EA），GPT-4 平均得分率为 85.1%。

……

这些都是 GPT-4 的考试经历，如果单纯用考试成绩作为评价结果，GPT-4 已经可以被录取进入许多大学了。

事实上，OpenAI 让 GPT-4 参加各种考试主要是为了验证和展示这些模型的学习和推理能力。因为考试涉及对一些具体知识点的理解、应用和批判性思维，这些都是衡量一个语言模型是否能理解并生成有深度、有意义的语言的重要指标。

通过让 GPT-4 参加各种考试，OpenAI 能够得到一些关于模型性能的具体、量化的度量。比方说，GPT-4 在“量子信息科学导论”考试中的得分，就可以给研究者提供一个关于该模型在量子力学这个领域的知识理解和应用能力的参考。

而且，考试的错题也可以暴露出 GPT-4 在学习和推理过程中可能存在的问题和缺陷。假如在某些考试中，GPT-4 表现得不如人类考生，这就说明在这些领域，GPT-4 还需要进一步改进和学习。

不管怎么说，GPT-4 的表现引人注目，尤其在专业学术问题的处理上展现出了令人惊叹的能力和潜力。它不仅在 CPA 考试上表现卓越，更在多项专业和学术考试中展现出了与人类相当的水平。

从另外一个角度来看，这些成绩也是一种对外展示 GPT-4 能力的方式，使财务人能更好地理解基于 GPT-4 模型的 ChatGPT 到底能给予他们多大的帮助。

2.2.3 换一种眼光看 ChatGPT

在看过 GPT-4 这么辉煌的考证经历后就会发现，注册会计师考试只不过是辉煌中的一笔。

AI 技术，特别是像 ChatGPT 这样强大的自然语言处理模型的出现，在一开始往往都会面临各种质疑和不理解，甚至有人对它们嗤之以鼻。毕竟，人工智能在很多人眼中只能执行人类设定的具体命令，缺乏真正的创新力和灵活应变能力。

这种观点往往源于人类对自身智慧的强烈信念，认为 AI 这种模仿人脑的技术只能执行预设程序，是没办法像人一样具备高级认知功能和适应变化的能力的。

然而，GPT-4 在如注册会计师等各类考试中的优秀表现，打破了这种观点。它向我们展示了 AI 不仅能理解和学习复杂的专业知识，而且能在实际问题解决中展现出灵活应变和推理能力。

这种能力的展现，既是对 AI 技术进步的证明，也让我们开始重新思考：AI 是不是正在逐步超越传统的“工具”角色，向更高级的能力发展，成为我们生活和工作中的真正“伙伴”，达到更高意义上的人机共生。

其实，在过去的几年中，AI 已经在许多领域展示出了强大的潜力。无论是医疗、教育，还是娱乐、交通等领域，AI 都在深刻地改变着我们的生活方式和工作方式。在数据处理、预测、决策等方面，AI 的表现有时候已经不逊色于人类，为我们提供了很多的可能性。

所以，GPT-4 的这些成绩，不仅证明了 AI 的学习和理解能力，更重要的是提醒我们重新审视 AI 的潜力和可能性。

俗话说“士别三日，当刮目相待”。或许我们不能再用过去那种眼光来看待 AI，认为它只是一个像挤牙膏一样，人挤一下才会动一下的死板工具，而要用一种全新的视角来审视 AI。

当眼光变了，态度自然也就会有所转变。人们应当开始尝试接纳 AI 作为我们生活和工作中的合作伙伴。尽管这种转变还需要很多的时间和努力，但其潜在的价值无疑是巨大的。

在这种新眼光的影响下，财务人自然也要重新审视 ChatGPT 到底对自己的帮助能有多大了，顺便也能更深刻而透彻地理解人机共生到底是一条怎样的道路。

最一开始，财务人可能会把 AI 和财务工作的关系看作一种替代关系，认为 AI 将会取代自己，后来我们通过“杰文斯悖论”知道了 AI 的发展反而可能会让财务工作的成本更低，刺激更多企业对财务的需求。

但财务人才市场激烈竞争，只有快人一步，做得更好，才能脱颖而出。于是，人机共生的出路被找到。

但这条路到底怎么走、能不能走得通、AI 能配合多少最后都归结于很多财务人还是担心 AI 根本不懂自己的工作内容。现在，GPT-4 用成绩向我们证明，它是“懂”财务的！

相对于传统的人工记忆和学习的方式，GPT-4 持续地学习和掌握大量财务相关的知识和技能，如今确确实实有望成为财务人工作的有力伙伴，帮助财务人提升工作效率和准确度。

只要透过 ChatGPT 这个窗口和通道，就能让财务人与 GPT-4 模型互动，帮助财务人在工作中表现得更好。

值得一提的是，尽管 GPT-4 已经成功通过了 CPA 考试，但这并不意味着它已经完全具备了作为一名财务人所需的全部技能，也并不代表我们可以直接将它投入诸如审计、纳税申报等复杂的财务工作场景中。

也就是说，财务人在应用 ChatGPT 的时候并不需要担心会被它替代。而且随着提问的丰富，ChatGPT 也会进行“学习”，更深入了解相关的财务知识，从而在辅助财务人的时候表现得更好。

这样来看，财务人与 ChatGPT 的关系很明显并不是对立的，而是一种合作的伙伴关系，也侧面印证了 AI 的发展并不会让人类变得多余，而是可以让我们的工作变得更高效、更准确。

所以，财务人应积极地接纳它，利用它的优势来提升自己的工作效率和工作质量，与 ChatGPT 共同成长。而要做到这一点，并不像想象的那样需要付出多大的努力和很多的时间，只需要动动手打开网页，就能直接开问，获得 ChatGPT 的帮助。

总的来说，GPT-4 在 CPA 考试中的成功，并不是一个终点，而是一个新的起点。我们期待在这个新的起点上，未来的 ChatGPT 能为我们提供更多的帮助，与财务人相互配合，走出一条适合财务人的人机共生道路。

2.3 ChatGPT 的功能大盘点

——花样解锁更多技能，ChatGPT 可不只会聊天。

ChatGPT 看起来就是一个聊天窗口，基本的功能就是让我们与 AI 对话，但是从这个对话可以延伸出来很多的功能，如写作、翻译、概括、诊断故障、编程……这些还是一些常用的延伸，如果你有兴趣，还能发现更多的用法。

2.3.1 直接对话

作为一个聊天机器人，ChatGPT 的基本功能当然是直接对话了。

说起对话，这个功能十分宽泛。我们生活中每天都要与其他人进行很多的对话，如家庭对话、工作对话。当我们对身边的事情很好奇又不知道答案，对话可以帮我们解惑；当我们遇到点小困难，不知道该怎么处理，对话可以帮我们解难；当我们情感上需要陪伴，有心理困扰，需要人陪着聊天，对话能给我们安慰……

但很多时候并不是你有对话的需要，别人就能第一时间回应你，但 ChatGPT 能。

到底怎么能呢？口说无凭，来看看下面这些例子。

当我们好奇世界上最大的海洋是哪个，或者想知道天空为什么是蓝色的，这些问题都可以问 ChatGPT，它会告诉我们答案，如图 2–5 所示。

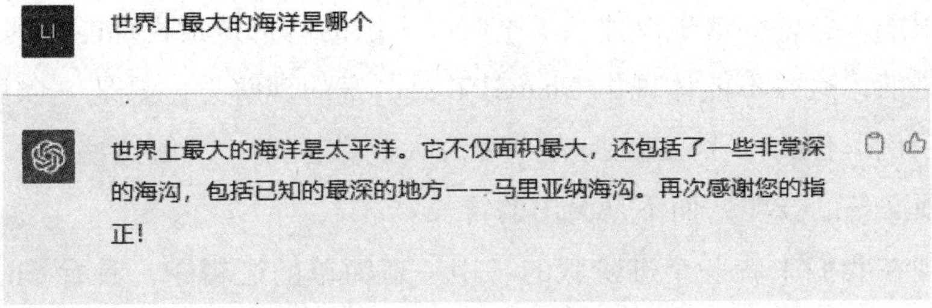

图 2-5 ChatGPT 常识问答

除了这些常识，我们还能提问“什么是货币贬值”“什么是量子力学”等各学科的内容，ChatGPT 都能根据我们的问题进行自然语言理解和知识检索，然后生成相应的回答，如图 2-6 所示。

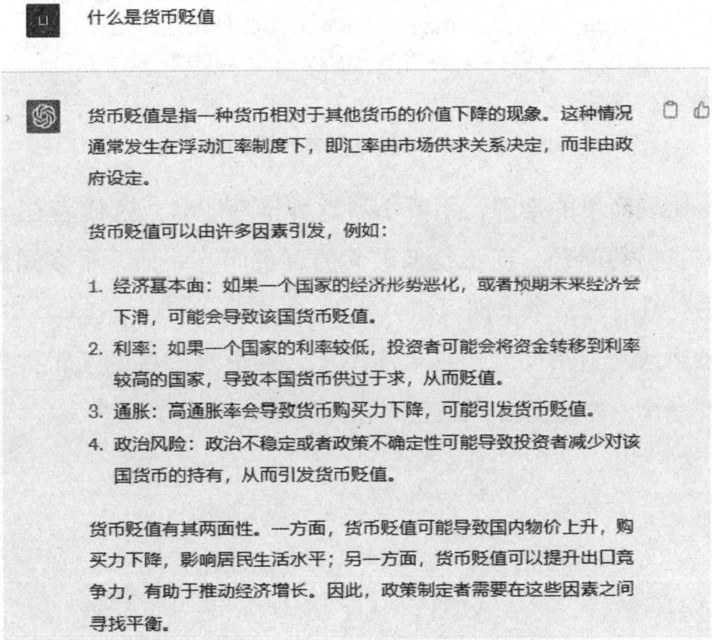

图 2-6 ChatGPT 学科知识问答示例

总之，对于百科知识，ChatGPT 都能给你答案。

很多人会说，这也没什么了不起，一般的网页搜索也都能做到。

是的，这并不能体现出 ChatGPT 对语言的理解力，只是一个基本的对话示例。作为一个 AI，拥有一个庞大的数据库，了解这些基本知识，是一项必备的技能，而不是突出的特长。

现在我们来看一个进阶版的，用一道简单的逻辑题，看看 ChatGPT 是怎么通过计算推理给出答案的，如图 2-7 所示。

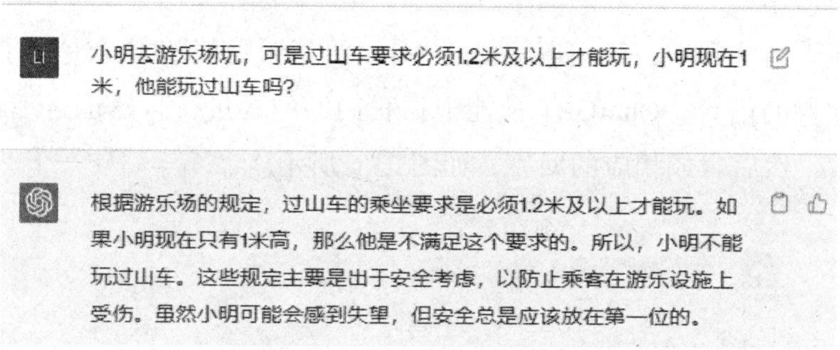

图 2-7 ChatGPT 的基本推理问答示例

这是比较简单的推理，不要小看这种推理能力，这代表 ChatGPT 的确能理解我们的问题，而不是像前面的百科问答一样，很多知识是预先设置好的资料内容，拿来即可。

如果你认为这个问题还是太简单了，那更难一些的逻辑推理我们也可以来看一看，如经典的“鸡兔同笼”问题，如图 2-8 所示。

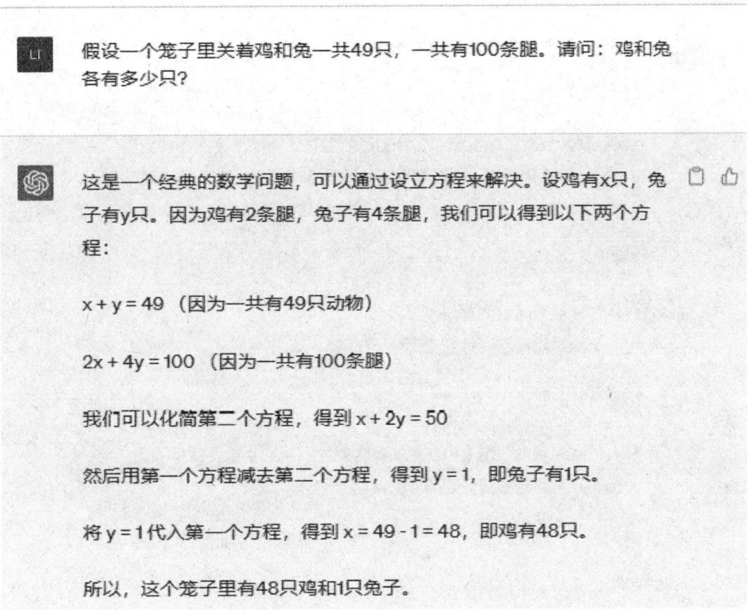
假设一个笼子里关着鸡和兔一共49只，一共有100条腿。请问：鸡和兔各有多少只？

这是一个经典的数学问题，可以通过设立方程来解决。设鸡有x只，兔子有y只。因为鸡有2条腿，兔子有4条腿，我们可以得到以下两个方程：

x + y = 49（因为一共有49只动物）

2x + 4y = 100（因为一共有100条腿）

我们可以化简第二个方程，得到 x + 2y = 50

然后用第一个方程减去第二个方程，得到 y = 1，即兔子有1只。

将 y = 1代入第一个方程，得到 x = 49 - 1 = 48，即鸡有48只。

所以，这个笼子里有48只鸡和1只兔子。

图 2-8　ChatGPT 的鸡兔同笼题目问答示例

这里已经很清楚了，ChatGPT 完全可以应用二元方程组计算简单的数学推理题目，这一功能显然能应用于一些数学题目的解答上，至于高数题目能不能解出来，如果有兴趣，可以自己尝试一下。

如果仅仅是用来帮人解答题目，那这个对话功能的价值显然还没有彻底发挥出来。对话不仅能帮忙解答题目，还能帮忙出主意，也就是我们常说的帮助决策，如帮忙出一份减肥食谱，来帮忙看看 ChatGPT 会怎么回答吧，如图 2-9 所示。

LI 帮我出个简单好操作的每日减肥食谱

当然，理解到在日常生活中，我们可能需要更为简单易操作的食谱。以下是一份简化版的一日减肥食谱，尽量选用了易于准备和烹饪的食材：

早餐：

- 一杯无糖黑咖啡或者绿茶
- 一个水煮鸡蛋和一片全麦面包

午餐：

- 一份烤鸡胸肉，配上你喜欢的蔬菜沙拉（例如生菜、黄瓜、番茄），用醋和橄榄油做简单的调料

下午茶：

- 一个中等大小的苹果或橙子

晚餐：

- 一份蒸鱼，搭配上一份蔬菜（例如西兰花或菠菜）和一份糙米饭

重要的是要记住，无论选择什么样的饮食计划，关键是营养均衡和适量的运动。每天至少要摄取足够的蛋白质和纤维，同时保证水分充足。最后，切忌挨饿减肥，它可能会引起健康问题，并可能反而导致体重反弹。遵循健康的饮食和生活习惯，减肥就会变得更加轻松和自然。

图 2-9　ChatGPT 提供减肥食谱示例

在决策场景中，ChatGPT 可以发挥的空间很大，以上只是一个生活中的减肥饮食吃什么的小决策，还有很多工作场景中的决策。如果你没什么思路，不妨也来问一问，说不定 ChatGPT 就能给你一点灵感。

除了工作和学习，对话常发生的情境其实是日常的聊天。人是有交流需求的，高兴了会想要分享“我今天考了一百分”“我有了一个新伙伴”，难过了会想要倾诉“心爱的宠物去世了”“今天迟到被批评了”，还有出现情感困扰，如“朋友不理我了怎么办”“我和家人吵架了”……

这些内心情绪都需要一个“出口”，如果身边有人能陪伴我们交流当然是最好的，但有些情绪很难与其他人讲，或者一时间没有人陪在身边。对此，我们可以跟 ChatGPT 交流一下，如图 2-10 所示。

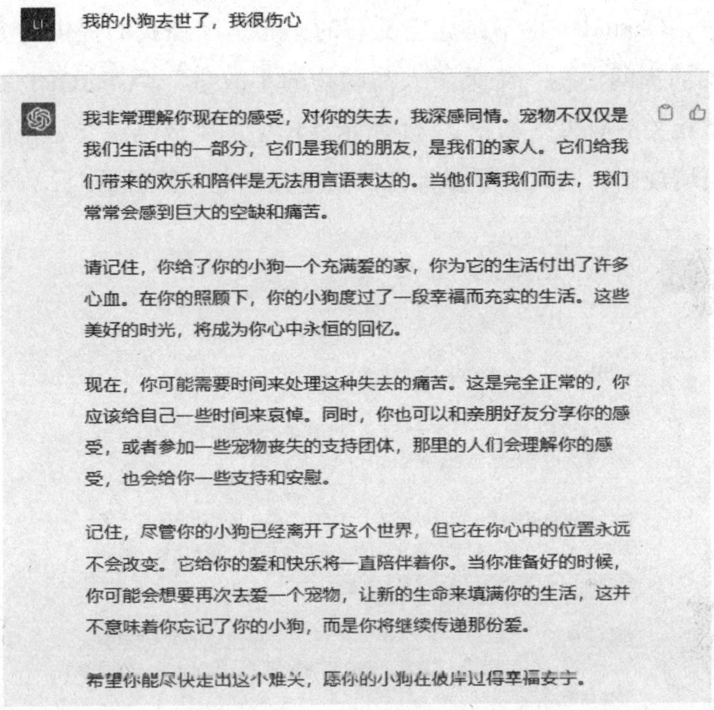

LI 我的小狗去世了，我很伤心

我非常理解你现在的感受，对你的失去，我深感同情。宠物不仅仅是我们生活中的一部分，它们是我们的朋友，是我们的家人。它们给我们带来的欢乐和陪伴是无法用言语表达的。当他们离我们而去，我们常常会感到巨大的空缺和痛苦。

请记住，你给了你的小狗一个充满爱的家，你为它的生活付出了许多心血。在你的照顾下，你的小狗度过了一段幸福而充实的生活。这些美好的时光，将成为你心中永恒的回忆。

现在，你可能需要时间来处理这种失去的痛苦。这是完全正常的，你应该给自己一些时间来哀悼。同时，你也可以和亲朋好友分享你的感受，或者参加一些宠物丧失的支持团体，那里的人们会理解你的感受，也会给你一些支持和安慰。

记住，尽管你的小狗已经离开了这个世界，但它在你心中的位置永远不会改变。它给你的爱和快乐将一直陪伴着你。当你准备好的时候，你可能会想要再次去爱一个宠物，让新的生命来填满你的生活，这并不意味着你忘记了你的小狗，而是你将继续传递那份爱。

希望你能尽快走出这个难关，愿你的小狗在彼岸过得幸福安宁。

图 2-10 与 ChatGPT 聊天示例

总之，ChatGPT 作为一个 AI 助手，其对话功能十分强大，我们可以与它讨论各种话题，包括（但不限于）新闻、电影、书籍、科学、技术等。它会帮助解答各种各样的问题，无论是学术问题还是日常生活中的问题，甚至是情感方面的话题。

2.3.2 写作利器

对话只是 ChatGPT 一个基本的功能，在对话的基础上，我们可以延伸出各种各样的用法，写作就是一个很直接的功能。

作为一个大型语言模型，ChatGPT 特别擅长生成文本，包括写作各种类型的内容，如报告、故事、诗歌等。无论你需要撰写一篇正式的报告，还是想要一个引人入胜的故事，ChatGPT 都能帮助你实现。

不过，ChatGPT 也不是凭空乱写的，还是围绕我们提供的方向。例如，当我们提问“写一个关于人和动物的小故事”，ChatGPT 就会生成一段与此相关的故事，如图 2-11 所示。模型的生成结果会尽可能地符合语法和语境规则，同时会尽量保持与给定提示的一致性。

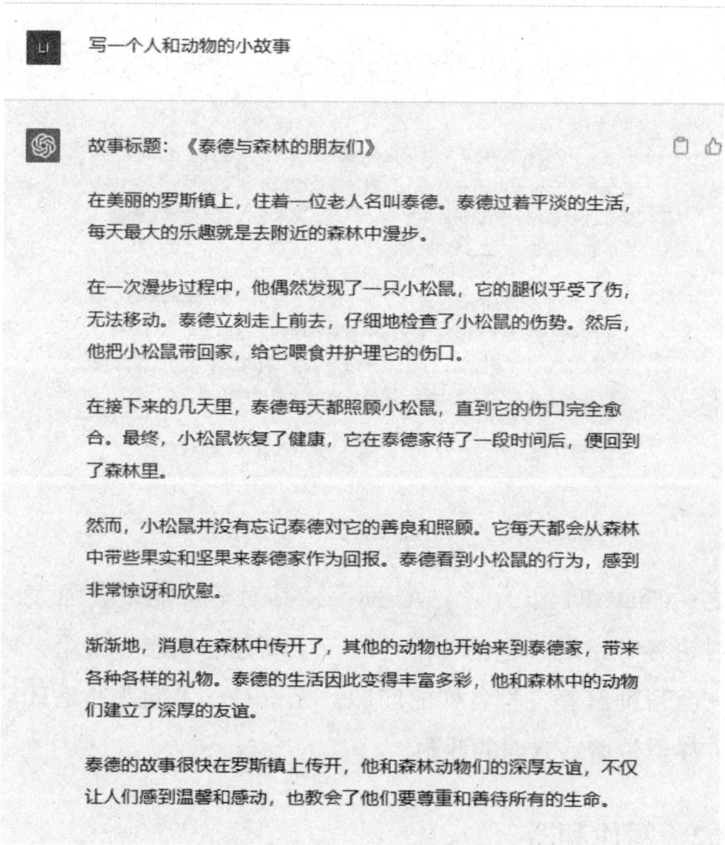

LI 写一个人和动物的小故事

故事标题：《泰德与森林的朋友们》

在美丽的罗斯镇上，住着一位老人名叫泰德。泰德过着平淡的生活，每天最大的乐趣就是去附近的森林中漫步。

在一次漫步过程中，他偶然发现了一只小松鼠，它的腿似乎受了伤，无法移动。泰德立刻走上前去，仔细地检查了小松鼠的伤势。然后，他把小松鼠带回家，给它喂食并护理它的伤口。

在接下来的几天里，泰德每天都照顾小松鼠，直到它的伤口完全愈合。最终，小松鼠恢复了健康，它在泰德家待了一段时间后，便回到了森林里。

然而，小松鼠并没有忘记泰德对它的善良和照顾。它每天都会从森林中带些果实和坚果来泰德家作为回报。泰德看到小松鼠的行为，感到非常惊讶和欣慰。

渐渐地，消息在森林中传开了，其他的动物也开始来到泰德家，带来各种各样的礼物。泰德的生活因此变得丰富多彩，他和森林中的动物们建立了深厚的友谊。

泰德的故事很快在罗斯镇上传开，他和森林动物们的深厚友谊，不仅让人们感到温馨和感动，也教会了他们要尊重和善待所有的生命。

图 2-11　ChatGPT 故事创作示例

ChatGPT 还可以帮助我们改进自己写作的内容。例如，如果我们提供一段文本并要求改写，ChatGPT 也可以根据需求生成一个更为流畅、清晰或者更有创意的版本，如图 2-12 所示。

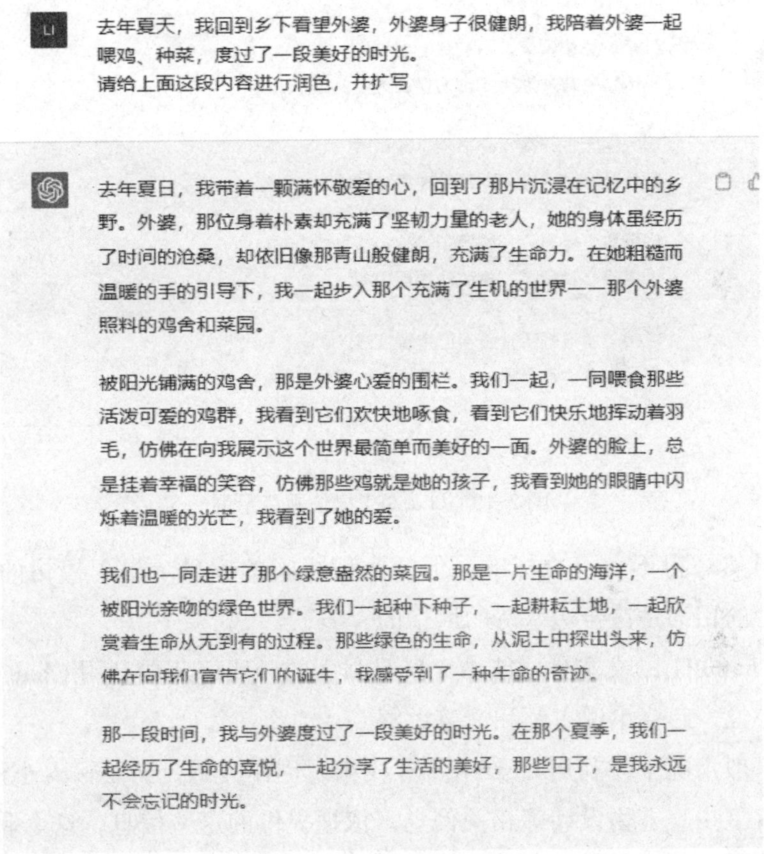

图 2-12 ChatGPT 改编扩写示例

ChatGPT 甚至还能模仿不同诗人的风格，创作诗歌，如图 2-13 所示。

LI 模仿辛弃疾的风格，写一首边塞诗

《青铜雀·戍楼晓角》

鼓声响彻边疆烽，百战勇士显神勇。
马蹄踏破寒沙地，抚剑仰望长天空。

烽火连天战鼓播，举目望尽敌军围。
胸怀壮志傲沙尘，我辈热血铸边疆。

忍看故土受争夺，魂梦牵绕故乡情。
千里雄心皆剑指，驱敌还我青山青。

戍楼晓角雄狮吼，披甲挺身誓守候。
弃我去者，昔日繁华，今宵烽火，明朝胜歌。

图 2-13　ChatGPT 模仿写诗示例

虽然写得不太符合标准，但是字里行间的确显示出了模仿的能力，整体上的用词是符合边塞诗的风格的。

ChatGPT 的文本生成能力无疑是强大的。我们还能利用 ChatGPT 来编写小说，起草小说主题和情节大纲。

一般情况下，利用 ChatGPT 寻找小说创作灵感，需要输入小说的风格、故事线、人物设计等相关信息。依据提供的这些信息，这个聊天 AI 就能够生成一部小说的概要或初步故事草稿。我们可以对草稿进行再度打磨和修饰，也可以直接将它作为小说创作的基石，如图 2-14 所示。

LI 我想写一部励志小说，三姐妹一起奋斗走出小城创业，从路边摊到食品工厂，最后成功，三姐妹各有性格特点

听起来这是一个充满力量和动感的故事。首先，我们可以先简单地描述一下这三个角色：

1. 大姐：她是三个人中的灵魂人物，坚强不屈，是驱动三个人一起前进的动力源。她具有丰富的社交技巧和极强的执行力，是商业项目的主要负责人。
2. 二姐：她是三个人中的心脏，富有同情心和包容力，总是能平息因压力产生的冲突。她是大姐的重要助手，也是家族中的调和者。
3. 三妹：她是家族中的创新者，年轻、热情、富有创新精神。她负责新产品开发和市场营销，是公司的创新引擎。

小说的大纲可能如下：

1. 第一部分：三个姐妹在小城生活的描绘，展示他们的性格和愿望。他们看着外面的世界，渴望有一天能够走出小城，实现自己的梦想。
2. 第二部分：三个姐妹决定一起创业，从在路边设立摊位开始，卖自家制作的特色小食。这期间他们遇到的困难和挑战，以及如何克服的故事。
3. 第三部分：小摊的生意开始起色，他们开始扩大业务，设立小型工厂生产食品。这里会有新的挑战和困难，以及他们如何通过合作，一起面对的故事。
4. 第四部分：随着公司的发展，三个姐妹遇到了各种各样的人和事，他们如何坚持自己的初衷，一起战胜困难，最终取得成功的故事。

这只是一个基本的框架，你可以在这个基础上添加更多的细节和情节，使故事更丰富和有趣。

图 2-14 ChatGPT 提供小说创作思路示例

是不是还不错？在创作的旅程中，如果我们遭遇了困扰或需要一些创作灵感和建议，就可以向聊天 AI 提出询问。它将根据我们的问题和当前创作的情况，提供有益的建议和线索，激发我们的灵感。

值得注意的是，虽然 ChatGPT 的写作功能能写出一些故事草稿，但它无法取代真正的创作。这是因为它并不能理解我们人类的情感，其毕竟还只是个基于大量的文本数据训练的 AI，而不是真的拥有人类的生活经验或个人情感。所以，对于一些需要深度理解或情感共鸣的主题，它的回应还是没办法与人类作家的作品相媲美的。

若真的想要 AI 写出一部佳作，还需要花费时间和精力对 AI 进行改进，让 AI 不断地学习和积累，以提升写作技巧和创作水准。

对于那些不需要进行从无到有的完全创作的人群，其平时的生活和工作中很多的简单写作任务是可以应用 ChatGPT 写得又快又好的。

比如，写一段广告词，如图 2-15 所示。

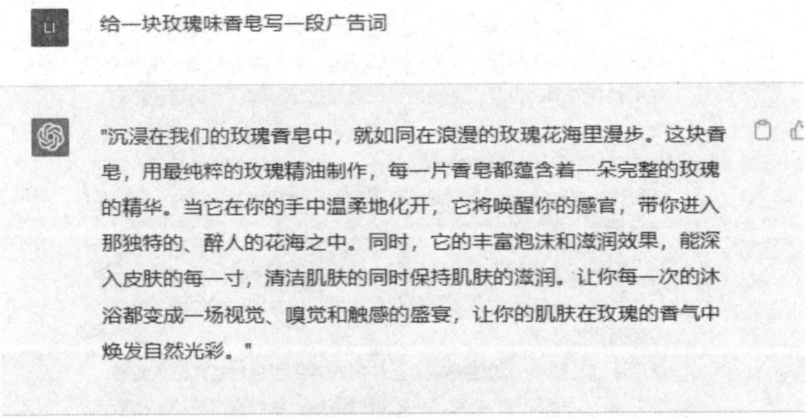

图 2-15　ChatGPT 写广告词示例

又如，写一段文案，如图 2-16 所示。

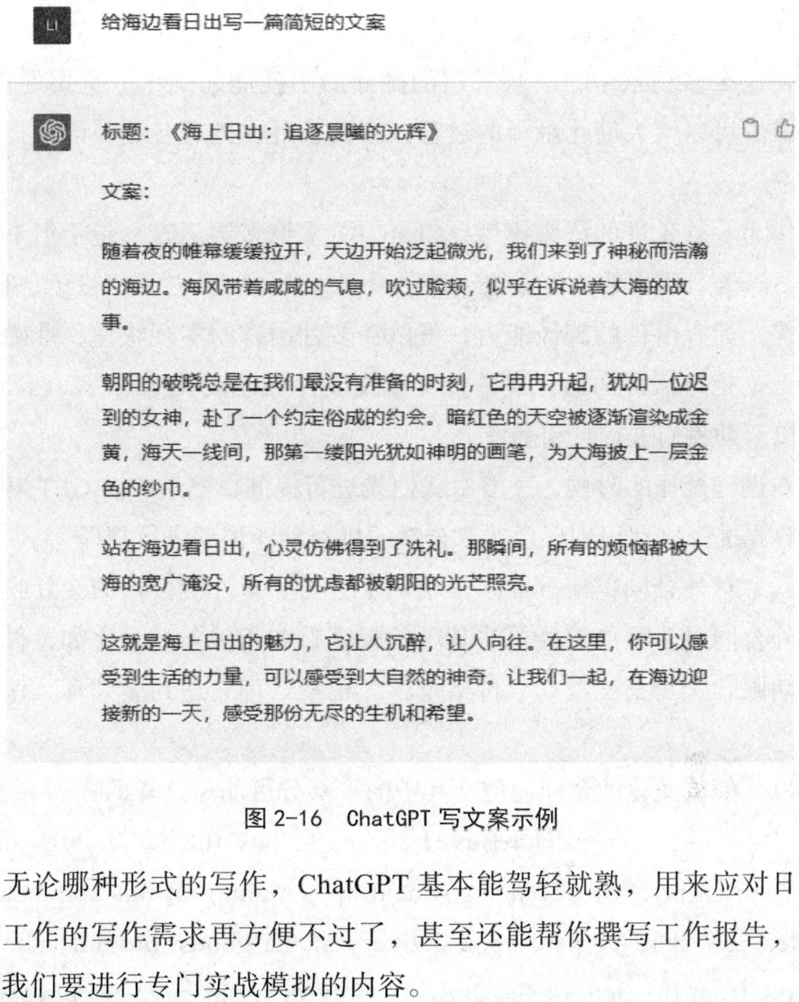

图 2-16　ChatGPT 写文案示例

无论哪种形式的写作，ChatGPT 基本能驾轻就熟，用来应对日常生活与工作的写作需求再方便不过了，甚至还能帮你撰写工作报告，这是后面我们要进行专门实战模拟的内容。

2.3.3　翻译助手

在日常工作中，我们或多或少会遇到外语，特别是一些外贸公司的财务人，平时可能会接触到使用了外语的工作场合。比如，处理来自不同国家的发票，需要理解并翻译上面的内容，以便准确录入账簿；还可能需要理解、翻译和审查与外国公司签订的合同内容，保证财务方面的条款无误。如果公司在其他国家有业务，会计可能需要理解和研究这些国家的税法，并将其翻译成自己的语言。

在这么多场景中，一款好用的翻译助手就能起到十分重要的作用。ChatGPT 可以大大简化翻译的过程，帮助会计在处理各种外语文档时提高效率。

作为一款先进的语言模型，ChatGPT 掌握多国语言，包括但不限于英语、汉语、西班牙语、法语、德语、意大利语、荷兰语、俄语、日语、韩语等，拥有出色的翻译能力，可以在多种语言间实现快速、准确的转换。无论是跨语言沟通，还是将文章或文件翻译成其他语言，ChatGPT 都可以帮助我们进行自动翻译。

在进行翻译的时候，一般由我们先进行提问，然后 ChatGPT 对输入的内容先进行语言识别，再选取合适的机器翻译模型进行翻译。

就拿对外合同英语翻译来举个例子，当一家外贸公司的会计收到一份对外合同时，可能需要关注其中的很多财务相关条款。比如，付款方式和期限、交货及交货期、价格条款、税费处理、违约金处理、保险条款等。

以一份英文写的合同为例，其中的一部分可能是这样的：

“Payment Terms: The Buyer agrees to pay the Seller 50% of the total contract price as advance payment upon signing of this contract. The balance 50% shall be paid upon delivery of the goods, but not later than 30 days from the date of the delivery. Any delay in payment beyond the stipulated time will attract an interest charge of 1.5% per month on the delayed payment amount.”

这个财务条款对于会计来说是非常重要的，因为它涉及公司的资金流动和成本。如果没有正确理解和处理这个条款，可能会导致公司的财务损失。所以，会计需要将这个条款准确地翻译并理解，以便能够对公司进行正确的财务指导。

在这种情况下，使用 ChatGPT 进行翻译可以大大简化这个过程，并减少人为的失误，如图 2-17 所示。

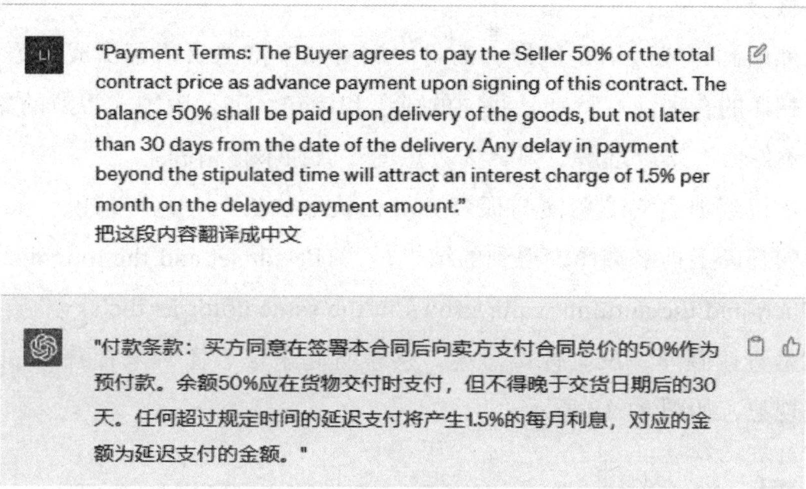

图 2-17　ChatGPT 英译汉示例

这样，会计就可以明确地理解并执行合同中的财务条款了。

除了工作中，在生活中也是一样，旅行、看外国电影都需要理解外语。

试想一下，当我们在旅游的时候，直接用当地语言问路或找景点，多方便呀！看外语电影时，用 ChatGPT 翻译对白，就能更深入地理解剧情了。在学习新语言的时候，ChatGPT 也能给我们很大的帮助。

ChatGPT 在翻译的时候，一般都会尽量保留原文的含义和表达方式，并考虑到各国的文化差异和语言习惯，避免因简单直译而闹出笑话的情况。这样能让翻译结果更加符合我们的习惯，方便我们理解。

假设你在法国旅游，想尝试一家当地的法式餐厅。你走进一家餐厅，看到菜单上写着“Coq au vin”。如果简单直译，这个菜的名字就是“鸡在葡萄酒中”，这听起来可能会让人觉得很奇怪。ChatGPT 会将“Coq au vin”翻译为“红酒烩鸡”，这就更加直观和易于理解了。这是一个传统的法国菜肴，是将鸡肉与蔬菜、蘑菇、香料和大量红酒一起炖煮而成。这样一来，你就能更好地理解你在点什么，而不是被直译的名字弄得困惑。

外语翻译成汉语是这样，而将内涵更加丰富的汉语翻译成外语更要注意翻译的合理性。特别是我国的成语和诗句，都是中国式智慧的象征，翻译不好要么难以理解，要么失去意境，就抓不住精髓了。

就以经典名句“落霞与孤鹜齐飞，秋水共长天一色”来说，如果找简单的翻译工具来翻译，得到的结果是“The sunset and the lone duck fly together, and the autumn water grows in the same color as the sky.”。这几乎就是直接翻译，没有什么意境，甚至听起来很难懂，来看看 ChatGPT 的表现吧，如图 2-18 所示。

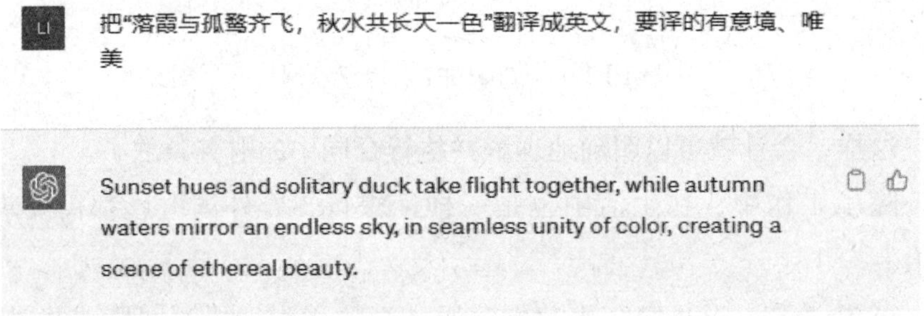

图 2-18　ChatGPT 汉译英示例

这显然要比直接翻译的结果好很多，描述了一幅唯美的画卷。由此可见，ChatGPT 在翻译方面的能力是相对较好的。如果我们对翻译的结果不满意，还可以进一步要求翻译得更唯美些、更幽默些等，这是其他翻译软件目前还没办法做到的。

这里并不是说 ChatGPT 翻译的就是完美的，如果要做到“信达雅”，还需要深厚的文学功底。而且，因为 ChatGPT 的训练数据在不同语言之间可能会有所不平衡，一些较少使用的语言可能不会得到和常用语言相同的处理。这也是在应用的时候需要注意的。

2.3.4 总结概括

在这个信息爆炸的时代，有太多的干扰信息影响我们工作和学习的效率了。如果有什么工具可以帮我们迅速从一大堆信息中提取出关键点，那一定是个超实用功能。

ChatGPT 就可以做到这一点，能够从一大堆文字中提炼出重要的部分，瞬间把几页的文章缩减到几段精简的摘要。就像是一把超级剪刀，可以把无关紧要的内容剪去掉，留下来的都是精华。

想象一下，你的老板给你一大堆文章或报告，要你在短时间内读完并提出观点，感觉要崩溃了对吧？别怕，ChatGPT 的秒提摘要功能就是你的救星。它会快速地分析这份报告，然后告诉你重要的信息，让你能立马知道这份报告的重点是什么。

如果你是学生，需要阅读一大堆的学术论文，那也别怕，ChatGPT 同样可以帮你。它可以帮你快速浏览论文，让你能立刻知道这篇论文的主题是什么，研究得出了什么结论，这样你就可以更高效地进行研究了。

这个功能也可以应用在很多其他的地方，如想要快速了解新闻动态，或者看看一本书的评论，甚至是想要读读博客文章，ChatGPT 都可以帮忙处理，让我们能够节省时间，更加有效地获取信息。

这里还是用财务人常见的场景为例，因为会计准则、财务监管要求及其他相关规定等内容时常更新，所以我们一直要面临不定期的新知识，紧跟财务发展的脚步，这个时候，总结概况的作用就显现出来了。

以一篇《企业财务数字化》的小文章为例，内容如下：

企业财务数字化

在数字化时代，财务领域的变革正在加速。随着云计算、人工智能、大数据等技术的日益成熟，企业的财务管理模式正在经历前所未有的改变。传统的财务管理方式，如手动记录、定期报告等，已经无法满足现代企业日益复杂和动态的运营需求。数字化技术不仅使财务管理流程变得更高效、更准确，也提供了实时分析和预测的可能，这为企业决策提供了强大的支持。

财务数字化，顾名思义，是指通过应用数字技术来改变和优化财务管理过程和财务决策。这涵盖了财务数据的获取、处理、分析和报告等所有环节。例如，通过云计算技术，企业可以实现财务数据的实时更新和远程访问；通过人工智能和大数据技术，企业可以进行复杂的财务数据分析，及时发现问题，预测趋势，从而更好地支持决策。

财务数字化对于现代企业至关重要。首先，它可以提高财务管理的效率。通过自动化处理和实时更新，企业可以大幅缩短财务管理的周期，降低错误率。其次，它可以提升财务决策的质量。通过对海量数据的深度分析，企业可以更准确地评估风险、预测未来、制定策略。此外，财务数字化也有助于提高企业的透明度和责任意识，这对于满足监管要求、增强股东和公众信任具有重要意义。

随着数字技术的日益成熟和普及，越来越多的企业开始实施财务数字化。尽管转型的具体路径和程度因企业的规模、行业和地理位置等因素而异，但都体现出了对财务数字化的普遍认同和追求。

在实践中，财务数字化表现为各种形式。在基础的层面，许多企业已经实现了财务数据的电子化和自动化处理。例如，通过电子发票、在线支付等方式，企业可以更方便、准确地获取和记录财务数据；通过 ERP 等软件，企业可以自动完成财务数据的分类、汇总和报告。此外，越来越多的企业开始利用云计算和大数据技术，实现财务数据的实时更新和深度分析。

然而，财务数字化的发展并非一路坦途。许多企业在实施过程中遇到了各种挑战，如技术选型难题、人才短缺、数据安全风险等。而且，尽管数字技术为财务管理提供了更高效、更智能的方式，但在决策中过度依赖数据和算法也可能带来风险，如忽视人的判断和经验、过度优化等。

总的来说，财务数字化是一场需要时间和精力的改革。但只要企业有清晰的目标、明确的策略、坚定的决心，并且充分利用各种资源和工具，就有可能成功实现财务数字化，从而提升财务管理的效率和质量。

我们把这篇小文章发给 ChatGPT，让它概括主要内容，如图 2-19 所示。

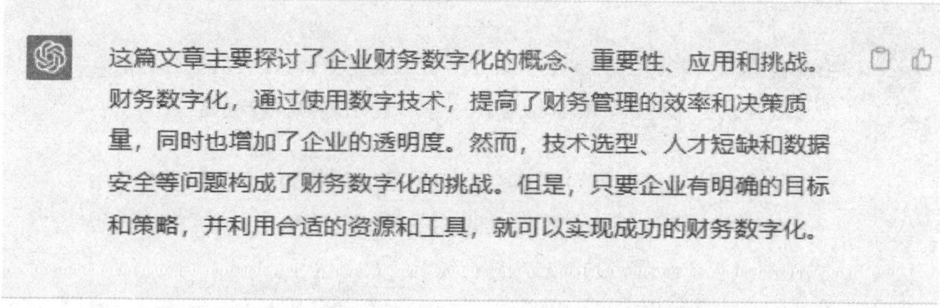

这篇文章主要探讨了企业财务数字化的概念、重要性、应用和挑战。财务数字化，通过使用数字技术，提高了财务管理的效率和决策质量，同时也增加了企业的透明度。然而，技术选型、人才短缺和数据安全等问题构成了财务数字化的挑战。但是，只要企业有明确的目标和策略，并利用合适的资源和工具，就可以实现成功的财务数字化。

图 2-19　ChatGPT 的概括内容示例

ChatGPT 迅速地完成了这一任务，用简短的一百多字就概括出了这篇文章的主要内容，所以对于其他需要快速阅读并抓取要点的材料我们也可以尝试这种办法。当然啦，在使用的时候一定要注意材料是否公开，涉及企业内部的数据资料，还是不要轻易尝试这种办法。

2.3.5 故障诊断

现在，电器产品已经成为家庭必备品，如很多工作也几乎离不开电脑。既然出现得如此频繁，那这些设备出点小故障已经算家常便饭了，但是每次出现小故障都找维修人员还是有点麻烦，而且也影响日常的使用。

有些人会选择上网搜索，看看有没有人分享过遇到同样的情况的处理办法。很常见的问题其实都是可以搜索到的，但是一些特殊的小情况就搜不到了，或者有时候因为设备型号的不同，那些解决故障的方法也不能完全套用。

这个时候 ChatGPT 就能派上用场啦，你可以尽情地提问，如果提供的方法不适用，还可以就哪一步出现的不适用情况继续提问应该怎么办，如图 2-20 所示。

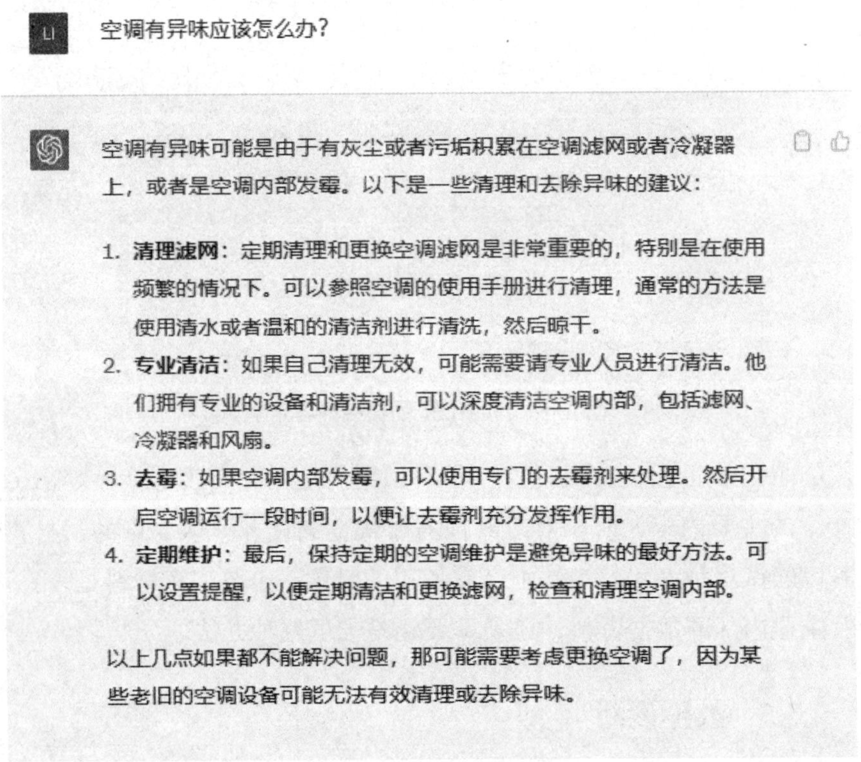

图 2-20　ChatGPT 诊断空调异味示例

又如，电脑蓝屏了该怎么办，如图 2-21 所示。

LI 电脑蓝屏了怎么办

电脑出现蓝屏（Blue Screen of Death，简称BSOD）通常表示操作系统遇到了严重的问题，无法继续运行。这种问题可能由硬件故障、驱动程序问题、软件冲突或系统文件损坏等原因引起。以下是一些常见的解决方法：

1. **重启电脑**：这是最简单也是最常见的解决方法。有时候，电脑可能因为某些临时的问题或者过热而导致蓝屏，重启电脑可能可以解决这个问题。
2. **检查硬件**：如果电脑经常出现蓝屏，可能是硬件问题。检查是否有新添加的硬件，如有，尝试移除它看看问题是否得到解决。如果没有新添加的硬件，也需要检查电脑的内存、硬盘、显卡等是否工作正常。
3. **更新驱动程序**：驱动程序的问题是导致蓝屏的常见原因之一。尝试更新电脑上的所有驱动程序，特别是显卡驱动和声卡驱动。
4. **检查软件冲突**：如果电脑在运行某个程序或者游戏时出现蓝屏，可能是这个程序或者游戏和其他软件有冲突。尝试卸载这个程序或者游戏，看看问题是否得到解决。
5. **系统恢复或者重装系统**：如果以上方法都不能解决问题，可以尝试做系统恢复，回到一个没有问题的还原点。如果还是不行，可能需要重装系统。

记住，蓝屏通常会显示一个错误代码，这个错误代码可以帮助你更准确地找到问题的原因。你可以将这个错误代码在网上搜索，找到更具体的解决方法。

如果你不懂电脑的知识，或者以上方法都不能解决问题，那么最好找专业的电脑维修人员来帮助你。

图 2-21　ChatGPT 诊断电脑蓝屏示例

从上面两个例子中可以看到，ChatGPT 并不是单纯提供一条即时的处理方法，还会有这些方法都不行的话应该怎么办，有些时候甚至能识别出故障出现的可能原因，再针对性地提供解决方案。如果你发现这些方法不适用，可以更加详细地描述故障情况，让它进行深入分析和解决。

2.3.6 编程高手

普通人想要变成编程大神那可不是件简单的事儿，需要花费大把的时间，钻研这门深奥的学问。要学习和理解各种编程语言，如 Python、Java、C++ 等，还要搞清楚各种数据结构和算法，研究一堆复杂的编程理论，更别提解决各种棘手的 bug 了。当然，如果有人乐此不疲，那肯定是好事，但是实际上，我们大部分人都想要找到一个更快的捷径，一种可以让我们更高效地学习编程的方法。

这个方法就是利用 ChatGPT。对于初学者来说，ChatGPT 可以帮助初学者理解基本的编程概念，教初学者怎样写出一段代码。遇到不明白的地方，直接问它，它会用最简单的语言解释出来。这就像有个私人导师一直陪着，让学习过程变得轻松愉快。

而对于有些经验的程序员，ChatGPT 就像是个思路分享者，可以提供各种代码灵感。当程序员在写代码的时候，可能会遇到一些棘手的问题，如数据结构选择、算法优化等，这时候可以把问题告诉 ChatGPT，它会给出一些建议，或者提供一些可能的解决方案，帮程序员在思维的迷宫中找到出路。

更厉害的是，ChatGPT 还可以帮程序员找 bug。我们都知道，写代码的时候最头疼的就是遇到 bug，有时候就差那么一点点，就能找到问题所在，但就是找不到。这时候可以把代码和问题描述给 ChatGPT，它会帮忙分析可能的原因，甚至可能会告诉你怎么修复 bug。

有些财务人听起来可能觉得这些与自己的工作不怎么相关，但现在可是 21 世纪了。看看现在的企业环境，就会发现无论是什么行业，什么职位，数字技术、数据分析和编程等技术都在日益重要。

要知道，现代的财务工作已经不再是记账和做报表那么简单了。随着大数据和 AI 的发展，财务人员现在需要处理和分析的数据越来越多，任务也越来越复杂。这就需要一些编程知识来帮助财务人员更高效地处理数据，更精准地进行预测和决策。比如，财务人可以用 Python 或 R 等编程语言来处理数据，使用 SQL 来查询数据库，甚至使用一些机器学习算法来预测财务状况。

会编程也可以帮助财务人更好地理解和使用财务系统。如今，很多企业都有自己的财务系统，而这些系统通常都是用编程语言写的。如果财务人懂一些编程，就能更好地理解这些系统的工作原理，更快地解决使用过程中的问题。

反正会编程肯定是一种非常有价值的技能，也是个人职业竞争力的一部分。想想，如果你是招聘经理，面前有两个候选人，一个只懂财务，另一个既懂财务又会编程，你会选谁呢?

所以，虽然财务人员并不一定非得会编程，但如果能掌握一些基本的编程知识，无疑会对自己的工作有很大的帮助，也会让自己在职场上更有竞争力。

但前边说了，学成编程大神也不是一朝一夕的事情，普通财务人的目标也不在此，重点是借助编程提高自己的工作质效就可以了，这时候 ChatGPT 就能帮上忙啦。

具体的做法当然就是开问。

最一开始，你可以先用 ChatGPT 学习编程的基本概念和语法。假如现在你就是一个编程新手，不知道从哪里开始学习，就可以向 ChatGPT 提问“什么是变量？”“什么是循环？”“Python 的基本语法是什么？”等。ChatGPT 会给你提供详细而准确的答案，帮助你理解这些基本概念，如图 2-22 所示。

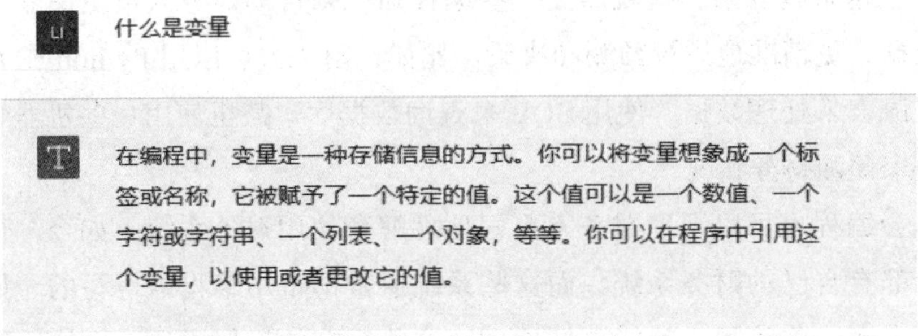

图 2-22　ChatGPT 解答编程概念示例

然后，当你在编程过程中遇到问题，也可以向 ChatGPT 寻求帮助。比如，你可以把你的代码粘贴给 ChatGPT，然后问："这段代码为什么会出错？"或者"我应该如何修改这段代码，才能实现我想要的功能？"等。ChatGPT 可以帮你找出代码中的错误，或者给你提供优化代码的建议。

举个例子，假设你正在使用 Python 编程语言和 pandas 库来分析一份财务报告的数据。你的目标是根据不同的部门和项目，汇总每个部门的总收入。

这是你写的一段代码：

```
import pandas as pd
# 读取 Excel 文件
df = pd.read_excel('financial_data.xlsx')
# 根据部门和项目汇总总收入
summary = df.groupby(['Department', 'Project'])['Revenue'].sum()
print(summary)
```

但是当你运行这段代码时，Python 抛出了一个错误——"KeyError: 'Department'"。你不明白为什么会出现这个错误，这时候，你就可以把这段代码和错误信息粘贴给 ChatGPT，然后提问为什么会报错，怎么修复。

ChatGPT 就会给出相应的回答，如图 2-23 所示。

图 2-23　ChatGPT 解答编程疑问示例

这样，你就可以根据 ChatGPT 的提示，去检查和修复你的代码。如果你发现你的 Excel 文件中确实没有“Department”这一列，或者这一列的名字被拼写错误，你就可以据此修改你的代码，再次运行，看看是否解决了问题。

你还可以用 ChatGPT 来学习和实践数据处理和分析的技术。比如，你可以问：“如何用 Python 读取 Excel 文件？”或者“如何用 Python 进行数据可视化？”等。ChatGPT 会给你提供详细的步骤和示例代码，帮助你掌握这些技术。

2.3.7 插件拓展

除了以上功能外，2023 年 5 月的时候，ChatGPT 插件商店开放了，这就好比手机里的系统商店，通过下载各类插件，相当于给 ChatGPT 加了各类外接的技能和装备。这一点意味着，ChatGPT 最后的限制也被解除了，这是什么意思呢？

之前我们提问 ChatGPT，ChatGPT 做出回答是基于本身的数据库，也就是说，如果 ChatGPT 的数据不能实时更新，很多最新发生的事件或者前沿的成果它是不知道的，也就没办法给予紧跟时代的答案。

现在，插件功能开放了，我们可以看到，有很多插件都可以用来接通外部网页功能或者其他数据库的，这就相当于给 ChatGPT 搭建了一个沟通最新数据的桥梁。通过 ChatGPT，用户可以访问其他的网址、数据库，甚至不需要复制网页的内容给 ChatGPT，就能让它总结网页的内容要点。

那插件功能怎么开呢？这里要注意，插件功能只有 ChatGPT Plus 版的用户可以开通，免费版是没办法使用的。

整个开通过程非常简单，只需要两步。

▲第一步：ChatGPT Plus 用户在聊天界面的左下角，点开个人账号（邮箱地址）那里的功能区，找到“Settings”，即“设置”，如图 2-24 所示。

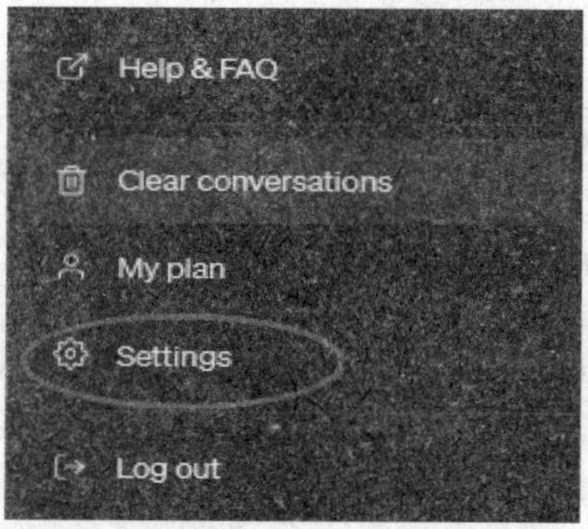

图 2-24 ChatGPT 插件功能开通入口

▲第二步：点击“Settings”后就会进入以下界面，如图 2-25 所示。

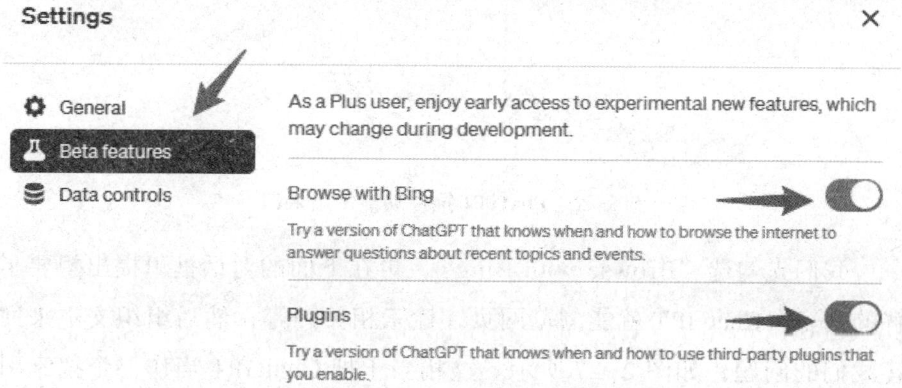

图 2-25 ChatGPT 插件功能开通界面

按照图中箭头位置，选择“Beta features”选项，然后打开“Browse with Bing”（使用必应浏览）和“Plugins”（插件）。

这就算开通成功了，这时候回到聊天界面，选择 GPT-4 模型，下拉菜单就能看到这两个选项的使用入口了，如图 2-26 所示。

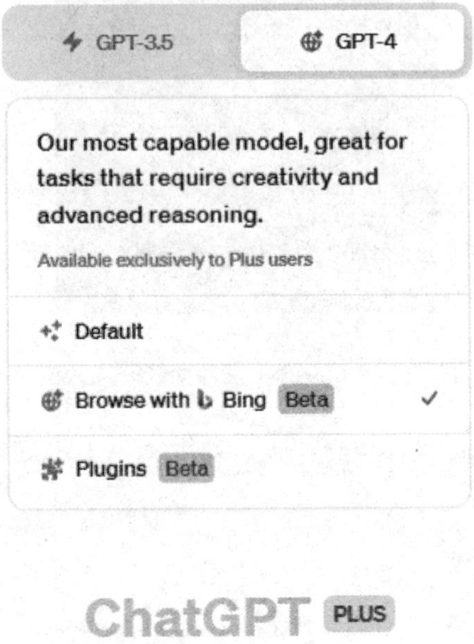

图 2-26 ChatGPT 插件功能使用入口

我们先勾选“Browse with Bing”，再在下面的对话框里提出想要了解的内容，ChatGPT 就能浏览网页，检索相关内容，然后组织文本来回答我们的问题，如图 2-27 所示。这相当于把 ChatGPT 当作一个搜索引擎，可以随时上网了解我们想知道的事情，包括最新的新闻。

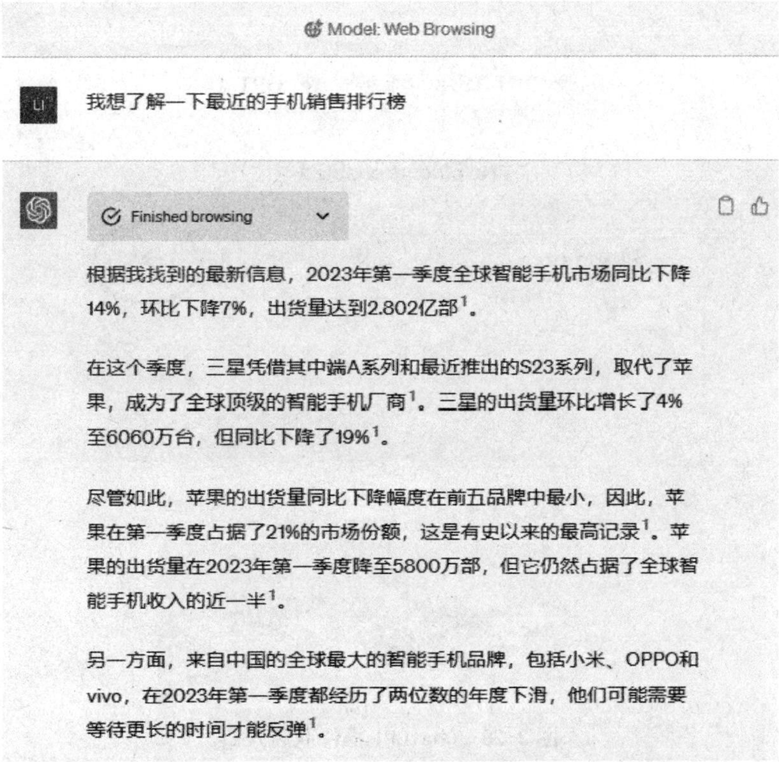

图 2-27 ChatGPT 使用 Bing 浏览检索并回答问题界面

除了浏览检索，使用“Plugins”更是可以让 ChatGPT 拥有“十八般武艺”。

我们可以点击图 2-26 中的“Plugins”选项，就会出现“Plugins store”，如图 2-28 所示。点击圈起来的箭头，就可以进入插件商店。

图 2-28 ChatGPT 插件商店入口

现在，ChatGPT 的“Plugins store”（插件商店）已经上架了众多应用，点进去就可以自由地选择自己感兴趣的应用。每个应用都有个“Install”（安装）选项，点击即可进行下载，如图 2-29 所示。这与手机应用商店下载应用的方式是一样的。

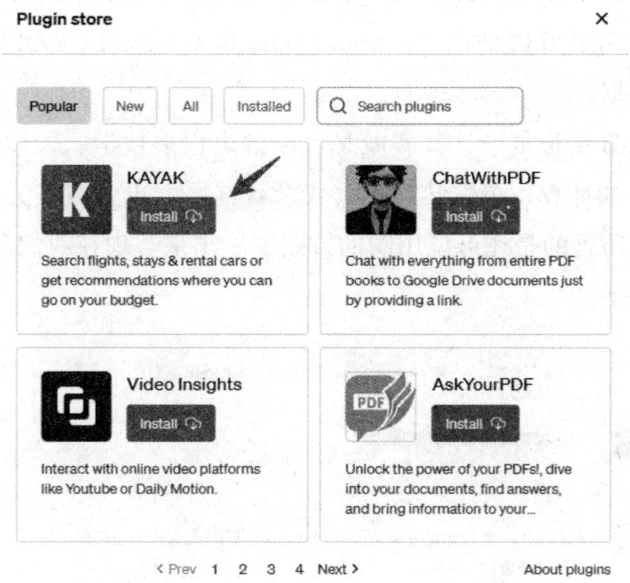

图 2-29 ChatGPT 插件商店界面

当下载安装完成后，在聊天界面这里就能勾选想要使用的插件，并进行提问了，如图 2-30 所示。

图 2-30 ChatGPT 插件选择界面

比如，图中这个插件应用 Wolfram 就是一个很厉害的计算工具。通过它，ChatGPT 可以访问 Wolfram Alpha 与 Wolfram Cloud 的动态计算以及策划数据。

听起来好像很复杂，其实就是可以解决很多数学、物理、化学等方面的问题，如计算、单位转换、公式求解这些，也能回答关于这些方面的知识，最厉害的是还可以用图的方式展示出来。现在我们来演示一下，如图 2-31 所示。

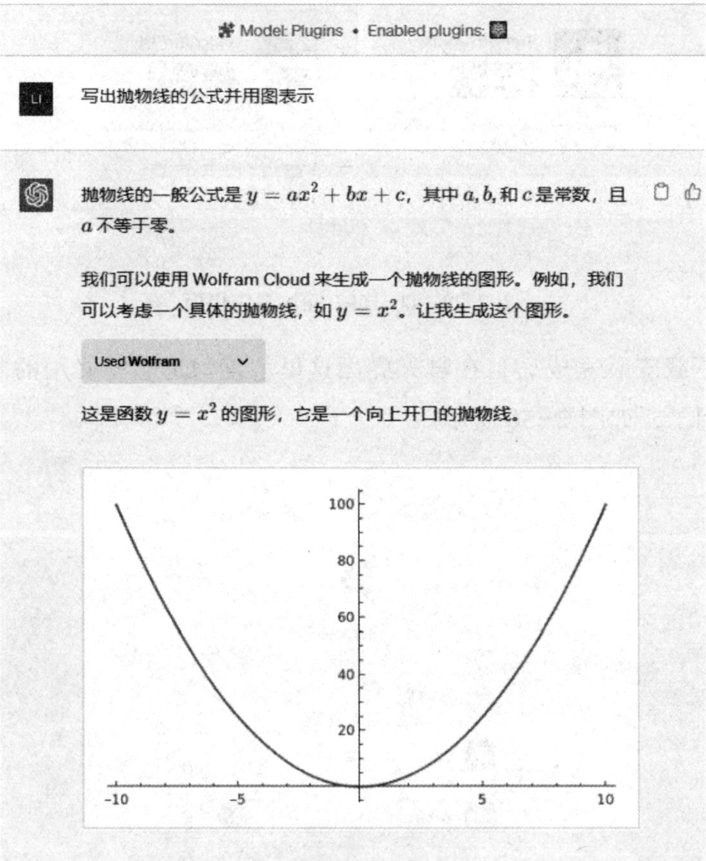

图 2-31　ChatGPT 应用 Wolfram 回答问题示例

插件一下子丰富了 ChatGPT 的回答功能。原本的 ChatGPT 只能回答文字内容，有了插件就可以用画图的形式来解答问题了。

除了这个插件，还有很多有意思的插件，如 Public 可以把 ChatGPT 打造成一个私人金融顾问，提供实时和历史的金融市场数据，涵盖公司、货币、股票价格等。比如，我们想知道某一天谷歌公司的股票价格，或者想要查看最新的汇率，都能得到答案。

Portfolio Pilot 插件能为用户提供个性化的投资组合建议，也可以提供关于单个证券和宏观经济趋势的最新信息。比如，我们想评估一下自己的投资组合的性能，或者想找一些新的投资机会，Portfolio Pilot 都可以帮忙。

除了这些可能跟涉及投资业务的财务工作沾点边的插件外，其他领域五花八门的插件也很丰富。比如，Bohita 插件是一个有趣的服装设计工具。用户只需要提供一个主题和一些图像描述，Bohita 就可以为用户生成一个独特的图形设计，用户甚至可以把这个设计直接打印在衣服上。

还有一些工具类的插件，如 AskYourPDF 插件可以帮助用户管理和搜索 PDF 文档。用户只需要提供 PDF 的链接，AskYourPDF 就可以帮助用户下载、保存和搜索文档内容。Show Me Diagrams 插件是一个可视化工具，当用户需要理解复杂的概念或过程时，Show Me Diagrams 可以生成流程图或者思维导图，为用户提供视觉上的帮助。

……

现在，插件商店已经有很多插件了，并且还在持续更新中。更多的插件功能，还有待大家一步一步去尝试、去探索。有了这些插件，ChatGPT 就可以更好地为我们服务，成长为一个全能的 AI 助手。

3 ChatGPT 操作入门

欢迎来到 ChatGPT 操作入门。在这里，我们将一起开启一个充满发现和学习的旅程。“光说不练假把式”，这一章就是一堂实操内容，手把手教你怎么注册一个自己的 ChatGPT 账户，怎么根据自己的情况选择版本，最后还会给你分享各种使用技巧，满满都是干货，处处都是经验，一起打开电脑，上手操作吧！

3.1 ChatGPT 账户注册

——ChatGPT 账户注册免费，但部分高级功能使用需要付费。

万事开头难，要正式开始应用 ChatGPT，还需要注册一个自己的 ChatGPT 账户。有的人会有疑问，ChatGPT 账户注册是免费的吗？注册需要准备什么东西吗？到底应该怎么注册？接下来都会一一给出答案，手把手教你注册一个自己的 ChatGPT 账户。

3.1.1 ChatGPT 账户注册是免费的吗？

注册一个新的 ChatGPT 的账户，是完全免费的。这就像是走进一家新开的咖啡馆，他们会给顾客一张免费的会员卡，然后顾客就可以享受他们的服务了。同样地，ChatGPT 作为一个新出现的 AI 应用程序，也欢迎每一个新用户。

我们只需要提供一些基本的信息，如电子邮件地址，然后设置一个密码，就可以成功注册了。注册过程中不会产生费用。注册账户后，就可以开始使用 ChatGPT 的基础功能，这些都是免费的。我们可以和它进行交谈，获取信息，或者用它来辅助学习和工作。

不过，你可能会问，既然是免费的，为什么还看到有一些人在付费呢？

其实，虽然注册 ChatGPT 账户是免费的，但它的一些高级功能，如使用 GPT-4 模型，还有插件功能等，都需要付费。OpenAI 为 ChatGPT

提供了一种叫作“Plus”的付费服务，这一版本的 ChatGPT 使用体验更佳，问题回答的质量更高。

所以，是否需要支付费用，完全取决于用户自己的需求。如果免费的 ChatGPT 已经能满足使用需要，你完全可以继续免费使用。但如果你想要获得更快的响应速度、更大的便利，以及更多的特性和服务，那么你可能需要考虑支付升级。具体的价格，还需要去 OpenAI 的官方网站查看，因为价格可能会因为时间和地区的不同而有所变动。

3.1.2 ChatGPT 账户注册准备

在注册 ChatGPT 账户时，先要准备以下几点内容：

▲有效的电子邮件地址

在注册过程中，将会使用电子邮件地址作为我们的账户名。电子邮件地址是我们与 ChatGPT 服务提供者进行沟通的主要方式。如果我们不小心忘了密码，或者需要接收服务更新的通知，服务商都会通过电子邮件发送给我们。此外，注册账户过程中的确认邮件也会发送到我们的邮箱，需要我们点击邮件中的链接才能完成账户的激活。所以，电子邮件地址是一个必备的要素，我们要确保它有效，并且常用，好方便随时接收重要的账户信息。

▲密码

密码是用来保护 ChatGPT 账户安全的重要工具。一个强度比较高的密码可以防止未经授权的用户访问我们的账户。在设置密码时，我们应该尽量选择一个复杂并且难以猜测的密码，不过也不要太复杂导致自己记不住。密码可能包括大写和小写字母、数字和特殊字符的组合。

▲手机号码

在注册的过程中，我们需要提供一个手机号码，这个要根据自己所在地区准备合适的手机号码。手机号码可以作为身份验证的备用选项。比如在忘记了密码，也忽然没法访问电子邮件账户的时候，就可以通过手机验证码来重置密码或进行身份验证。手机号码还可能用来接收账户相关的通知和警报。

▲设备与网络

最后也是最关键的，我们需要一个能够上网的设备，如电脑、平板电脑或者智能手机，特别要注意，必须提前根据自己所在的地区准备好网络。

当准备好以上这些东西，就可以开始注册啦。

3.1.3 ChatGPT 账户注册的流程

▲第一步：访问 ChatGPT 官网

通常可以直接在网络浏览器中输入官方网址（https://chat.openai.com/chat），或者在搜索引擎中搜索"ChatGPT"并点击相应的链接，然后就会进入 ChatGPT 界面，如图 3-1 所示。左边的"Log in"选项是"登录"，右边的"Sign up"选项是"注册"。

图 3-1 ChatGPT 网站界面

▲第二步：点击注册

点击图中的"Sign up"选项，进入创建新账户的页面，如图 3-2 所示。

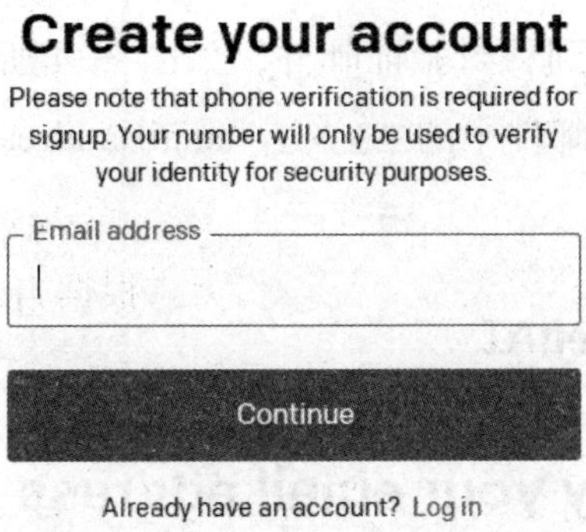

图 3-2　ChatGPT 创建账户界面

▲第三步：填写邮箱并设置密码

在“Email address”输入框中输入事先准备好的邮箱地址。在填写电子邮件地址时，你需要确认输入的是一个有效的电子邮件地址，因为这将作为账户名，并且后续所有的账户信息、通知等都将发送到这个电子邮件地址。填好后点击“Continue”继续。

邮箱校验通过后再输入密码，至少 8 位，如图 3-3 所示。然后再接着点击“Continue”。

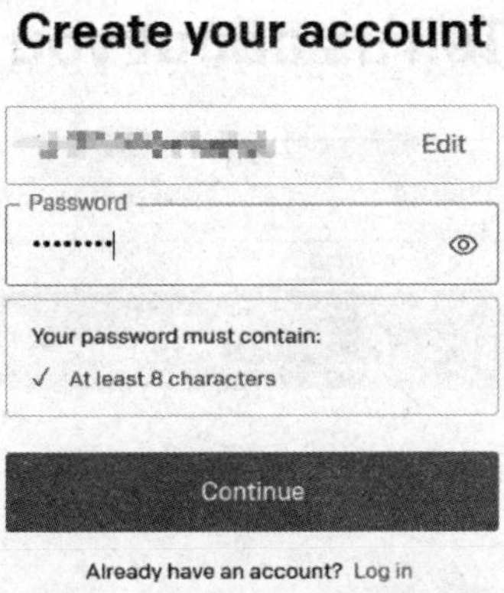

图 3-3　填写邮箱并设置密码界面

▲第四步：验证邮件

继续之后就会收到一封验证邮件，如图 3-4 所示。登录自己的邮箱打开邮件，然后点击邮件中的“Verify email address”，就可以进行账户注册验证。

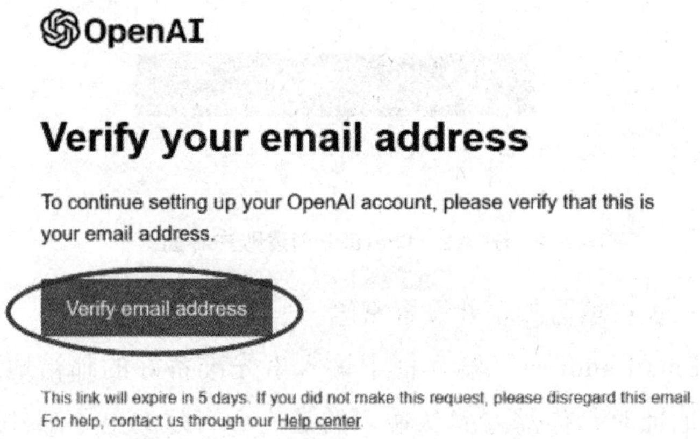

图 3-4　验证邮件界面

▲第五步：信息填写与手机验证

此时会跳转至信息填写页面，如图 3-5 所示。

图 3-5　信息填写界面

填写完成后，点击“Continue”会接着进入手机号验证界面，将提前准备好的手机号输入框中，随后根据自己有没有“WhatsApp”情况点击下方的“YES”或者“NO”。此处以选择“NO”为例，然后点击“Send code via SMS”（发送短信验证码），如图 3–6 所示。

图 3–6　手机号码输入界面

此时就会进入以下界面，如图 3–7 所示。然后，把收到的验证码输入即可。

图 3–7　短信验证码输入界面

输入完成，当出现以下界面的时候就代表注册成功啦，如图 3–8 所示。

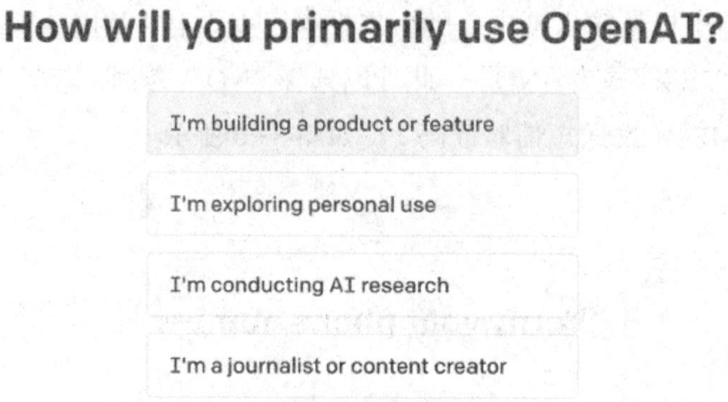

图 3-8　ChatGPT 账户注册完成界面

接下来就可以回到最初的界面（图 3-1），选择左边的“Log in”进行登录，输入邮箱和密码，登录自己的 ChatGPT 账户，这样就能看到聊天界面了。

3.2　选择 ChatGPT 的版本

——从免费版到 Plus 版，一步一步来。

不同版本的 ChatGPT 适合不同需求的人群，在选择版本之前要详细了解免费版和 Plus 版有什么区别。对于用 AI 为自己赋能的财务人，可以把免费版当作一个开始，然后算一算订阅 Plus 版这笔账是否符合自己的情况，再决定要不要升级版本。

3.2.1 ChatGPT 账户有两个版本

前边我们说过，ChatGPT 的基础服务是免费的，但部分高级功能需要付费才能使用。基于这种情况，ChatGPT 提供了两种账户类型：免费版和 Plus 版。

这两个版本到底有什么不同呢？

免费版的 ChatGPT 对所有人开放，只要我们有互联网连接，就可以使用。对于第一次接触ChatGPT的用户来说，免费版是一个很好的开始，可以进行各种尝试，不需要支付任何费用。

免费版 ChatGPT 的功能已经十分强大了，它可以理解我们的问题，并给出与这相关的回答，准确性还可以。它可以帮我们查信息，如查天气、新闻头条这些，甚至可以成为我们的创作助手，帮我们写作、编写代码。

不过，相较于 Plus 版，免费版的聊天体验可能会差一点。因为服务器资源有限制，如果碰到使用高峰，免费版可能会遇到一些限制，一般需要等一段时间才能开始聊天，或者每天能进行的聊天次数有一定的限制，也可能没办法享受到最新、最全面的功能更新。

订阅 ChatGPT Plus 版，需要支付一定的月费（目前是 20 美元，后续不确定会不会有变化），就可以享受到更优质的服务。

最直接的，Plus 版用户可以享受到优先的服务器资源。无论何时都可以立即开始聊天，基本不需要等待。如果使用 GPT-3.5，每天的聊天次数没有限制，如果使用 GPT-4 可能有提问限制，次数达到上限后，只要从第一个问题开始计算，过一定时间就能接着提问了，相当于等待“技能”冷却。不过这个时候可以使用 GPT-3.5，这也相当于 Plus 用户可以随时随地使用 ChatGPT。而且，Plus 版用户也可以享受到所有的新功能和更新。比如，插件那些功能就只能订阅 Plus 才能看到。此外，还有一些更详细的区别，通过下面这个表格来对比一下，如表 3-1 所示。

表 3-1　ChatGPT 免费版和 Plus 版对比

对比内容	免费版	Plus 版
GPT 模型	GPT-3.5	GPT-3.5 或 GPT-4 均可
使用时间	有限制，高峰期间可能需要等待	无限制
适用范围	大多数国家和地区使用	初始限制部分地区，正在逐步扩大
价格	免费	支付一定的月费
基础功能	基本包含	全部包含
插件功能	无	有
功能更新	滞后	优先获取
开发	提供范围有限	提供更多的定制化功能和 API 接口

3.2.2　怎么选择 ChatGPT 的版本？

知道了免费版和 Plus 版的区别，但是有些选择困难的人还是不知道自己应该选择哪个版本，或者说是不了解 ChatGPT Plus 到底值不值得订阅。虽然听起来功能更强大了，但是实际应用的效果怎么样呢？

除了使用时间、范围以及插件等功能的限制，在真实的使用过程中，两个版本最直接的区别还是 Plus 版用户能使用 GPT-4 模型，而免费版不能。我们之前提到的通过了注册会计师考试的也是 GPT-4 模型，这一点 GPT-3.5 还办不到。

现在，我们先用同一个脑筋急转弯，来看看 GPT-3.5 和 GPT-4 的回答有什么不同。

问题是“一位交警领着一个小朋友过马路，有人问交警：‘这是你的孩子吗？’交警说是。这人又问那个小朋友：‘这位交警是你的爸爸吗？’小孩说不是。这是怎么回事？”

先来看看 GPT-3.5 的回答，如图 3-9 所示。

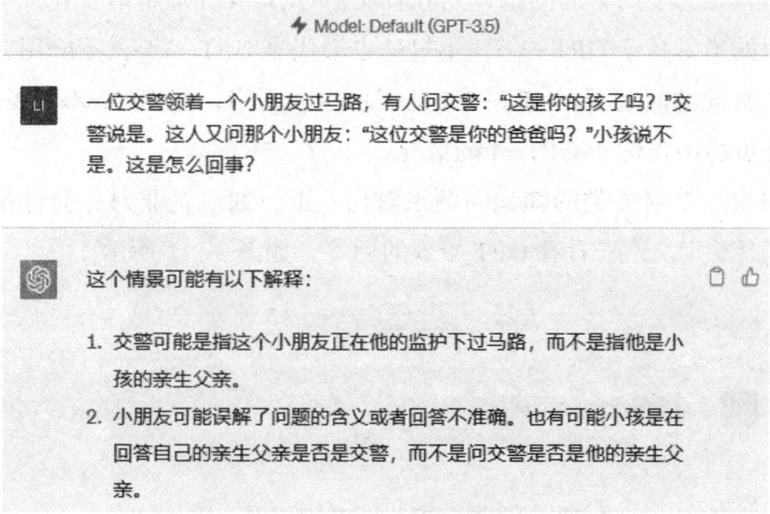

图 3-9　GPT-3.5 回答脑筋急转弯

很明显，GPT-3.5 基本只是在罗列语句，在逻辑推理能力方面还有点欠缺。也就是我们常说的“脑子转不过来弯儿来”。

再来看看 GPT-4 的回答，如图 3-10 所示。

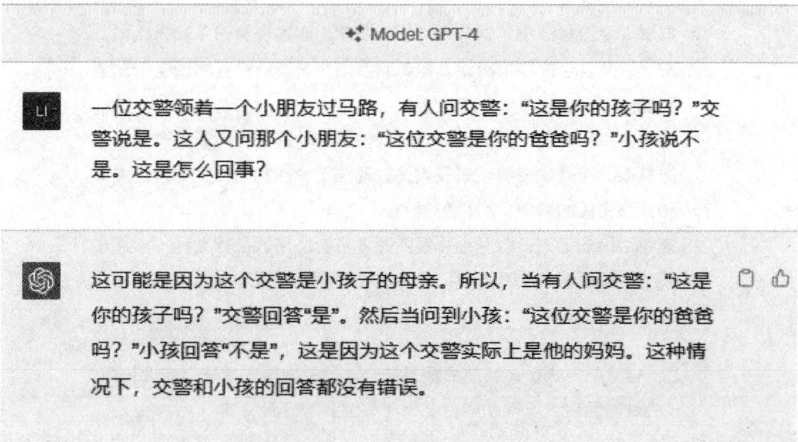

图 3-10　GPT-4 回答脑筋急转弯

是不是还挺令人惊讶的？GPT-4 的回答堪称标准答案。

这只是一个简单的测试，充分展现了 GPT-4 在理解语言和推理方面的能力的确要高于 GPT-3.5。不过这也不代表 GPT-3.5 就不好用，其实在很多常规的问题下，GPT-3.5 的表现也很不错，与 GPT-4 不相上下，甚至还可能出现优于 GPT-4 的情况。

再拿一个财务类的知识问题来对比一下，如“企业财务会计报告的目标是什么”，先来看看 GPT-3.5 的回答，如图 3-11 所示。

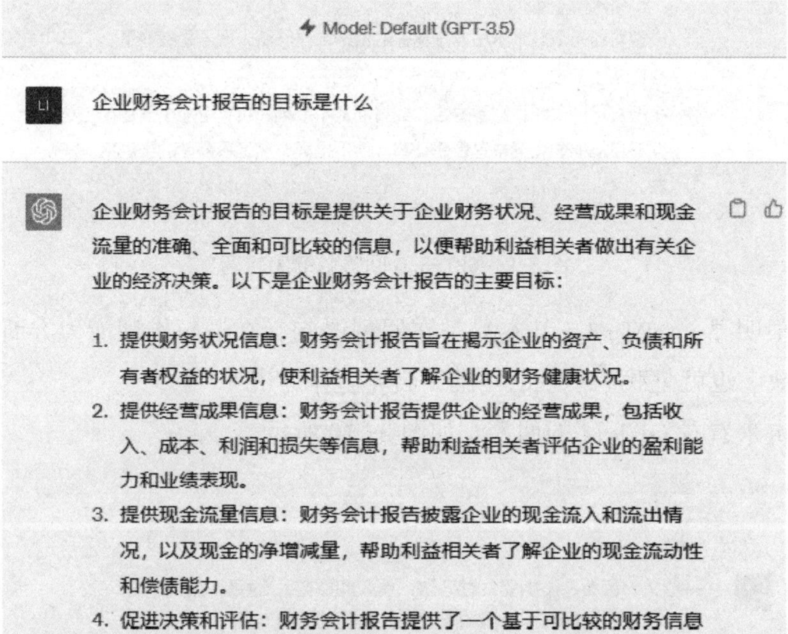

Model: Default (GPT-3.5)

LI 企业财务会计报告的目标是什么

企业财务会计报告的目标是提供关于企业财务状况、经营成果和现金流量的准确、全面和可比较的信息，以便帮助利益相关者做出有关企业的经济决策。以下是企业财务会计报告的主要目标：

1. 提供财务状况信息：财务会计报告旨在揭示企业的资产、负债和所有者权益的状况，使利益相关者了解企业的财务健康状况。
2. 提供经营成果信息：财务会计报告提供企业的经营成果，包括收入、成本、利润和损失等信息，帮助利益相关者评估企业的盈利能力和业绩表现。
3. 提供现金流量信息：财务会计报告披露企业的现金流入和流出情况，以及现金的净增减量，帮助利益相关者了解企业的现金流动性和偿债能力。
4. 促进决策和评估：财务会计报告提供了一个基于可比较的财务信息的基础，帮助投资者、债权人、管理层和其他利益相关者进行决策和评估企业的价值、风险和潜力。
5. 遵守法律和规范：财务会计报告需要符合适用的会计准则、法规和规范，确保报告的准确性、可靠性和可比性，以满足监管机构和利益相关者的要求。

总之，企业财务会计报告的目标是向利益相关者提供准确、全面和可比较的财务信息，以帮助他们做出有关企业的经济决策。

图 3-11　GPT-3.5 回答财务问题

再来问一问 GPT-4，如图 3-12 所示。

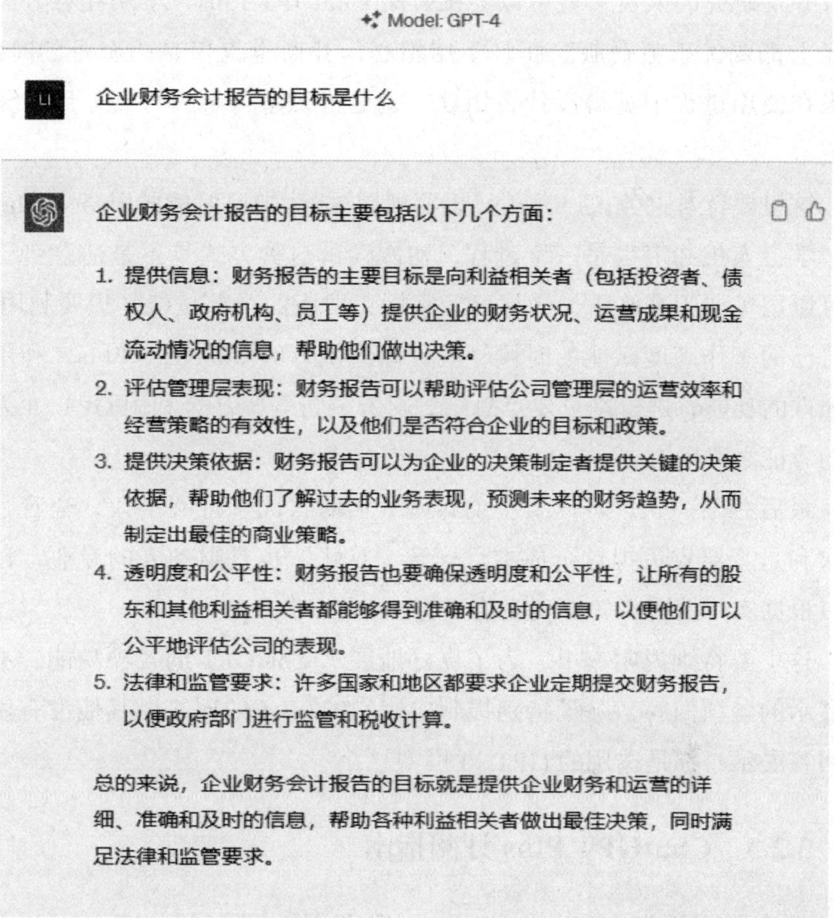

图 3-12　GPT-4 回答财务问题

在这个问题的表现中，GPT-3.5 的回答并不比 GPT-4 差，甚至在详细程度方面还要优于 GPT-4。

对于初次尝试的用户，还有使用需求较少的用户，其实免费版已经能满足基本的问答、聊天、写作、翻译等功能需要了。这种情况下可以不需要付费订阅 Plus 版。

而对于使用了一段时间，同时有更高需求的用户，或者是用 GPT-4 进行开发研究的人员，就可以尝试订阅 ChatGPT Plus，毕竟在各方面的功能上都要优于免费版。而且不用担心，开通也仅仅是一个月的时间，如果在使用过程中觉得没什么用处，完全可以不再继续订阅，用回免费的版本。

这里要针对财务人，尤其是想要利用 AI 为自己赋能的财务人来说一下，学会人机共生也是一个过程，初次尝试这种方式是不是适合自己完全可以用免费版来练手，当你已经掌握免费版的全部技能，想要利用 AI 为自己的工作高度赋能的时候，就可以尝试订阅 ChatGPT Plus，利用各种插件的功能，进行网页要点总结、财务分析等，甚至利用 GPT-4 为自己的考证之路助力。

最后总结一句，具体要不要订阅、何时订阅、订阅多久，全看个人需求和是否愿意负担这个成本，毕竟"算账"也是财务人的专业，自己可以根据实际情况算一算到底值不值。

这里要特别说明一下，为了更好地展示 ChatGPT 的各项功能，本书所展示的各项回答，除了特别提到应用 GPT-3.5 的回答，其他没有说明的回答展示，都是选用的 GPT-4 模型。

3.2.3 ChatGPT Plus 订阅指南

无论要不要订阅 ChatGPT Plus，这里是一份订阅指南，以备不时之需。

免费版的 ChatGPT 聊天界面是这样的，如图 3-13 所示。上面没有 PLUS 的标志，也没有模型选项，直接在下方的输入框中输入对话就可以开始聊天。

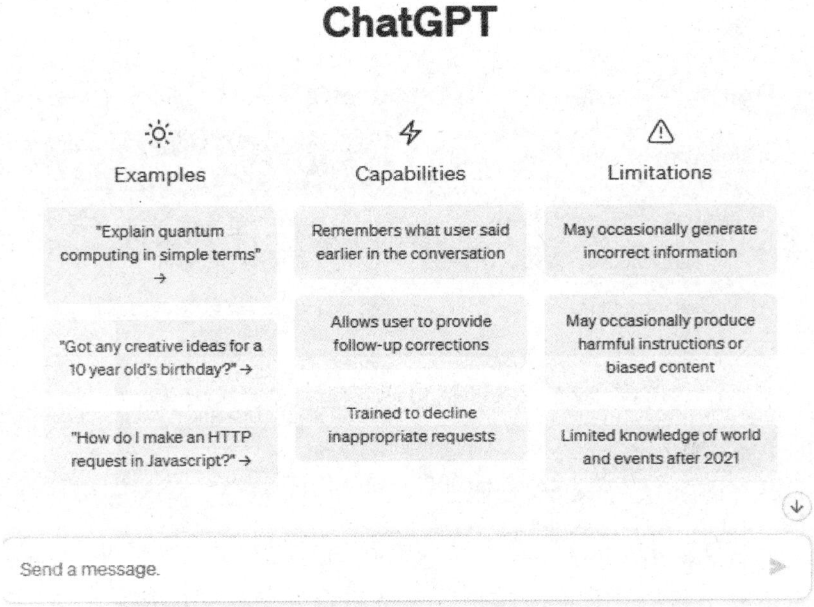

图 3-13　免费版 ChatGPT 聊天界面

ChatGPT Plus 版的订阅入口就在聊天界面左侧黑色区域的下方功能区里的“Upgrade to Plus”选项，如图 3-14 所示。

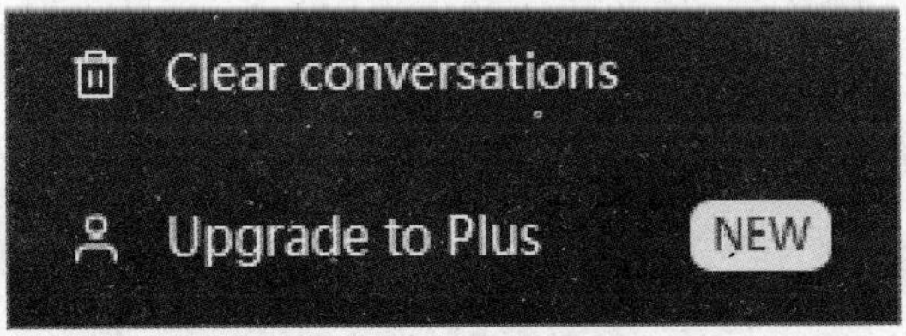

图 3-14　ChatGPT Plus 版的订阅入口

点击这里，就会进入以下界面，显示了 ChatGPT 的两个版本，左边就是免费版，右边圈起来的部分就是订阅选项，如图 3-15 所示。

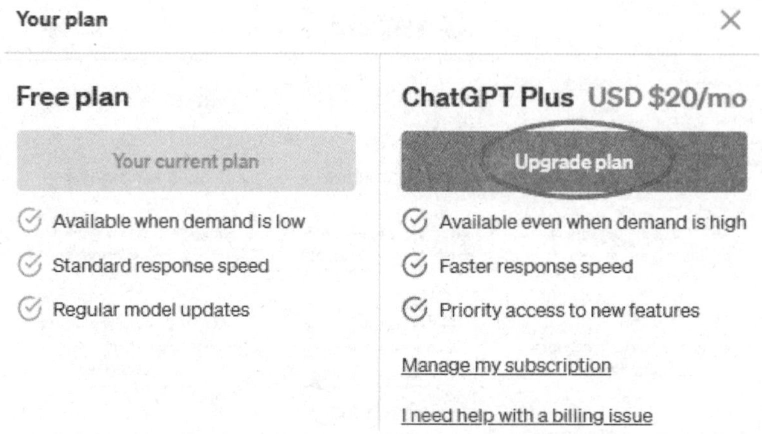

图 3-15 ChatGPT Plus 版的订阅界面

点击“Upgrade plan”选项就会跳转到付款页面，按要求填写信息，然后点击右下角的“订阅”选项，等待系统处理订阅申请，这个过程一般挺快的。

付款完成之后，就会出现以下界面代表订阅成功，如图 3-16 所示。同时，邮箱也会收到付款确认邮件。

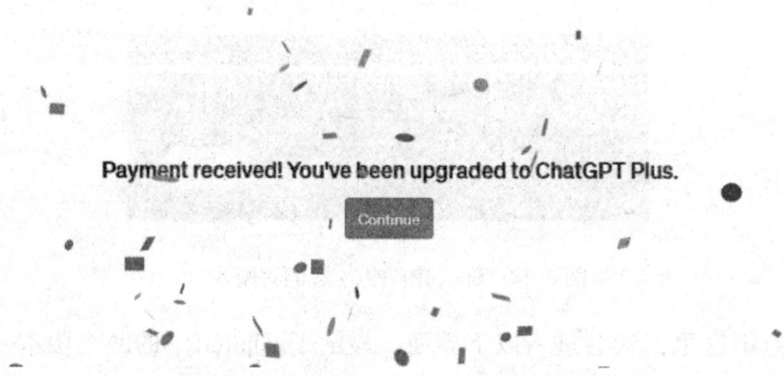

图 3-16 ChatGPT Plus 版订阅成功界面

现在就可以打开 ChatGPT 界面，一个醒目的“PLUS”就会出现在中间啦，也新增了 GPT-3.5 和 GPT-4 的选项，之前是没有选项的，如图 3-17 所示。

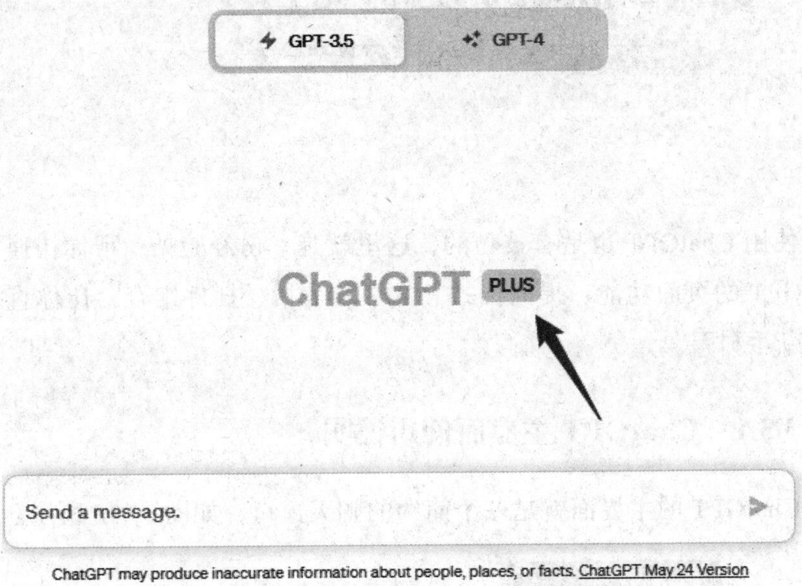

图 3-17 ChatGPT Plus 版聊天界面

在订阅成功之后，每个月是自动续费的，如果使用过后想取消连续订阅，可以在 ChatGPT 聊天界面的左下角找到“My Account”，点击菜单选择“Manage My Subscription”，最后在页面上点击“Cancel plan”就取消订阅了。这跟我们平时取消手机订阅服务的过程是一样的。

以上就是 ChatGPT Plus 订阅指南，不过具体的步骤可能会因为网站的更新或者服务的变化而有所不同。在任何步骤中遇到问题，可以在官网寻找相关帮助。

还有一点特别要注意，在提供任何个人信息以及付款信息之前，一定要看清楚，确定自己正在访问的是官方网站，避免遇到网络诈骗。

3.3 ChatGPT 使用小贴士

——新手变熟手，只差一份经验分享。

使用 ChatGPT 也是有技巧的，这里就是一份经验帖，帮你快速了解 ChatGPT 的页面功能、提问招式、文字和表格、插件组合，让你直接走出“新手村”。

3.3.1 ChatGPT 主界面使用说明

ChatGPT 的主界面就是一个简约的聊天窗口，如图 3-18 所示。

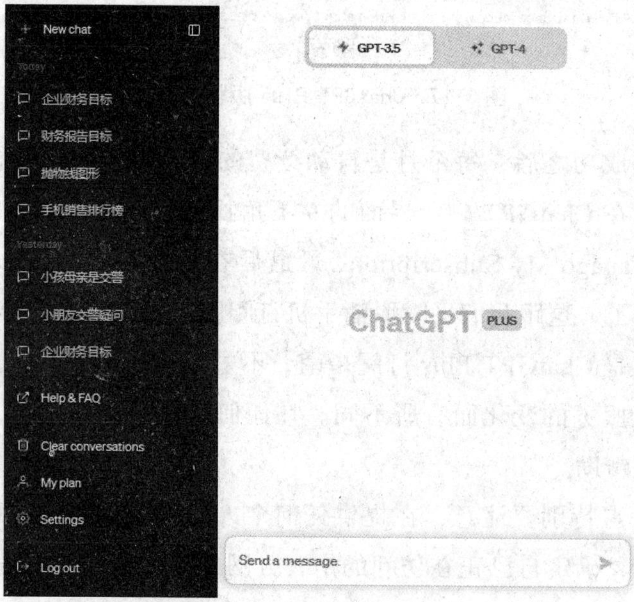

图 3-18 ChatGPT 的主界面

从图 3-18 中可以看到，整个界面分左右两侧。

右侧就是对话区域，这是用户输入问题或对话内容的地方。我们可以在右侧下方“Send a message”那里输入任何想要与 ChatGPT 进行交流的内容，然后按回车键或点击右侧那个像箭头或纸飞机的图形，即发送图标，ChatGPT 就会处理问题并在上方的空白区域以文本消息的形式给出响应。

右侧上方是模型选择的图标，可以选择与 GPT-3.5 或是与 GPT-4 进行对话。选择 GPT-4 的时候还可以下拉菜单选择插件。插件功能的部分在前面已经介绍过，此处不再赘述。

界面的左侧是功能区，分为上中下三部分。

左侧最上面主要有两个功能，如图 3-19 所示。

图 3-19 ChatGPT 主界面左上部分功能区

“+ New chat”指的是“新建对话”。如果一场对话结束，或者想更换 GPT 模型或插件，点击这里，就会回到主界面，重新新建对话，选择模型或插件。右边的小图标是左侧功能区，也就是“侧边栏”的开关图标，点击可以隐藏左侧的功能区，只保留右侧的对话区域。

功能区的中间部分是对话历史区域，显示我们与 ChatGPT 交流的历史对话。当我们与 ChatGPT 发送新消息时，新消息会自动出现在此区域。如果我们想查看某一条对话的历史记录，就可以点开相应的选项，轻松地回顾整个对话，如图 3-20 所示。

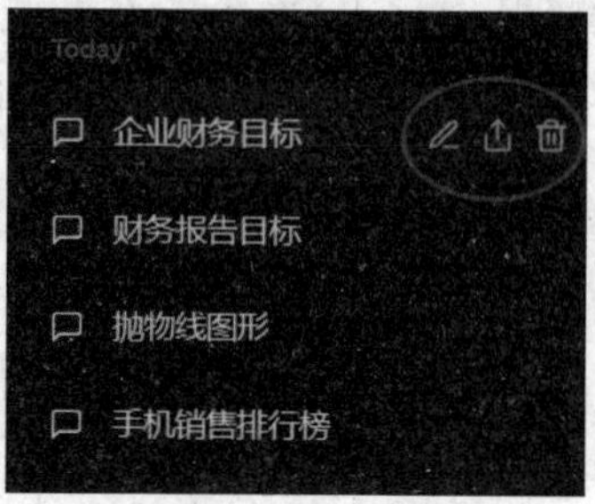

图 3-20　ChatGPT 主界面左侧中部历史对话区

点击选择其中一条对话后，就会出现三个图标，分别代表“编辑”“分享”“删除”的功能。如果我们想给这条历史对话重命名，就可以点击第一个“编辑”图标，给“企业财务目标”更换名字；如果我们想分享这条对话内容，就可以点击中间的“分享”图标，分享给其他人；如果我们想删除某一条历史记录，也可以点击最后的“删除”图标，删除这条对话记录。

左侧最下面的功能区包含各类功能，如图 3-21 所示。

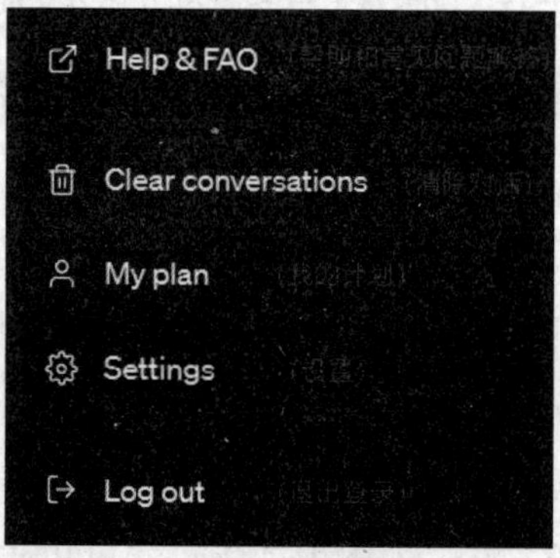

图 3-21　ChatGPT 主界面左下部分功能区

“Help&FAQ”意思是“帮助和常见问题解答”。如果在使用过程中遇到了什么问题，就可以点击这里寻求官方的帮助；有任何建议或反馈，也可以通过这个功能向 OpenAI 提交。

“Clear conversations” 意思是“清除对话”。我们前面说的单独某一条对话可以点击删除，如果想要清空全部历史对话记录，就可以点击这一选项。点击之后，上面的历史对话区将会被清空。这在我们想要开始新的对话，或者清除个人隐私信息时非常有用。

“My plan” 意思是“我的计划”。点击“My Plan”就可以看到自己的订阅计划。之前订阅指南部分介绍过订阅 Plus 的入口就在这里，当时是“Upgrade to Plus”（升级到 Plus）；在订阅成功后，这里会变成“My plan”；当我们订阅到期没有续费的时候，这里还会变成“Renew Plus”，意思是“续订 Plus”。

“Settings”是“设置”。点击“Settings”可以调整 ChatGPT 的设置，如黑白模式、开通插件，以及其他一些选项。如果想要注销 ChatGPT 账户，入口也在这里。我们可以根据自己的需要和偏好来定制 ChatGPT。

最后一项“Log out”，是“退出登录”的意思。如果我们需要切换账号，或者不是在非个人电脑中登录账号，需要完成退出，就可以点击这一选项。

以上就是 ChatGPT 主界面的全部功能的使用说明。不过也要强调一点，具体的界面和功能可能会因为 ChatGPT 的版本和使用平台的不同而有所不同，也可能因为官方的更新重新设置。在使用过程中，还是要参照官方文档和指南，这里只是作为一个参考。

3.3.2 ChatGPT 提问七大高招

ChatGPT 是通过问答来协助我们完成任务的，提的问题自然就很重要了。很多人在真正开始使用的时候并不知道应该怎么提问才能得到更好的回答。明明自己与别人想知道的内容一样，为什么别人的回答看起来就更好呢？这个时候就可以看看，是不是自己的提问技巧还有待提高。

其实，每个人都有自己的说话习惯，在提问的时候也会不自觉地体现出来。比如，有的人说话就喜欢倒装句，大多数时候 ChatGPT 都是能理解的，但是如果因为语序问题造成歧义，就会增加理解跑偏的概率。所以，提问 ChatGPT 也是要注意方式方法的，不然很可能忙活了半天，也没得到什么有用的答案。

下面将介绍 ChatGPT 提问的七大高招，每一招都是精华。看完之后，相信一定对你的使用有所帮助，最后总结出来适合自己的提问“套路”。

▲ ChatGPT 提问第一招：简明扼要

简明扼要的精髓就是直击目标，不双关、不跑题、不歧义，拒绝模糊描述，务必简单准确，重点一目了然。

比如，假设你在练习吉他，总是手指切换不顺畅，想知道有没有什么提升的方法，就要按照自己这个情况简单准确地描述遇到的困难。如果描述比较模糊就很难得到有用的建议，如图 3-22 所示。

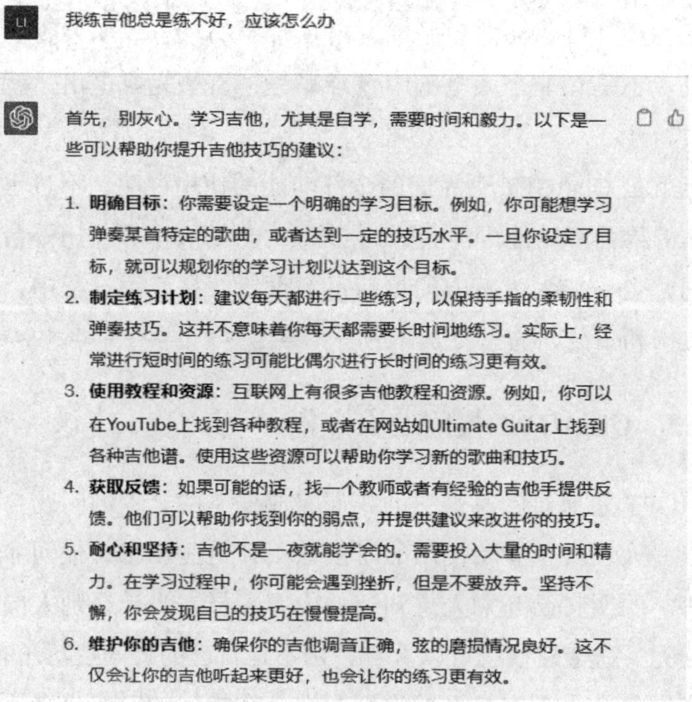
LI 我练吉他总是练不好，应该怎么办

首先，别灰心。学习吉他，尤其是自学，需要时间和毅力。以下是一些可以帮助你提升吉他技巧的建议：

1. **明确目标**：你需要设定一个明确的学习目标。例如，你可能想学习弹奏某首特定的歌曲，或者达到一定的技巧水平。一旦你设定了目标，就可以规划你的学习计划以达到这个目标。
2. **制定练习计划**：建议每天都进行一些练习，以保持手指的柔韧性和弹奏技巧。这并不意味着你每天都需要长时间地练习。实际上，经常进行短时间的练习可能比偶尔进行长时间的练习更有效。
3. **使用教程和资源**：互联网上有很多吉他教程和资源。例如，你可以在YouTube上找到各种教程，或者在网站如Ultimate Guitar上找到各种吉他谱。使用这些资源可以帮助你学习新的歌曲和技巧。
4. **获取反馈**：如果可能的话，找一个教师或者有经验的吉他手提供反馈。他们可以帮助你找到你的弱点，并提供建议来改进你的技巧。
5. **耐心和坚持**：吉他不是一夜就能学会的。需要投入大量的时间和精力。在学习过程中，你可能会遇到挫折，但是不要放弃。坚持不懈，你会发现自己的技巧在慢慢提高。
6. **维护你的吉他**：确保你的吉他调音正确，弦的磨损情况良好。这不仅会让你的吉他听起来更好，也会让你的练习更有效。

图 3-22 ChatGPT 提问模糊示例

这个问题的描述就很模糊，没有明确指出练不好到底是怎么练不好。是吉他不好，所以练不好？还是想要知道学习的技巧？如果没有明确的问题，ChatGPT 是很难给出准确答案的。所以在这个示例里，这个答案对解决手指切换不顺畅这个问题没什么实际的帮助。

再来看看这个示例，如图 3-23 所示。

LI 我练吉他，总是手指切换不顺畅，请提供一些针对性提升的训练方法

T 手指切换不顺畅是许多初学者在弹吉他时遇到的常见问题，这主要是因为手指力量、独立性和灵活性尚未充分发展。以下是一些具体的训练方法来帮助你改进这个问题：

1. **吉他爬格子练习**：这是一种非常基础的练习方式，也被许多吉他手用来热身。基本的爬格子练习就是用你的四个手指依次按下吉他指板上的四个品位，然后在下一个弦上重复这个动作，直到你完成所有弦的爬格子。你可以在各种速度下进行这种练习，并试图使每个音符都清晰而稳定。
2. **换弦练习**：挑选两个简单的和弦，例如C和G，然后在这两个和弦之间不断切换。开始时可以慢慢地做，确保每个音符都准确无误。然后慢慢地提高速度，直到你可以快速而流畅地进行和弦切换。
3. **独立性练习**：在指板上选择一个位置，然后用你的一个手指按住一个弦，而不弹奏它。然后使用你的另一个手指在其他弦上弹奏一个音符。这种练习可以帮助你的手指独立工作，从而提高切换的流畅性。
4. **使用节拍器**：使用节拍器进行练习可以帮助你保持稳定的速度，同时确保你在每个节拍上都准确无误地弹奏。
5. **力量训练**：你也可以考虑进行一些力量训练，比如手指压力球或者手指力量器。这种设备可以帮助你增强手指的力量和灵活性，从而提高你在弹奏吉他时的手指切换能力。

图 3-23 ChatGPT 简明扼要提问示例

这一次的答案看起来就很有帮助了，所以提问应该简明扼要。简明是为了描述清晰、好理解，扼要就是直击重点。

▲ ChatGPT 提问第二招：限制条件

ChatGPT 的数据库是很庞大的，这也意味着它回答的问题范围是很广的，就像我们常说的思维很发散，这对于找灵感的提问是挺有帮助的，但是对于想要特定回答的人就是个难题了。

提出相应的“限制条件”是一个很好的解决方法。比如，限制语言风格、限制回答格式等。我们之前说过的模仿辛弃疾的风格写一首边塞诗，就属于限制了语言风格。我们还可以提出让 ChatGPT 用列点的方式简单回答，不要详细展开，或者反过来要求回答详细的内容，不要简单地列点，都是可以直接在问题中写清楚这些条件的。一般情况下，条件写得越详细，也就越能得到想要的回答。

除此之外，还可以告诉 ChatGPT 自己面临的一些限制条件，如我们想蒸鸡蛋羹，但是手边只有一台微波炉，提问的时候就不能只写“怎么做蒸鸡蛋羹？”，而要写清楚“怎么用微波炉蒸鸡蛋羹”，这就是列明自己的限制条件。

▲ ChatGPT 提问第三招：交代背景

提问时交代清楚背景是很重要的。我们在与人沟通的时候如果不交代清楚背景，对方很可能不知道你在说什么。ChatGPT 也是一样，虽然它能理解我们的语言，但它也不能准确回答没头没脑的问题。尤其是当我们想知道特定的人、事、地、时间或者其他需要背景信息的内容时，就更得在提问的时候说清楚详细的信息。比如，当我们想知道全球变暖，为什么海平面会上升，原理是什么，在提问的时候就需要交代清楚全球变暖这个背景，并说清楚想知道海平面上升的原理。

再举一个例子，我们正在为一场年会挑选开场音乐，如果只是单纯地问“推荐一些开场音乐”，很可能需要挑选很久都找不到特别合适的。这个时候就必须交代清楚“年会”这个背景，可以提问“我们公司要开年会，年会主题是迈向更好的未来，推荐一些合适的开场音乐”，这样就会更容易得到我们想要的答案。

其实，交代背景在某种程度上与第二招限制条件很相似，也是给 ChatGPT 划定了一个范围，只是限制条件是提出一些很具体的要求，交代背景是提供一个回答问题的思考方向和出发点。但都是为了让 ChatGPT 更好地理解我们的需求，帮助我们获得更准确的答案。

▲ ChatGPT 提问第四招：举个例子

有些时候，语言是没办法描述出来详细的要求的，或者描述的内容很复杂、比较难理解。比如，我们想用 ChatGPT 写几个风格统一的句子，已经有一个样板了，其他的也要写成类似的。这个时候就可以把这个样板作为例子写到问题里，让 ChatGPT 模仿样板写就可以了，如图 3-24 所示。

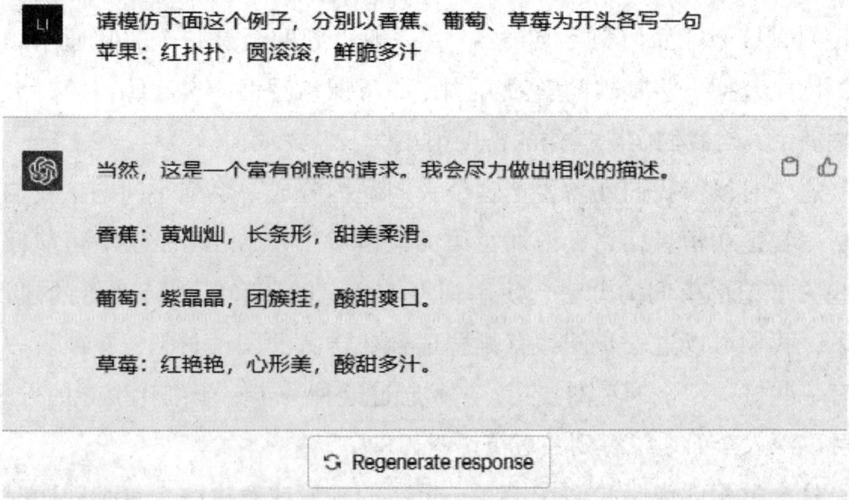

图 3-24 ChatGPT 举例子提问示例

可以看到，这就是 ChatGPT 的语言模仿能力。如果我们觉得这里写出的内容还不是自己想要的，也可以点击下方的“Regenerate response”让 ChatGPT 重新回答，直到出现比较满意的回答。

如果回答始终达不到我们想要的结果，就可以考虑综合采用其他提问招式重新提问，帮 ChatGPT 更好地理解我们的要求。比如，联合我们的第二招，给提问加一些保持与样板字数一致之类的限制条件，看情况灵活选择就好了。

▲ ChatGPT 提问第五招：循序渐进

有些时候，我们想要知道的内容不是一个简单的问题就能说清楚，而是一个复杂的话题，特别是当我们想要知道的是详细有深度的答案，而不是一个“假大空”的泛泛而谈，就需要把问题拆分，循序渐进地提问，从一个基本的问题开始，然后逐步增加细节和深度。这样就能一步一步引导 ChatGPT 回答得更深入。

比如，现在我们要学习英语，想知道学习英语的方法，但怎么学习英语这个话题可是非常广泛的，涉及词汇、语法、发音等多个方面。如果我们直接问“如何学习英语？”，一般得到的会是一个非常通用的答案，可能包括一些基本的学习方法，如听课、看书、实践练习等，大多数是理论，对我们实际操作的帮助很小。

这个时候，我们就需要把这个大问题拆分成一系列小问题。我们可以从“我是初学者，怎么增加英语词汇量？”开始。ChatGPT 可能回答一些关于记忆单词的方法、使用词汇卡片、阅读和听力练习等的建议。然后，我们可以进一步问“有哪些适合初学者的阅读材料？”或者“有没有一些好的记忆词汇的技巧？”。通过这种一步一步细化引导的方式，就可以深入全面地了解到关于英语学习的方法。

这个过程就像是我们在探索一个新的领域或解决一个复杂问题时的思考过程，从理解基本的概念和框架开始，然后再逐步深入具体的细节和问题。通过循序渐进引导 ChatGPT，我们可以更好地理解和掌握一个复杂的话题或问题，从而更有效地利用这个强大的 AI 工具。

▲ ChatGPT 提问第六招：角色扮演

在与 ChatGPT 模拟回答的时候，可以给 ChatGPT 一个身份，与它进行角色扮演。比如在创意写作中，我们可以给 ChatGPT 一个特定的角色，模拟形成角色的对话。在训练某种特定社交技能或面试技巧时，也可以将 ChatGPT 设定为一个专业面试官或者心理咨询师。这种模拟的交互可以帮助我们在安全的环境中练习和提高技能。

进行角色扮演对话并不复杂。我们只需要在对话开始时，明确告诉 ChatGPT 希望它扮演什么角色，然后，ChatGPT 会尽可能在接下来的对话中扮演这个角色。比如让它担任面试官，自己担任面试者，如图 3-25 所示。

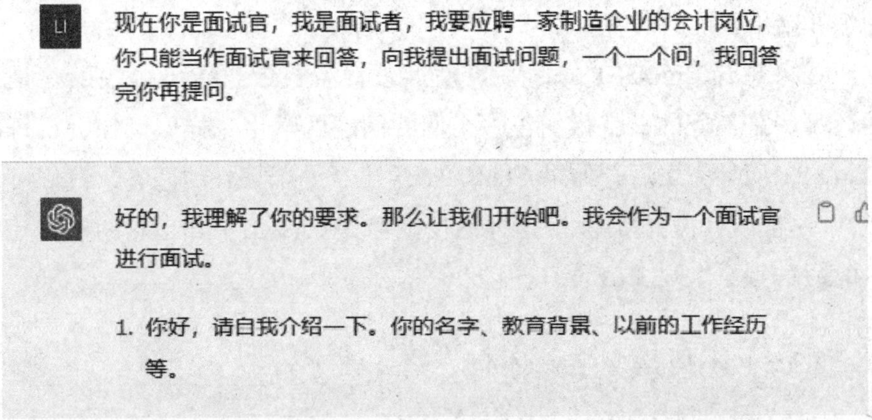

图 3-25 ChatGPT 角色扮演对话示例

我们可以按照它的提问一个一个回答，模拟面试的过程，提高我们的面试技巧。这一点对于财务人职场发展很实用，在后面的章节也会详细展开介绍。

值得注意的是，虽然 ChatGPT 能够扮演这些角色与我们对话，但它并没有实际的人类经验或情感，所有的回答都是根据其在大量文本数据中的训练得来的，所以并不能真的把它当作真实的角色。

▲ ChatGPT 提问第七招：正面反馈

当我们和 ChatGPT 交流的时候，应该尽量使用正面、尊重的语言，不要因为对方是个 AI 就说话很不客气。ChatGPT 是一个被训练来理解和生成自然语言的模型，它的效果在很大程度上取决于输入的质量。如果我们的问题是积极、清晰和尊重的，那么ChatGPT就更有可能提供相关、准确和有用的回答。

给予正面反馈时要尽量少使用否定句和反问句，避免可能的混淆和误解。否定句和反问句可能会引入额外的复杂性，让问题变得更难理解。例如，如果我们问“这难道不是你应该知道的内容吗？”这种反问的结构，可能会使 ChatGPT 难以准确理解我们的真正意图。相反，如果我们把问题简化为“你知道这个问题的答案吗？”，那么 ChatGPT 就更容易理解并给出正确的回答。

如果想让 ChatGPT 的回答更贴近，就需要帮它指出哪些回答是好的，哪些是不好的，就像纠正一个回答问题的学生一样。例如，在每次 ChatGPT 回答完之后，如果 ChatGPT 给出了一个很好的回答，我们可以说：“这个回答很有帮助。”这样的反馈会让 ChatGPT 知道它的回答是有效的。

3.3.3　不只是文字，还有表格

在很多时候，文本信息其实并不方便我们抓取内容的重点。对于某些类型的信息，如统计数据、比较不同选项的特点，或者展示时间线上的事件，表格形式会更加一目了然，让信息更加清晰、有组织。通过行和列的结构，我们可以快速地对比和理解不同类型的数据。

ChatGPT 就可以出表格！

我们只需要在提问的时候明确说出希望得到的是一个表格形式的回答。

比如，如果我们正在对比几种不同的手机，或者正在研究各种营养素在不同食物中的含量，希望有一个方式能快速地看到这些信息，而不是在长篇大论的文本中搜寻，这就是表格的用武之地了。

我们可以直接提问“我想买一部新手机，请用表格展示几款不同热

销手机的参数，方便我对比”或者“我想看一个表格，展示几种常见水果的热量和营养成分含量”。

这样就能得到表格形式的回答啦。ChatGPT 会把信息以结构化的方式展示出来，每一行代表一个单元，如一个特定的手机或一种水果，每一列则代表一种属性，如价格、内存或者蛋白质含量。这样就可以一目了然地看到所有的信息，而且很容易比较不同单元的属性。

对于财务人来说，这个使用小贴士也很实用。比如，我们想知道固定资产折旧方法及其计算公式，就可以这么提问，如图 3-26 所示。

LI 固定资产折旧有几种方法？把方法名称和计算公式用表格展示

当然可以，以下是几种常见的固定资产折旧方法及其计算公式：

折旧方法	计算公式
年限平均法	年折旧额 = (固定资产原价 - 预计净残值) / 预计使用年限
工作量法	单位工作量折旧额 = (固定资产原价 - 预计净残值) / 预计总工作量；月折旧额 = 该项固定资产当月工作量 * 单位工作量折旧额
双倍余额递减法	年折旧率 = 2 / 预计使用年限；月折旧额 = (固定资产账面净值) * 年折旧率 / 12
年数总和法	年折旧率 = 剩余使用年限 / 预计使用寿命的年数总和；月折旧额 = (固定资产原价 - 预计净残值) * 年折旧率 / 12

图 3-26 ChatGPT 用表格形式回答示例

这样方法和公式就展示得十分清楚，也方便我们更好地学习和记忆。

3.3.4 插件的组合使用

之前我们介绍过 ChatGPT 的插件功能，不过在真正使用的时候，这里还有一个小贴士，即插件可以组合使用。

ChatGPT 一次最多支持 3 个插件同时使用，我们可以根据自己想要的回答复杂程度选择，此处先选择 2 个，如将“WebPilot”和“Show Me Diagrams”组合，让 ChatGPT 直接将网址的主要内容总结出来并画成思维导图。

首先，同时选中两个插件，如图 3-27 所示。

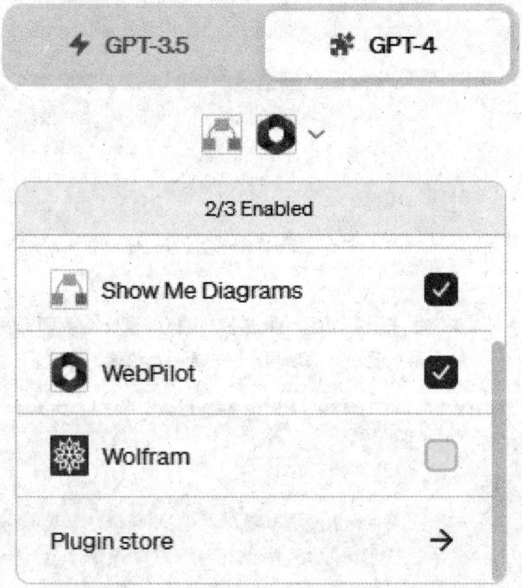

图 3-27 ChatGPT 插件组合选择示例

然后，进行提问，如图 3-28 所示。

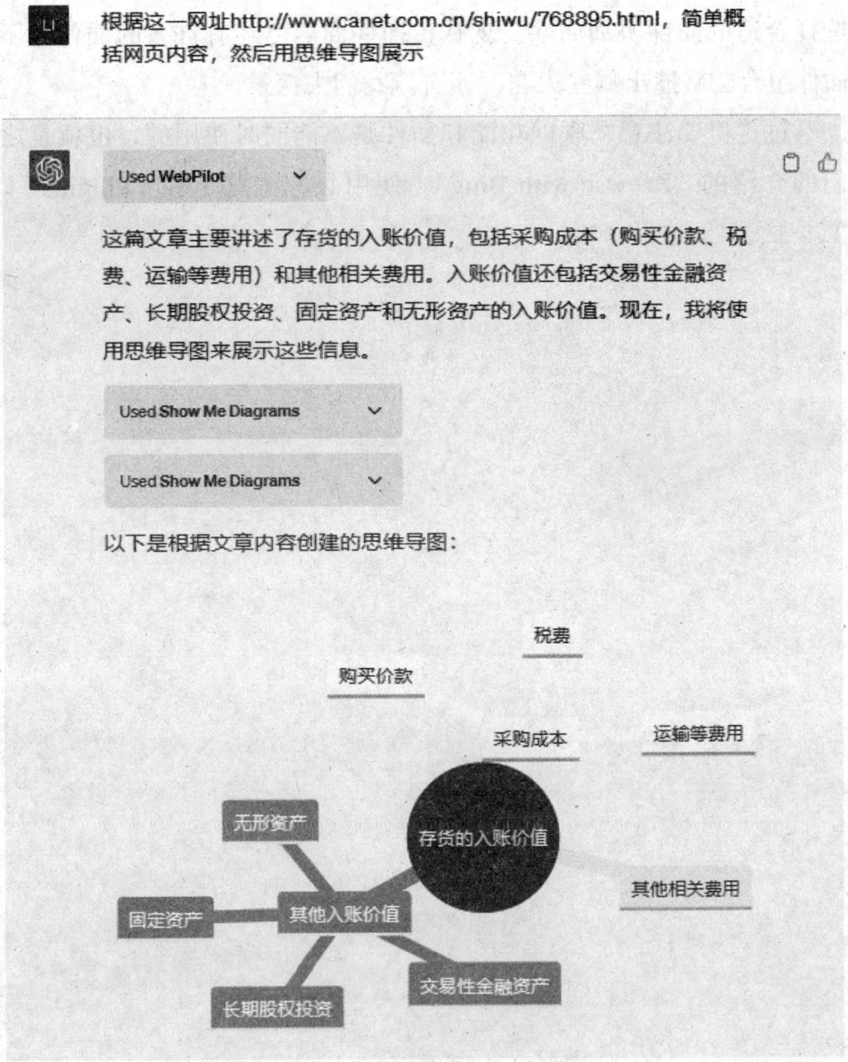

图 3-28 ChatGPT 应用插件组合回答示例

很明显，ChatGPT 先调用“WebPilot”插件读取了所提供的网址的主要内容，并进行了概括，然后调用“Show Me Diagrams”画出了思维导图。

这就是一个简单的插件组合应用例子，ChatGPT 会根据问题要求自己选择合适的插件协助回答。现在，插件商店已经有许多的插件，不同的插件组合会碰撞出哪些火花，还有待我们去探索。

不过这里要注意，联网功能和插件是不能同时使用的，也就是之前我们的介绍的“Browse with Bing”（使用必应浏览）和“Plugins”（插件），一次只能选择一项。

4 随时随地，ChatGPT 帮你解答工作难题

现代财务工作的复杂性在于它不断涌现出新的概念、新的规定、新的流程，并且要对数据的新价值进行挖掘，这要求财务人员不断更新自己的知识库，与时俱进。有时候，很多任务堆在一起，让人感到力不从心。这时，你是否想过有一个全能的助手，能随时随地帮你解答这些工作难题？而现在，这个助手已经在你的面前，那就是 ChatGPT。

4.1 有问题，找 ChatGPT

——问道 ChatGPT，让财务工作化繁为简。

在财务人的日常工作中，总会遇到各种各样的问题，如财务知识的更新速度太快，数据分析任务太复杂，财务建议想不到，还有电脑的各种小故障来添乱。如何快速排忧解难，一直是我们想知道的事。现在，遇到问题，不妨问一问 ChatGPT，这也许就是解决问题的捷径。

4.1.1 财务知识更新

老话说得好，“活到老，学到老”，在我们财务人这儿，这句话真是贴切到不能再贴切了。对财务人来说，每天工作都像是在一片未知的海洋中航行，那些财经法规、会计准则更新的速度比我们换手机还快，让人手忙脚乱，头大如斗。如果自己不立马把这些新的知识吃透，别说和老板打交道了，就连基本的报税工作都搞不清楚，等到的可就是领导的一顿狠批和那堆乱七八糟的账务问题了。

这个时候，如果有个全能助手能帮我们快速化解疑问，了解更新热点，那可真是大漠里碰见绿洲，下水碰到救生圈了。但不管是请个顾问还是雇个助手，打工人的荷包都接受不了。这时候，有个 AI 助理也不错，ChatGPT 的出现可算是解燃眉之急。

举个例子，当增值税法对小规模纳税人的相关规定进行了更新，我们看了长篇的通知，也没理解这个新的规定比之前到底变化在哪儿，或者不知道具体操作上应该做哪些改变。这时，我们就可以提供网址，直接问 ChatGPT："新的增值税法对小规模纳税人有哪些改变？"ChatGPT 就会详细解答这个问题，甚至可能会提供一些具体的应用例子，让我们能更直观地理解这个新的规定。

4.1.2 数据分析

财务工作就是跟数据打交道，无论是财务会计，还是管理会计，抑或是更高级别的财务经理，都是从数据整理和分析走过来的。整天对着电脑屏幕上一串串的数字，脑子里转的全是"资产负债表""现金流量表""利润表"这些名词。当然，这些数据不仅仅是冷冰冰的数字，它们其实是企业的生命线，是企业运营的脉搏。财务数字化战略重点就是让数据"开口说话"，但怎么让数据"开口说话"，这就是财务人的职责了。财务人需要把这些看似乱七八糟的数据，变成可以讲故事的、有温度的、有价值的信息。这个过程就像是对数据进行一场深度的"心灵对话"，只有把数据的内在意义挖掘出来，才能真正地让数据"开口说话"。

让数据"开口说话"的第一步就是要进行数据分析。数据分析这一工作看似简单，实际操作起来可就难了。数据分析的技术和方法千变万化，而且还需要与时俱进，我们财务人可不都是数据科学家，要搞懂这个还真得费点劲。这个时候，ChatGPT 就像是我们的私人顾问，可以帮我们迅速理解和掌握数据分析的技巧和策略，让我们在数据的海洋中游刃有余。

举个例子，假设我们现在手上有一堆销售数据，包括产品名称、销售数量、销售价格、销售日期等，我们想要知道在过去的一个月中，哪些产品的销售额最高，哪些产品的销售量最大，然后再看看销售额和销售量之间有没有什么关联性。

首先，我们可以向 ChatGPT 询问如何从这些数据中找出销售额最高的产品，可以这样问：“请问如何从数据中找出销售额最高的产品？”ChatGPT 可能会建议我们按照产品名称进行分组，计算每个产品的销售额（销售数量乘以销售价格），然后从中找出销售额最高的产品。然后，我们可以向 ChatGPT 询问如何从数据中找出销售量最大的产品，ChatGPT 可能会建议我们首先按照产品名称进行分组，计算每个产品的销售量，然后从中找出销售量最大的产品。

在列出每个产品的销售额和销售量之后，我们还可以继续提问：“请问如何查看销售额和销售量之间的关联性？”ChatGPT 可能会建议我们生成一个散点图，将销售额作为 X 轴，销售量作为 Y 轴，然后看看数据点是否有明显的集中趋势，或者是否可以拟合出一个明显的线性关系。

这只是一个非常简单的例子，很多人可能不需要询问 ChatGPT 就能做出来，不过这个例子详细展示了如何向 ChatGPT 询问数据分析的问题，并且从中获取有价值的信息。而且这些问题和回答都可以根据我们的实际需求进行调整。

4.1.3 财务建议

在财务工作中，如果说财务会计工作更倾向于数据整理和分析，那管理会计就需要从复杂的财务数据中找出有价值的信息，然后基于这些信息，提出改进的建议，预测未来的发展趋势，帮助公司做出更好的决策，这也是让数据“开口说话”的终极目标。能看见数据背后的故事，并将这些故事转化为实际可行的行动方案。

这对财务人的工作能力提出了更高的要求，但成长毕竟是一个过程，ChatGPT 在这个过程中，可以提供非常有力的帮助。

当我们需要提出针对性的财务建议时，如公司的盈利能力下降，我们想知道如何通过优化运营或者调整策略来提高盈利。在这种情况下，我们只需要向 ChatGPT 提问：“有哪些有效的方法可以提高公司的盈利？”ChatGPT 就会依据它的知识库，提供各种可能的解决策略，如降低运营成本、提高产品价格、开辟新的销售渠道等。我们可以根据这些策略去深入分析，看哪些策略适合自己公司的情况。

当我们需要思考如何优化财务结构时，如我们想了解如何通过债务和权益的合理配置来优化资本结构，就可以向 ChatGPT 询问："什么是理想的资本结构？"或者询问："怎样的债务和权益比例会最优化资本结构？"ChatGPT 也会为我们提供详细的理论背景和实际操作建议。

而在一些需要对未来进行预测的时候，如公司想要进行投资，我们需要预测投资回报率，或者公司在新的市场进行扩展，我们需要预测可能的营收情况。虽然 ChatGPT 不能提供具体的预测数字，但是它可以根据历史的数据和理论，给出可能的发展趋势和风险提示。例如，我们可以询问："投资新能源车市场的回报率可能会是怎样的？"或者询问："在新兴市场开展业务可能会遇到哪些挑战？"ChatGPT 将会为我们提供有价值的建议。

4.1.4 电脑难题

电脑对于我们财务人来说是必备工具，但电脑就是这么让人又爱又恨。试想，当我们正在紧锣密鼓地赶报告，突然电脑决定在这个时候开个玩笑，一下就卡住了，或者是 Word 突然崩溃，几天的心血可能就这么打了水漂。更可气的是，等我们焦急地找公司的运维人员，那边却告知还有几个人排在前面。每一分钟都在滴滴答答地消耗我们的耐心，而那份紧急的报告，也在等待完工。

不要慌，ChatGPT 就能帮我们解决许多常见的电脑问题。

例如，当我们的电脑突然慢如蜗牛，ChatGPT 可能会建议我们检查是否有太多程序在后台运行，或者是否有太多启动项影响电脑的性能，还有可能是硬盘空间不足引起的。我们只需要按照它的建议进行操作，大部分情况下都能迅速解决问题。

同样，如果我们的 Excel 无法正常运行，可能会出现各种错误提示，或者一些功能用不了，也别着急，ChatGPT 也是 Excel 使用的小能手。我们只需将问题简单描述一下，如“Excel 报错，提示‘#REF!’，这是怎么回事？”。ChatGPT 就会告诉我们，“#REF!”是 Excel 中的一个错误提示，表示公式中引用的单元格不存在，可能是被删除或者移动了。它还可以进一步告诉我们如何检查公式，找到问题所在。

如果我们在使用新的财务软件时遇到了困扰，也可以问问 ChatGPT。不过这里要说明一点，虽然 ChatGPT 在很多领域有深厚的知识储备，包括一些通用的财务理论和软件的使用，但它并没有接受特定财务软件。这种专业软件的功能和使用方法常常依赖于其版本和配置，可能会因公司的实际需求和定制化设置有所不同。

对于这类特定的操作问题，如果想问 ChatGPT，可以使用插件功能，把财务软件的官方教程或者用户手册交给 ChatGPT，然后再进行提问。之后，ChatGPT 就会读取文档，引导我们进行操作。

4.2 实战模拟：解析账务疑问

——ChatGPT 教你快速成为一名合格的会计。

假设，你现在就是一个新入行的会计，不知道怎么记账、怎么报税，同事都有自己的工作，也没办法对你有问必答。现在就开始你的提问之旅，让 ChatGPT 教你成为一名合格的会计吧。

4.2.1 财务软件的操作流程是什么？

在当今的会计世界中，电脑做账已经是基本操作。财务软件已广泛地被各大小公司采用，作为财务人处理日常会计事务的工具。所以，学习记账的第一步，就是熟悉这些财务软件的操作流程，明白它们是如何帮助财务人更有效地管理和处理会计信息的。

操作财务软件的流程包括登录系统、设置账目、输入交易数据、进行账目调整，以及生成和查看财务报表等。虽然初次接触可能会感到有一些复杂，但是只要掌握了基本操作，就会很容易上手。

最基本的，你可以提问 ChatGPT“财务软件的操作流程是什么”，如图 4-1 所示。

LI 财务软件的操作流程是什么

财务软件的操作流程会因不同的软件类型和财务需要而变化，但是一般的操作流程可能包括以下步骤：

1. **设置账户和参数**：在开始使用财务软件之前，您需要先进行一些基本设置，例如设定公司的财务年度、币种、税率等信息，同时需要设定账户结构，如资产账户、负债账户、收入账户、成本账户等。
2. **创建和管理客户和供应商信息**：这是管理应收账款和应付账款的基础，您需要在系统中输入客户和供应商的基本信息，如名称、联系方式、地址、信用期等。
3. **录入交易**：录入公司的财务交易，如收入、支出、资产购入、负债等，一般需要录入交易日期、金额、交易方、交易类型等信息。录入的交易一般需要根据会计原则进行会计分录。
4. **生成报表**：基于录入的交易，软件会自动生成各种财务报表，如资产负债表、利润表、现金流量表等。您可以根据需要设定报表的生成周期，如月度、季度、年度等。
5. **审核和调整**：财务报表生成后，财务经理或会计师需要对报表进行审核，查看是否有错误或遗漏。如果有问题，需要对原始交易进行调整，并重新生成报表。
6. **备份和保护数据**：为了防止数据丢失或被破坏，您需要定期备份财务数据，并采取适当的措施保护数据安全。
7. **分析和决策**：基于生成的财务报表，公司的管理层可以进行财务分析，以支持决策。例如，分析公司的盈利能力、偿债能力、经营效率等。

以上步骤只是一种可能的财务软件操作流程，具体的操作流程会因软件的功能和设计、公司的业务流程、财务政策等因素而有所不同。

图 4-1 ChatGPT 回答财务软件操作流程示例

这只是一个大概的操作流程，这里面提到的每一步都可以成为一个问题继续细化提问，这里用到的就是我们的循序渐进提问招式，只要在熟悉这些流程的过程中遇到了困难或疑惑，都可以展开提问。

例如，第一项是设置账户和参数，如果你看过之后还是不明白具体怎么操作，就可以提问“如何在财务软件中设置账户？”，如图 4-2 所示。

LI 如何在财务软件中设置账户？

在财务软件中设置账户的具体步骤会根据具体的软件类型而有所不同，但一般来说，以下是一种常见的流程：

1. **登录系统**：首先，您需要使用您的用户名和密码登录财务软件。
2. **找到账户设置**：在财务软件的主界面中，通常会有一个菜单或按钮可以让您进入到账户设置的界面。这个菜单可能被称为“设置”、“参数设定”、“公司设定”、“会计科目”等。
3. **添加新账户**：在账户设置界面中，通常会有一个“添加新账户”或“新建账户”的按钮。点击这个按钮，您就可以开始创建新的会计科目或者账户。
4. **输入账户信息**：在新建账户的界面中，您需要输入新账户的基本信息，这通常包括账户名称、账户编号、账户类型（资产、负债、所有者权益、收入、费用等）、账户余额方向（借方或贷方）、是否为明细科目等。
5. **保存账户**：输入完账户信息后，您需要点击“保存”或“确定”按钮来保存新的账户。一般来说，财务软件会在保存后自动更新账户列表，您可以在账户列表中看到新添加的账户。
6. **设定账户关系**：在一些财务软件中，您还可以设定账户之间的关系，例如，将某个账户设定为另一个账户的子账户，这可以帮助您更好地组织和管理账户。

请注意，上述步骤只是一种可能的流程，并不适用于所有的财务软件。具体的操作步骤应根据您使用的财务软件的操作指南或用户手册。

图 4-2 ChatGPT 回答账户设置操作示例

这里展示的只是一个一般财务软件的操作流程。在实际工作中，我们可能会遇到用友财务软件，也可能使用的是金蝶云。对于这些特定的财务软件，ChatGPT 可能无法直接提供针对性的操作建议。因为财务软件千变万化，它们各自有自己的特色和操作方式，而 ChatGPT 并没有接受过任何特定财务软件的专业训练。

不过，也别觉得就用不上 ChatGPT，因为它具有较强的学习和适应能力，而这种能力往往通过插件功能发挥得淋漓尽致。

你可以把财务软件的官方教程或者用户手册交给 ChatGPT。利用插件功能，ChatGPT 可以读取网页内容或者其他格式的资料。这些资料会详尽地解释财务软件的所有功能和操作步骤。我们原来学习这些软件操作就是利用这些资料学习的，但这种方式会很慢，每次都要查找很久才能找到对应的解释，而且对于遇到的操作困难也没有详细的解释。

而当这些资料与 ChatGPT 结合起来，就能让 ChatGPT 更好地理解你所使用的财务软件，使其能够为你提供更精确和个性化的帮助。通过插件功能，ChatGPT 能够直接引用手册或教程中的内容，为你提供准确的操作建议。它会针对你的问题，查阅相关的资料，然后给你明确的指导。

现在来实战模拟一下，把任意一款财务软件操作手册的网址发给 ChatGPT，利用“WebPilot”插件读取内容，然后提问，如图 4-3 所示。

LI

根据这一网址内容
https://help.open.kingdee.com/dokuwiki/doku.php?id=%E7%94%A8%E6%88%B7
说明怎么创建用户？

Used WebPilot

根据该网页的内容，创建用户的步骤如下：

1. 进入【系统管理】→【系统管理】→【用户管理】路径。
2. 在"用户列表"界面，点击工具栏【新增】。
3. 填写必要的字段，包括：
   - 用户帐号：不能重复，且不能与已经存在的"用户名称"重复。
   - 用户名称：必录项，输入1-50个字符，不能重复，且不能与已经存在的"用户帐号"重复。
   - 移动电话：强烈推荐录入此内容，主要用于接收验证码等。
   - 部门分组：用户的分组，便于用户的分类管理。
   - 许可分组：确定注册用户可以使用金蝶云的使用范围。
4. 除了手动新增用户，还可以通过同步注册用户、引入、数据引入工具、自动创建用户、自动同步用户等方式创建用户。
5. 创建用户后，还需要进行用户维护，包括修改用户、启用云之家、禁用、分配角色等操作。
6. 用户密码的管理也非常重要，需要设置密码规则、时效规则和控制规则。

以上就是根据该网页内容创建用户的基本步骤和注意事项。

图 4-3 ChatGPT 回答特定财务软件创建用户操作示例

当然不止能提问这一个问题，要想充分利用这个功能，还可以继续提出更多具体的问题。例如，可以提问："在这个财务软件中，录入一笔销售交易怎么操作？""如何调整存货账目的余额？""怎么生成财务报表？"这些具体的问题可以帮助ChatGPT更准确地定位你所需要的信息，从而为你提供有效的帮助。

这么来看，尽管 ChatGPT 可能无法直接了解特定的财务软件，但是通过利用插件功能也能摇身一变成为一个强大的学习工具，帮助你更好地理解和操作这些软件。无论你在操作这些财务软件的过程中遇到了什么问题，都可以尝试向 ChatGPT 提问。

4.2.2 这笔交易怎么入账？

在记账的过程中，并不是所有的交易都像课本教的那么标准，一笔费用只有一个记账的标准答案。在实际工作中，记账的大原则是，费用的性质决定了费用的归属。所以，同样是差旅费，就可能计入管理费用，也可能计入销售费用，这取决于出差人是谁，出差的目的是什么。比如，子公司领导出差去母公司所在城市开会，这样发生的差旅费就需要计入管理费用，而销售人员去外地见客户发生的差旅费就需要计入销售费用。

此外，同样一笔餐费，如果吃饭人都是公司内部员工，就是福利费，计入管理费用，如果有客户参与，就属于招待费，计入销售费用。那么，如果是审计人员来公司进行项目审计，请审计人员吃饭的餐费应该计入什么费用呢？如果不能确定，可以问问 ChatGPT，它可能会告诉你：对审计人员的招待费用一般会计入管理费用，因为审计是对公司内部运营和财务状况的检查，这是公司内部管理的一部分，而不是销售活动。当然，这个情况也可能因不同的财务制度和规定有所不同，具体情况可能需要参考自己公司的财务制度。

现在来实际演练一下，假设你所在的公司本月 1 日购入一批茶叶，共 5 箱，用银行存款支付了 1 000 元，其中 1 箱放在了公司的会议室，方便内部员工开会的时候饮用，另有 2 箱放在了公司的客户接待区，方便销售人员接待客户的时候使用，还剩 2 箱放在了茶水间，供员工平时饮用。应该如何记账？

提问 ChatGPT，如图 4-4 所示。

LI

公司本月1号购入一批茶叶，共5箱，用银行存款支付了1000元，其中1箱放在了公司的会议室，方便内部员工开会的时候饮用，另有2箱放在了公司的客户接待区，方便销售人员接待客户的时候使用，还剩2箱放在了茶水间，供员工平时饮用。应该如何记账？

对于这个问题，我们可以将茶叶的购买和使用分别记入不同的费用账户。具体如下：

1. 公司购入的茶叶，1箱放在了公司的会议室，方便内部员工开会的时候饮用。这部分茶叶的成本可以记入“管理费用-办公费”。假设每箱茶叶的成本是200元，那么记账分录如下：
   借：管理费用-办公费 200元
   贷：银行存款 200元
2. 另有2箱茶叶放在了公司的客户接待区，方便销售人员接待客户的时候使用。这部分茶叶的成本可以记入“销售费用-业务招待费”。记账分录如下：
   借：销售费用-业务招待费 400元
   贷：银行存款 400元
3. 还剩2箱茶叶放在了茶水间，供员工平时饮用。这部分茶叶的成本可以记入“管理费用-福利费”。记账分录如下：
   借：管理费用-福利费 400元
   贷：银行存款 400元

这样，每一笔购买都直接记入了相应的费用类别，更直接地反映了茶叶的用途和成本。

图 4-4　ChatGPT 回答记账示例

根据 ChatGPT 的指示，你可以很快在财务软件上记下这一笔购入的分录。当然，ChatGPT 解释得比较详细，你可以把这几笔分录合并，借记三笔费用，统一贷记 1 000。

在具体记账的时候，还要分小规模纳税人和一般纳税人，这是中国增值税制度中的两种纳税人类型。小规模纳税人其实就是规模较小的企业，因为他们的销售额不够大，所以不需要像一般纳税人那样交税，而是按照较低的固定税率缴纳增值税。只有一般纳税人可以凭增值税专用发票进行增值税抵扣。

如果你不明白自己这笔分录涉不涉及发票抵扣，可以根据你所在公司的具体情况继续向 ChatGPT 提问，如图 4-5 所示。

LI 公司是小规模纳税人，这几笔分录涉及发票抵扣吗？

对于小规模纳税人来说，中国的税法规定他们不能进行增值税的进项税额抵扣。也就是说，他们购买商品或服务时支付的增值税不能从他们应交的增值税中扣除。因此，对于小规模纳税人来说，这几笔分录不涉及发票抵扣。

在这种情况下，购买茶叶的费用（包括支付的增值税）会直接记入相应的费用账户。例如，如果茶叶被用于员工福利，那么购买茶叶的费用（包括增值税）会直接记入"管理费用-福利费"账户。

这是因为对于小规模纳税人来说，他们支付的增值税实际上成为了他们的成本，而不是可以抵扣的税额。

图 4-5　ChatGPT 回答小规模纳税人发票抵扣示例

对于小规模纳税人，公司的税负已经相对较小，而且不需要按照销售额的比例交税，所以他们并不能使用增值税专用发票来进行税额抵扣。也就是说，他们手中的这种“抵税券”是不能使用的。而在实际中，小规模纳税人一般也不会取得增值税专用发票。

而如果你所在的公司是一般纳税人，购买茶叶取得的发票是一张增值税专用发票，那么是可以使用增值税专用发票来抵扣自己要交的增值税。不过也不是每一项费用都能抵扣，可以继续提问 ChatGPT，如图 4-6 所示。

LI 公司是一般纳税人，购买茶叶取得了增值税专用发票，这几笔分录涉及发票抵扣吗？怎么抵扣？

对于一般纳税人来说，购买的商品或服务支付的增值税是可以从他们应交的增值税中抵扣的，这就是所谓的进项税额抵扣。然而，这个规则并不适用于所有类型的费用。在您的例子中：

1. 茶叶被用作员工福利（放在茶水间供员工平时饮用）：对应的进项税是不能抵扣的。因此，购买这部分茶叶的发票，虽然是增值税专用发票，但是其上的税额不能用于抵扣。
2. 茶叶被用于业务招待（放在公司的客户接待区，方便销售人员接待客户的时候使用）：对应的进项税也是不能抵扣的。因此，购买这部分茶叶的发票，虽然是增值税专用发票，但是其上的税额不能用于抵扣。
3. 茶叶被用于公司内部职工办公、开会饮用（放在公司的会议室）：这部分茶叶的进项税是可以抵扣的。因此，购买这部分茶叶的发票应该是增值税专用发票，其上的税额可以用于抵扣。

总的来说，这几笔分录中，只有用于公司内部职工办公、开会饮用的茶叶涉及到发票抵扣。对于这部分茶叶，公司在支付增值税后，可以在其增值税申报时，将这部分税额从应交的增值税中扣除，从而减少其应交的税款。

图 4-6　ChatGPT 回答一般纳税人发票抵扣示例

到此，你基本可以完成这笔交易的入账了，如果还有什么不清楚的地方，可以详细描述自己的困惑和遇到的难题，ChatGPT 还可以继续给你提示，直到你完成这笔分录。

4.2.3　怎么装订会计凭证？

会计凭证，简单地说，就是一种证明公司经济活动存在的书面证据。每当公司进行一项财务交易，如购买设备、支付工资，或者收取客户付款，都需要生成一份会计凭证。这些凭证上记载了交易的详细信息，包括交易金额、日期，以及交易的性质和目的。

装订会计凭证并不是为了形式化，而是确保公司的财务信息准确性、完整性和可追溯性的必要步骤。只有当所有的会计凭证都按照特定的顺序和规则整理好并妥善保存，我们才能确保在任何时候都能够查找到所需的财务信息。

装订会计凭证，对于财务人员来说，是一项基本技能，就像学习如何开车对于司机来说一样重要。一个精心组织和妥善保存的会计凭证体系，不仅能让你方便地找到需要的信息，更能展示出你的专业素养和对工作的尊重，要知道，企业会计凭证可是要保留 30 年的。

作为一名新手会计，如果你面对一大堆凭证根本无从下手，也不知道如何装订才能得到一本既美观又符合要求的凭证。没关系，提问之旅还在继续，来问一问 ChatGPT 吧。

首先，你得知道装订会计凭证需要哪些工具，如图 4-7 所示。

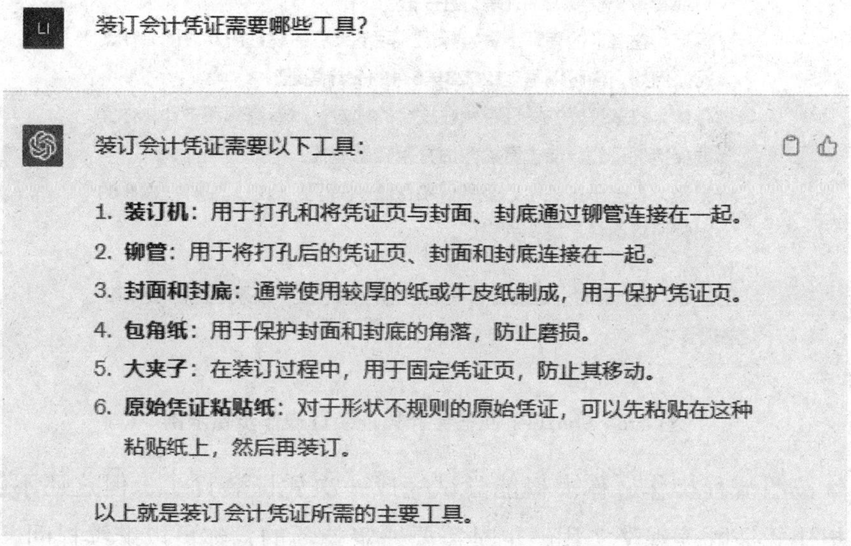
LI 装订会计凭证需要哪些工具?

装订会计凭证需要以下工具：

1. **装订机**：用于打孔和将凭证页与封面、封底通过铆管连接在一起。
2. **铆管**：用于将打孔后的凭证页、封面和封底连接在一起。
3. **封面和封底**：通常使用较厚的纸或牛皮纸制成，用于保护凭证页。
4. **包角纸**：用于保护封面和封底的角落，防止磨损。
5. **大夹子**：在装订过程中，用于固定凭证页，防止其移动。
6. **原始凭证粘贴纸**：对于形状不规则的原始凭证，可以先粘贴在这种粘贴纸上，然后再装订。

以上就是装订会计凭证所需的主要工具。

图 4-7　ChatGPT 回答会计凭证装订工具示例

在准备好相关工具后，你还需要知道，装订凭证具体的流程是什么，如图 4-8 所示。

LI 装订会计凭证的操作步骤是什么

装订会计凭证的操作步骤可能会因地区和公司的具体规定而有所不同，但是一般包括以下步骤：

1. **准备工作**：确保所有的会计凭证都已经完全填写并经过了必要的审批。这包括发票、收据、付款单、转账单等。
2. **排序**：按照凭证的日期或者编号对凭证进行排序。通常，凭证应该按照其发生的时间顺序进行排序。
3. **检查**：对所有凭证进行检查，确认凭证的完整性，确保没有丢失或者遗漏的凭证。
4. **装订**：将所有凭证放入合适的文件夹或者装订机中进行装订。通常，每个会计期间的凭证会被装订在一起。例如，一般可以将每个月或者每个季度的凭证装订在一起。
5. **标记**：在装订的凭证上进行标记，写上装订的凭证所对应的会计期间。例如，你可以写上"2023年6月的会计凭证"。
6. **存储**：将装订好的凭证存放在安全的地方，以备查阅和审计。你需要保持凭证的存储位置的整洁并且容易查找。
7. **记录**：在电子系统中记录装订和存储的凭证的信息，这样在需要的时候可以更容易地找到它们。

在进行以上步骤时，应遵守公司的内部控制政策，以及适用的法律和法规要求。

图 4-8　ChatGPT 回答会计凭证装订操作步骤示例

按照流程操作，你大概能尝试完成一次凭证装订了，但这还不够，要想让凭证既美观又实用，也是需要一定技巧的，你可以继续提问，如图 4-9 所示。

LI 装订会计凭证有什么技巧吗？怎么又美观又实用？

装订会计凭证的确有一些技巧可以让你的凭证册既美观又实用：

1. **整齐装订**：保持每一张凭证都整齐地装订在一起，避免有的凭证偏左，有的凭证偏右。这需要在打孔的时候就要注意，确保每一张凭证的孔都在同一位置。
2. **适当的厚度**：每本凭证册的厚度不宜过厚，一般来说，1.5cm至2.0cm是比较理想的厚度。过厚的册子不仅不美观，也不便于查阅。
3. **清晰的标注**：在每一本凭证册的封面上，都应该清晰地标注出这本册子包含的凭证的年份、月份、起止日期、起止号数，以及记账凭证和原始凭证的张数。这样一来，你在查找某一张凭证的时候，就可以快速地定位到对应的册子。
4. **保护封面和封底**：使用结实的封面和封底，可以有效地保护凭证不被磨损。此外，使用包角纸可以进一步保护封面和封底的角落，防止磨损。
5. **分门别类**：对于数量较多的原始凭证，比如工资表或者领料单，可以选择单独装订，这样可以方便你在需要的时候快速找到它们。
6. **使用专业工具**：使用专业的装订机、铆管等工具，可以让你的装订工作更加顺利，也能让你的凭证册看起来更加专业。

以上就是一些装订会计凭证的技巧，希望对你有所帮助。

图 4-9　ChatGPT 回答会计凭证装订技巧示例

这些技巧和策略可能需要一些时间和练习才能掌握，也可能会在尝试的过程中遇到一些困难，但这都是学习过程的一部分。别忘了，每个人都是从初学者开始的。每一次失败都是成功的铺垫，每一次挫折都是成长的见证。有没有忍不住想赶紧试一试，说不定，你就是那个装订凭证又快又好的小能手。

以上就是会计凭证装订的主要内容。虽然可能看起来有些烦琐，但要知道，每一张凭证都代表着公司的一次财务交易，都是公司经济活动的重要记录。

4.3 实战模拟：财务报表分析

——用 ChatGPT 透视数字，揭开财务报表背后的故事。

工作刚告一段落，新任务又在眼前摆好了。这是财务人常有的境遇，毕竟，财务工作是企业运营的重要一环。年末结账，当你完成最后一个月的记账工作并把财务软件出具的财务报表上交之后，领导拿着你刚递上去的只有数字、没有解释的报表，下发了新的任务——做个财务报表分析，这下又有了新的问题，赶紧问一问 ChatGPT 吧。

4.3.1 财务报表分析需要准备什么?

回到工位上，我们只知道自己要对财务报表进行分析，那么财务报表分析需要准备哪些内容，这个任务的第一步要怎么迈出去？看看 ChatGPT 怎么回答的，如图 4-10 所示。

LI 领导让我做财务报表分析，首先需要准备什么

进行财务报表分析需要以下几步的准备工作：

1. **获取报表**：首先你需要获取到公司的财务报表。通常这包括资产负债表（Balance Sheet），利润表（Income Statement），现金流量表（Cash Flow Statement）等。如果可能，尝试获取近几年的报表以便进行趋势分析。
2. **了解业务**：在分析财务报表之前，了解公司的业务模型，行业背景以及业务环境是很重要的。这会帮助你理解公司的财务数据是如何受到这些因素影响的。
3. **设定目标**：明确分析的目标。你需要知道你在寻找什么。你是在寻找公司财务健康的证据？还是在寻找可能的财务问题？你是想评估公司的利润能力，还是资产利用率？明确目标会使你的分析更加有针对性。
4. **选择分析工具和指标**：根据你的分析目标，你可能需要选择使用不同的分析工具和指标。这些可能包括比率分析（如流动比率，利润率等），趋势分析，垂直和水平分析等。
5. **学习和理解财务报表**：如果你对财务报表不熟悉，那么你可能需要花一些时间来学习和理解它们。这包括理解报表上的各项数据的含义，以及它们是如何计算出来的。
6. **获取比较数据**：如果可能，获取一些比较数据也是很有帮助的，比如同行业的其他公司的财务数据，或者行业平均水平等。

请记住，财务报表分析只是评估公司财务健康的一个工具，并不能提供所有的答案。财务报表的数据需要结合公司的业务情况和市场环境来理解。

图 4-10 ChatGPT 回答财务报表分析准备工作示例

你可以根据 ChatGPT 的回答先去进行准备工作。准备工作的第一步就是要有财务报表。拿着电脑，打开财务软件，把资产负债表、利润表、现金流量表和所有者权益变动表全都导出来。每一张表都有它的价值。资产负债表可以让你了解公司的资产、负债和所有者权益的状况，即公

司有多少现金，欠了多少债务，所有者的权益有多少。损益表可以告诉你公司的收入、成本和利润状况，你可以了解公司在一段时间内赚了多少钱，花了多少钱，最后留下了多少钱。现金流量表则可以展现出公司的现金流入和流出情况，让你看清楚公司的现金是否充裕，能否支付得起接下来的开支。所有者权益变动表则可以告诉你公司所有者权益的来源和用途，如公司发放了多少股息，回购了多少股票。

同时，看看你之前有没有漏掉表，如果已经都导出来了就略过这一步进行下面的工作。别忘了把去年同期的报表也一起导出，因为你需要对比这两个时间点的财务数据，看看公司的财务状况有没有变化。如果要做趋势分析，甚至可以尝试找出更多年份的历史财务数据，这样可以看到公司的财务状况在过去几年内是如何变化的。

接下来，你需要了解公司的业务模型和行业背景。这是个十分重要的步骤，可以帮你理解财务数据为什么会是这样的。比如，如果公司是做房地产开发的，那么它的资产可能会比较多，因为开发楼盘需要大量的土地和建筑。如果公司是做电子商务的，那么它的资产可能就没那么多，因为它不需要拥有物理形态的商品。同样，不同行业的盈利模式也会影响利润表的数据。所以，了解公司的业务模型和行业背景对分析财务报表有很大的帮助。

然后设定一个分析目标，有了明确的目标，才能找到领导真正关心的数据信息，才能根据你的目标选择分析工具和指标。比如，如果你想了解公司的偿债能力，你可以用流动比率、速动比率等指标；如果你想了解公司的经营效率，你可以用资产周转率、存货周转率等指标。在这个过程中，你可能需要查阅一些财务学习资料，或者问一问 ChatGPT，从中学习一些新的分析工具和指标。

当然，新手财务人也可能对财务报表并不熟悉，这就需要花点时间来学习一下。财务报表的数据很多，如果你不知道它们是怎么来的，不知道每项数据相互之间的钩稽关系是什么，就很难理解它们的含义，更别提分析了。这个时候，你可以问问 ChatGPT，如图 4-11 所示。

LI 利润表的每项数据代表什么，相互有什么关系

利润表，也被称为收益表或者损益表，是一份报告公司在一定期间（如一年，一季度，一个月）内收入和支出情况的财务报表。以下是利润表上常见的几项数据的含义以及它们之间的关系：

1. **营业收入**：这是公司通过其主要业务活动（如销售商品或提供服务）在一定期间内获得的收入。有时候也被称为销售收入或者业务收入。
2. **营业成本**：这是公司在产生营业收入的过程中发生的直接成本，如原材料成本、直接劳动力成本等。从营业收入中减去营业成本，可以得到**毛利润**。
3. **营业费用**：这是公司在进行一般业务活动时发生的费用，比如销售费用和管理费用。从毛利润中减去营业费用，可以得到**营业利润**。
4. **利息收入和利息支出**：利息收入是公司通过投资或借款获得的收入，利息支出是公司因借款而支付的利息。从营业利润中加上利息收入，并减去利息支出，可以得到**利息税前利润**。
5. **税项**：这是公司需要支付的各种税费。从利息税前利润中减去税项，就可以得到**净利润**。
6. **净利润**：这是公司在一定期间内最终获得的利润，也是可以分配给股东的利润。这是评估公司利润能力的一个重要指标。

这些数据之间的关系表现在它们如何一步步地从营业收入逐渐减去各种成本和费用，最终得到净利润。了解这些数据以及它们之间的关系，可以帮助你更好地理解公司的盈利情况，以及公司的成本和费用的构成。

图 4-11　ChatGPT 回答利润表数据含义示例

这只是整体上的介绍，其中的每一项都能拿出来单独再详问，如可以问“营业费用增长或下降意味着什么？”“这些项目之间的钩稽关系是什么？”，等等。

根据 ChatGPT 的建议，如果可能，最后你还可以尝试获取一些比较数据。如果你知道同行业的其他公司的财务数据，或者行业平均水平，

就能更好地评价公司的财务状况。这些数据的获取可以尝试从互联网上查找，特别是上市公司的财务报表数据都是公开的。

4.3.2 财务报表分析的流程

现在你已经做好了准备，是时候开始你的财务报表分析了。那财务报表分析的流程是什么呢？ChatGPT 是这么回答的，如图 4-12 所示。

开始进行财务报表分析的流程通常按照以下步骤进行：

1. **计算财务比率和其他指标**：这可能包括流动比率（显示公司短期偿债能力的指标）、负债权益比（显示公司负债与股东权益的比例、公司的财务杠杆状况）、毛利率和净利率（显示公司利润水平的指标）、资产周转率（显示公司使用资产生成销售收入的效率）等。这些比率和指标可以帮助你了解公司的财务状况和经营效果。
2. **进行趋势分析**：比较公司近几年的财务比率和其他指标，看看它们是如何变化的。这可以帮助你了解公司的财务状况和经营效果是在改善还是在恶化。
3. **进行垂直分析和水平分析**：垂直分析是将利润表上的每一项数据都表示为销售收入的百分比，以便看出各项数据在销售收入中占的比例。水平分析是比较不同期间的财务数据，以便看出数据是如何变化的。
4. **与行业平均水平比较**：如果可能，与同行业的其他公司或者行业平均水平进行比较，以便了解公司在行业中的表现。
5. **解释分析结果**：基于你的分析结果，解释公司的财务状况和经营效果，以及可能的原因。这可能包括解释公司的财务强项和弱项，以及公司的财务风险。
6. **编写报告**：将你的分析结果和解释写入报告，以供公司的管理层或者其他利益相关者阅读。报告应该包括你的分析方法、结果和解释，以及你的建议或者预测。

记住，财务报表分析的目标是帮助你了解公司的财务状况和经营效果，以便做出更好的决策。你应该根据你的分析目标和具体情况选择最适合的分析方法和指标。

图 4-12 ChatGPT 回答财务报表分析流程示例

有了流程步骤，你就可以开始实施财务报表分析了。首先，根据之前设定的分析目标，你需要计算财务比率和其他指标。假设目标是了解公司的偿债能力，那么可能会计算流动比率和速动比率。这两个比率可以通过资产负债表上的数据计算得出。流动比率是流动资产与流动负债的比值，反映了公司短期偿债能力。例如，如果你的公司有 100 万元的流动资产和 50 万元的流动负债，那么流动比率就是 2。这意味着你的公司有足够的流动资产来偿还其短期债务。速动比率，是减去存货后的流动资产与流动负债的比值，通常更严格地评估了公司短期偿债能力。如果公司的这两个比率都比行业平均水平高，那么公司的短期偿债能力就比较强。

接下来，你需要进行趋势分析。这个过程通常需要你查看至少 2 年的财务数据，以便了解公司财务指标的变化趋势。例如，你可以观察去年与今年的流动比率和速动比率是如何变化的。如果这两个比率在增长，这可能意味着你的公司的短期偿债能力正在提升；相反，如果这两个比率在降低，可能意味着偿债能力在下滑。同样你也可以比较其他财务比率和指标的趋势，看看公司的财务状况和经营效果是在改善还是在恶化。

然后是垂直和水平分析。垂直分析是对利润表进行的一种分析方法。你可以把利润表上的每一项数据都表示为销售收入的百分比，这样可以看出各项数据在销售收入中占的比例。例如，你可以计算销售成本占销售收入的比例，这能看到公司的主要支出在整个收入中所占的比例；还可以计算管理费用占销售收入的比例，看看公司的成本结构是怎样的。水平分析是对不同期间的财务数据进行比较，看看数据是如何变化的。比如，对比今年和去年同期的销售收入，看看收入是在增长还是在下降。

与行业平均水平比较是另一个重要的步骤。通过比较公司与行业平均水平的差异，可以了解公司在行业内的相对表现，进而挖掘出公司的优势和弱点。例如，你可以查看你的公司的净利润率相较于行业平均水平是高还是低，这会告诉你你的公司的盈利能力是否超过了行业平均水平。

当你完成以上分析后，你需要解释分析结果。这是一个解读数据、阐述你的发现、讲述数据背后故事的过程。例如，你可以解释为何公司的流动比率上升，可能的原因包括公司增加了流动资产或减少了流动负债，而这背后的原因可能是公司改进了存货管理、提升了营运效率等。除此之外，还可以解释公司的财务比率为什么会比行业平均水平高或低，公司的收入和利润为什么会增长或下降，甚至可以根据分析结果，评估公司的财务风险，以及公司未来的发展前景。

最后一步是编写报告。你需要将所有的分析结果，包括比率计算、趋势分析、垂直和水平分析的结果，以及与行业比较的结果，都整合在一个报告中。报告应当详细、清晰，让领导能够理解你的分析过程和结果，同时可以提出建议和预测。

财务报表分析是一个深入了解公司经营状况和财务健康的过程，需要你运用财务知识，理解并分析数据，从中找出隐藏的信息，帮助公司做出更好的决策。

4.3.3 ChatGPT 财务报表分析演示

当然，自己手工做出的报表分析一定更加详细且贴合公司需求，但如果碰上领导发布紧急任务，限你 2 个小时交。显然，自己一步一步算是来不及的，这时就可以直接交给 ChatGPT，让它帮你分析并出具报告，自己再进行修改与完善。

这里要注意，因为 ChatGPT 只能读取文本信息，而你从财务软件中导出来的财务报表一般都是表格形式的，所以可以把表格复制下来，粘贴为一个“文本文档”，各表之间用“*******”隔开，如图 4-13 所示。

```
*新建文本文档 - 记事本
文件(F) 编辑(E) 格式(O) 查看(V) 帮助(H)
********************************************************************************
资产负债表

单位名称:                              202X/12/31
                         单位：人民币元
资    产 行次      期末数    期初数    负债及所有者权益     行次
期末数    期初数
流动资产：1                            流动负债：34
 货币资金 2         3,812,161.36       2,875,658.65          短期借
款       35
 交易性金融资产     3          .              交易性金融负债
36
 应收票据4                              应付票据 37
 应收账款5          12,085,658.27      9,455,658.32          应付账
款       38         1,085,658.41       985,658.67
 预付账款6                              预收账款 39
 应收利息7                              应付职工薪酬        40
 165,658.27         152,328.57
 应收股利8                              未交税费 41
65,658.28 54,547.82
 其他应收款         9          7,085,658.20       6,895,658.20
 应付利息 42
```

图 4-13 把财务报表转变为文本形式

由于此处仅作为示范，数据可能并不全面。仅以一个公司年度资产负债表、利润表和现金流量表为例，具体分析可以导入自己所能找到的公开的财务报表数据和行业数据，然后综合利用前面的提问高招，让 ChatGPT 尽可能帮你做好基础工作。

首先，你要赋予 ChatGPT 一个身份，就“会计师”好了，与你身份相符，再把文本格式的主要财务报表数据用“Ctrl+A”全选，粘贴发送给 ChatGPT，并说明希望它按照之前回答的财务报表分析流程对公司本年的财务报表进行分析，生成财务分析报告，此处还可加入各种限制条件。

具体的提问可以这么说：“现在你是一名会计师，请根据公司财务报表数据，按照上面的分析流程展开财务报表分析，并生成财务分析报告。分析数据要准确，完全按照提供的数据进行分析，报告要翔实，写明数据变化可能的原因，必要的时候可以用表格的方式来表达。下面是本年

度公司的财务报表，各表之间用“*******”隔开（后面附上文本形式的报表数据）”。

接着就可以等待 ChatGPT 帮你生成一份初步的财务报表分析啦，如图 4-14 所示。

财务分析报告

一、财务状况分析

1. 资产状况分析

从资产负债表可以看出，202X年期末总资产为73,194,794.41元，相比上年度62,426,418.51元增长了10,768,375.90元，增长率为17.25%，表明公司的资产总规模在不断扩大。

流动资产：在流动资产中，应收账款从9,455,658.32元增长到12,085,658.27元，增长了27.86%，可能因为公司销售业务扩大，货物销售增多，应收账款增加。存货也从3,745,658.60元增长到4,955,658.44元，增长率为32.28%，可能是由于生产活动增加，原材料、在制品等存货增加。

非流动资产：在非流动资产中，固定资产从39,453,784.74元增长到45,255,658.14元，增长了14.69%，可能是由于公司扩大生产规模，购买了更多的固定资产如设备、厂房等。

1. 负债状况分析

从资产负债表可以看出，公司202X年期末的总负债为2,229,300.44元，相比上年度的2,038,193.42元，增长了191,107.02元，增长率为9.37%，表明公司的负债总规模也在逐渐扩大，需要关注债务风险。

流动负债：主要增长的是应付账款和其他应付款，分别增长了10.14%和7.89%，可能是由于公司经营规模扩大，导致与供应商的交易增多，因此应付账款增加；其他应付款的增加可能与支付给员工的薪酬增加、租赁费用增加等有关。

非流动负债：公司无非流动负债，说明公司无长期借款，无债务压力。

Regenerate response　Continue generating

图 4-14　ChatGPT 财务报表分析示例第一部分

因为 ChatGPT 一次只能生成有限的文本数量，对于剩余部分内容，你可以点击最下面的“Continue generating”让它继续完成，直到结束，如图 4-15 所示。

1. 所有者权益分析

从资产负债表来看，202X年期末的所有者权益为70,965,493.97元，相比上年度的60,388,225.09元，增长了10,577,268.88元，增长率为17.52%，说明公司的净资产在稳步增加，股东权益得到保障。

二、营业收入与利润状况分析

从利润表可以看出，公司202X年的营业收入为86,585,658.62元，相比上年度的84,585,658.63元增长了2,000,000元，增长率为2.36%，说明公司的销售业务得到一定扩大。但是，公司的营业利润从12,536,779.94元增长到14,103,025.17元，增长了1,566,245.23元，增长率为12.49%，高于营业收入的增长率，表明公司的盈利能力得到提高。

公司的净利润为10,577,268.88元，比上年度的9,961,121.29元增长了616,147.59元，增长率为6.18%，低于营业利润的增长率，可能是由于所得税费用的增加。

三、现金流量分析

从现金流量表可以看出，公司202X年的经营活动产生的现金流量净额为9,001,159.02元，投资活动产生的现金流量净额为-8,064,656.31元，筹资活动产生的现金流量净额为0.00元。公司的现金及现金等价物净增加额为936,502.71元。

经营活动现金流入主要来自销售商品、提供劳务收到的现金，现金流出主要用于购买商品、接受劳务支付的现金、支付给职工以及为职工支付的现金、支付的各项税费以及支付的其他与经营活动有关的现金。这说明公司主要的现金流入和流出都是来自经营活动，表明公司经营状态良好，现金流动性较高。

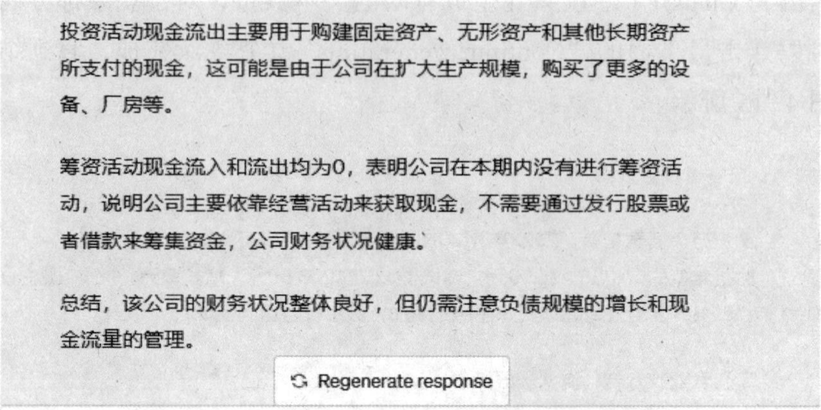

投资活动现金流出主要用于购建固定资产、无形资产和其他长期资产所支付的现金，这可能是由于公司在扩大生产规模，购买了更多的设备、厂房等。

筹资活动现金流入和流出均为0，表明公司在本期内没有进行筹资活动，说明公司主要依靠经营活动来获取现金，不需要通过发行股票或者借款来筹集资金，公司财务状况健康。

总结，该公司的财务状况整体良好，但仍需注意负债规模的增长和现金流量的管理。

Regenerate response

图 4-15　ChatGPT 财务报表分析示例第二部分

可以看到，ChatGPT 已经完成了初步的财务报表分析，如果你觉得它回答得不好，可以点击下方的“Regenerate response”可以重新回答，或者直接说明你认为它哪里写得不好，是数据的计算不准确，还是分析的内容不够，都可以指出来然后让它重新完善。此外，还可以单独拎出来一个指标让它进行计算并写出变化趋势和造成这种变化可能的原因。这下就有望在较短的时间内迅速完成工作了，赶在下班之前给领导提交一份简单的财务报表分析报告。

不过，这只是单纯追求速度的做法，一份高质量的财务报表分析报告远不止于此，除了有深入且准确的数据分析，还需要用图表来可视化地展示数据变化，提供更直观的理解。比如，你可能需要生成比率趋势图，这可以直观地展示公司的财务比率在过去几年中是如何变化的。这种趋势分析可以一目了然地展示公司的财务健康状况是在改善还是恶化。而且，你需要根据你的分析结果，识别出公司的财务弱点，如高负债水平、低现金流量或者高风险的投资活动。然后，你需要根据这些风险，提出针对性的建议，帮助公司改善财务状况，降低风险。

在这个阶段，你需要的是深度思考和理解公司的业务逻辑，以及这些业务逻辑如何反映在财务报表上。这可能需要你对公司的历史、策略、业务模式、行业环境等进行深入的了解。这种深度理解可以帮助你从数据中看到更多的信息，发现可能被忽视的问题，以及对未来的趋势做出更准确的预测。

这些内容听起来就很专业了，不是简单的数据计算就能完成的内容，而是一个统筹的思维判断，也是 AI 没办法取代的人类的经验和判断，甚至是考虑到公司的文化氛围和员工特质才能做出的判断。这种能力还需要财务人自我积累，而 ChatGPT 能做的就是在你的指引下快速完成基础性的工作，帮你提升工作效率。

从这个角度来说，你要学习的就是如何高效利用 ChatGPT 完成那些需要花费很多时间才能完成的基础计算工作和表面的解释，就如同刚刚 ChatGPT 写出的财务分析内容一样。

你不仅需要以清晰、准确、有说服力的文字来解释你的分析结果和观点，说明你的分析方法、结果和解释，以及你的建议或者预测，而且需要使用 Word、Excel、PowerPoint 或者其他的数据可视化工具，来直观地展示你的分析结果。这不仅可以让你的报告更容易理解，还可以帮助你更好地传达你的分析结果和观点。

ChatGPT 与这些工具的结合使用能让你的工作效率瞬间起飞。在接下来的章节，我们将通过实例展示如何使用这些工具进行数据分析、报告编写、演示制作等工作，以便你能够更好地应对各种财务任务，从而实现财务工作效率的飞跃。

无论你是一名新入行的会计师，还是一名经验丰富的财务总监，如果你希望提升自己的财务工作效率，相信都能在这些章节中找到对你有帮助的内容。

5

ChatGPT + Word，你的文档制作捷径

如果你为制作各种文档感到困扰，运用 ChatGPT 或许就是较好捷径。无论是处理数据密集型的报告，还是制作具有深度和独特性的内容，只需简短的指示，ChatGPT 就能转化成详细的 Word 文档。如果你不信，那就来仔细看看 ChatGPT 在会议纪要总结和财务管理制度更新方面的实际应用。这两个在财务人工作中常会遇到的实际场景，充分赋予了 ChatGPT 表现的空间，也期待财务人探索出更多的应用路径。

5.1 用 ChatGPT 一键生成 Word 文档

——当 ChatGPT 遇到 Word，谁说打字只能用手。

在日复一日的财务工作中，文本处理无疑是一项耗时且琐碎的任务。每一份财务报告，每一条会议记录，都需要我们逐字逐句地输入，消耗大量的时间和精力。然而，当 ChatGPT 遇到 Word，一键生成文本的可能性突然显现。以往那些需要手动输入的工作，现在可以交给 ChatGPT 来完成。财务人有望将更多的精力转向那些需要深度专业知识的任务，从而让日常工作变得更加高效。

5.1.1 文本生成恰是 ChatGPT 的核心技能

在财务的世界里，数字无疑是核心元素，但文字也必不可少。财务人并非仅仅与数字打交道，文字的处理能力同样重要。数字揭示了财务的实质，而文字则是说出数字背后故事的关键。我们需要用文字来表述这些故事，解释公司的财务状况。所以，文档的撰写是财务工作中不可或缺的一部分。无论是日常的财务报告、各类财务管理制度，还是会议记录、内部审计报告、投资方案等，都需要用文字来传达我们财务人的思考和观点。

Word 是目前工作中常用的文字处理软件之一，全世界每天都有数以亿计的人在使用 Word 来撰写、编辑文档。Word 提供多样化的功能，可以帮助我们更好地展现各种内容，如文字、图形、表格等，以更直观的方式将复杂的财务数据展现出来，让数字“开口说话”。Word还在排版方面提供了很大的自由度，无论是段落间距、字体样式、页面布局，还是页眉页脚，都可以根据我们的需要自由调整。这些微妙的设计都能够让我们的文档在视觉上更加美观，也更容易让人理解其中传达的信息。

不过，撰写文档的过程一般会耗费很多的时间和精力，因为组织语言、构思框架都是需要经过反复思考的。但这种工作恰是ChatGPT的核心技能。利用自身强大语言模型，ChatGPT可以快速生成相关文本，结合Word的多项功能，最终呈现出各种高质量的文字报告。

比如，之前所展示过的财务报表分析报告，这种报告通常包含了公司的主要财务指标，如收入、支出、利润等。一份完整的财务报表分析报告，除了这些数字之外，还需要有相应的文字描述来解释变化的趋势，以及这些变化背后的原因。

在这个过程中，ChatGPT强大的语言能力就能被用来快速生成报告的基础内容。只需要财务人描述需求，如“公司主营产品是服装，11月开展了‘双11’促销活动，收入忽然从前10个月的10万元上下浮动，一下增长为18万元，计算收入增长的比率，并列出可能的增长原因，包括但不限于促销活动”，它就能根据我们提供的数据，生成一段相应的文字描述，如图5-1所示。

收入增长比率计算如下：

增长比率 = (18万元 - 10万元) / 10万元 = 0.8

所以，收入增长的比率是80%。

对于收入增长的原因，以下几个方面可能起到了关键作用：

1. "双11"促销活动：作为中国最大的购物狂欢节，双11吸引了大量消费者的参与。公司在此期间的促销活动可能大大提升了销售量。
2. 购物季节性因素：进入11月，即进入冬季，消费者对新季度服装的需求通常会大增，部分消费者还会为新年提前购买衣物，这可能使销售额有所提升。
3. 广告和营销活动：公司在双11期间可能加大了广告投放，或进行了具有吸引力的营销活动，进一步吸引了消费者的购买。
4. 线上销售能力的提升：如果公司在电商平台上提升了销售能力，比如优化了产品页面，提升了物流服务等，也可能进一步推动销售增长。

以上几个因素的共同作用，可能是你的公司在11月份收入大幅增长的主要原因。

图 5-1　ChatGPT 计算财务数据并分析原因示例

之后，我们可以在此基础上自行完善和补充，结合公司本身的情况进行具体且有针对性的修改，并提出建设性的建议，然后直接把这部分内容填充到财务报表分析报告中，这样就能大大提高工作效率了。

此外，还有会议记录整理与会议纪要总结。财务部门经常需要参加各类会议，包括内部会议、与其他部门的协作会议，以及与外部机构的沟通会议等。会议结束后，为了让参加者和未参会的同事能够了解会议讨论的主要内容，就需要有人进行会议记录，有需要的话还可以总结会议纪要。这个过程往往比较烦琐，需要把所有人的发言和讨论内容整理成清晰易读的文字。现在，市面上已经有很多音频转文字的自动化处理工具。在开会的时候，我们可以直接录音，然后利用这些工具进行转换。

不过，转换过来的文字也不是就能直接用的，需要我们将很多没有意义的话去掉，很多重复性的发言也要删除。这时候，我们可以把音频转换过来的原稿交给 ChatGPT 进行整理，就能得到一份格式规范、内容清晰的会议纪要了。

内部审计也是财务部门的工作之一，确保公司的财务活动合规合法。完成内部审计工作后需要写一份内部审计报告，详述审计过程中发现的问题，以及提出改正建议。这份报告就是对审计结果的详细文字描述和分析。在这个过程中，借力 ChatGPT，可以成倍提升工作效率。我们需要将审计的主要发现和改正建议用简单的话语告诉 ChatGPT，如“在审计过程中，发现费用报销流程有不符合财务规定的行为，需要进行改正”。然后，ChatGPT 就会生成一份规范、翔实的内部审计报告。

如果公司打算进行投资，财务部门需要提供详细的投资方案，包括预期收益、风险评估等。这个过程也离不开文字描述，用于详细解释每个投资选项的优缺点，以及公司的投资策略建议。这就需要财务人完成报告内容的制作了。

其实，要想做得更快，我们可以将投资选项的基本信息和评估结果告诉 ChatGPT。因为投资报告一般数据量比较大，且报告篇幅较长，这里仅仅做个简单的展示。例如，我们可以提问“我们正在考虑投资 A 公司和 B 公司，A 公司的预期收益是 5%，风险是 10%，B 公司的预期收益是 7%，风险是 15%。请生成一份投资方案报告，数据用表格形式展示，最后表明投资建议”，然后，ChatGPT 就会生成一份详细的投资方案，如图 5-2 所示。

投资方案报告

1. 公司概览

以下是我们为您分析的两家公司，A公司和B公司的预期收益和风险：

公司	预期收益	风险
A公司	5%	10%
B公司	7%	15%

2. 投资分析

在投资决策中，收益和风险是两个重要的考虑因素。一般来说，投资者应寻找在接受的风险水平内能带来最大预期收益的投资。

- A公司预期收益率为5%，风险为10%，意味着投资者可以期望在较低的风险下获得稳定的收益。
- B公司预期收益率为7%，但风险也相应提高至15%，这可能意味着投资者可能面临更大的资本损失风险，但同时也有可能获得更高的收益。

3. 投资建议

在制定投资策略时，投资者需要根据自己的风险承受能力和投资目标进行选择。

- 如果投资者对风险敏感，倾向于稳健投资，那么A公司可能更适合，因为其相对较低的风险可能提供更稳定的回报。
- 如果投资者愿意承受更高的风险以获得可能更高的收益，那么可以考虑投资B公司。

图 5-2　ChatGPT 生成投资方案报告示例

以上就是一些例子，展示了如何在实际工作中使用 ChatGPT 配合 Word 来一键生成各种报告。这些例子明确地展示了 ChatGPT 可以大大提高我们的工作效率，这无疑为财务工作带来了更多的可能性。

5.1.2 ChatGPT 接入 Word 的隐藏技能

现在已经知道 ChatGPT 和 Word 可以结合使用了，两个软件的配合能让工作效率翻倍。不过，如果你对编程比较感兴趣，且有一定的编程基础，还可以进一步了解把 ChatGPT 接入 Word 这一隐藏技能，能够省略掉使用过程中的在 ChatGPT 的界面提问得到生成的文本再复制并粘贴到 Word 文档中这一界面切换步骤，即可以直接在 Word 中调用 ChatGPT 进行回答。

这里主要介绍三种方法：使用插件、调用 API、使用第三方服务。

▲使用插件

这种方法不是指 ChatGPT 插件商店里的插件，而是开发一个 Word 的插件，让你可以直接在 Word 中调用 ChatGPT，让它成为你写作的一部分。这个方法听起来可能有些复杂，但它实际上提供了较大的灵活性。你可以根据你的需求，定制你的插件，让 ChatGPT 能够以你希望的方式工作，在你写作时提供即时的反馈。

不过，这种方法需要你具备一定的编程能力，了解如何使用 OpenAI 提供的 API，还需要对 Office 的开发有所了解，特别是对于 JavaScript 或者 VBA（Visual Basic for Applications）有一定了解的话，那就会比较容易上手。如果你不单单是一个财务人，还是一位编程爱好者或专业开发者，那么这个挑战可能就是一个有趣的项目了。

以下是一个操作的基本指南，具体的步骤可能会因为软件版本、编程语言等因素有所不同。

你首先要在电脑上安装 Node.js 和 Yeoman，这些都是开发 Office 插件所必需的工具。

然后使用 Yo Office 创建一个新的 Word 插件项目。在这个过程中，你需要选择“Office Add-in project using Angular framework”作为项目

类型。接着为你的插件取一个名字，如“ChatGPT For Word”。

在创建的项目中，你要找到一个名为“src”的文件夹，其中包含了插件的源代码。你可以在这里编写代码，调用 OpenAI 的 API 来使用 ChatGPT。

在代码中，你需要添加一个函数来调用 ChatGPT。这一步可以从 OpenAI 网站上获取 API 密钥，然后在你的函数中使用这个密钥来调用 API。

完成上述步骤后，你就可以测试新建的插件了，即在 Word 中打开看看是否可以正常使用 ChatGPT。

这只是一个基本的流程。在真正的开发过程中，你可能会遇到一些问题，需要根据具体情况来解决，你可以求助 ChatGPT，让它帮你解决问题。

▲调用 API

OpenAI 为 ChatGPT 提供了 API 接口。相较于开发 Word 插件，API 调用的操作会简单一些。你可以选择你熟悉的编程语言（如 Python）来调用 API。

如果使用 Python 调用 API，你首先要安装 Python 和必要的库，如 requests，安装的时候可以使用 pip 来完成，然后从 OpenAI 网站上获取 API 密钥。这个密钥将用于你的代码中，以调用 ChatGPT 的 API。在 Python 代码中，你需要使用 requests 库来发送 HTTP 请求，在请求的 URL 中指定你要使用的模型，然后在请求的头部（headers）中提供你的 API 密钥。当你发送请求时，你可以在请求的正文（body）中指定你的输入文本，然后 API 会返回 ChatGPT 生成的文本。最后，你可以将生成的文本复制到 Word 中。

当然，你也可以使用 VB（Visual Basic）编辑器来实现对 OpenAI 的 API 的调用。VB 是一种内置在 Office 产品中的编程语言，它允许用户编写脚本来自动化 Office 中的一些操作。

请注意，虽然 VB 非常强大，但并不是为网络编程设计的语言，因此调用 API 可能需要一些额外的步骤。

首先，新建一个空白 Word 文档，并在 Word 中打开 VB 编辑器，位置就在导航栏“开发工具”的左上角，如图 5-3 所示。

图 5-3 Word 文档开发工具菜单界面

点开左上角圈起来的“Visual Basic”，这就是我们把 ChatGPT 接入 Word 的主要工具。点击之后会进入以下界面（如图 5-4 所示），选择“视图”—“工程资源管理器”。

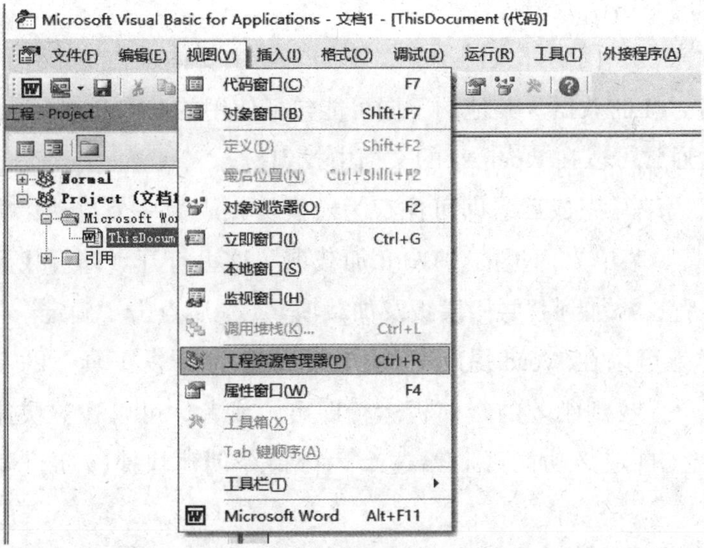

图 5-4 Word 文档 VB 编辑界面

在这里，你可以创建一个新的模块，并在其中编写调用 API 的代码，注意可以选择“Normal”新建模块，如图 5-5 所示。

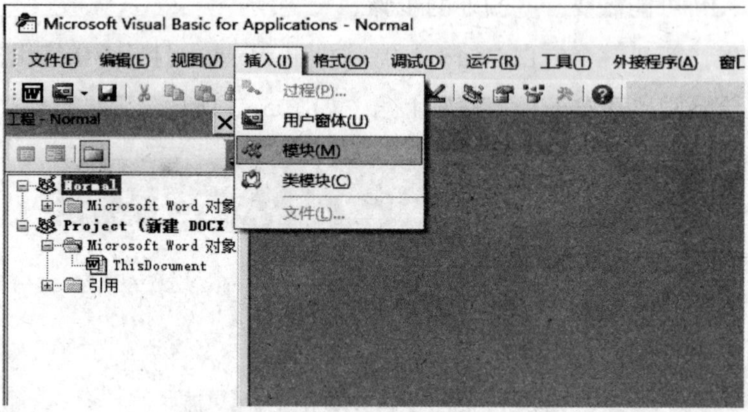

图 5-5 新建模块

点击“插入”—“模块”，即可在 Normal 下新建一个模块，选择 Normal 是为了适用于全部的模板，而不是当前的 Word 文档，然后就可以在右侧的空白区域编写代码了。

通常来说，代码都大同小异，不同之处主要体现在请求体部分，即你发送给 API 的数据。其他的不同可能包括使用的 URL 和需要设置的头信息。这通常可以在 OpenAI 的文档中找到。

在代码编写完成后，即可保存为宏模板，成为一个自动化脚本，在“开发工具”菜单界面里的“Word 加载项”这里打开。即可找到保存的宏模板位置，添加到“共用模板及加载项”，最后点击“确定”。

这样就可以在 Word 提问 ChatGPT，点击“开发工具”的左上角第二项“宏”，找到刚才的宏模板运行即可。或者你可以在“快速访问工具栏”或“自定义功能区”给这个运行指令创建快捷按钮，即可一键调用。

如果你的 API 请求没有正确地执行，那么 OpenAI 函数可能会返回空字符串或错误消息，这就可能导致没有答案生成。这个时候，你需要去确认自己的代码有没有漏洞，使用的 API 密钥是不是正确的，还有账户在 OpenAI 上是不是活跃的，并且有没有超过使用限制等情况。

以上就是使用 VB 调用 OpenAI API 的基本步骤。每个人的代码都是符合自身要求设置的，具有原创性，是一个可以自由发挥的空间。你可能需要根据你自己的需求来修改这些代码，如改变输入的文本，或者处理 API 返回的结果。同时，你也需要确保你的 API 调用符合 OpenAI 的使用条款和策略。

▲使用第三方服务

有一些第三方服务已经将 ChatGPT 集成到他们的产品中，你只需要找到一个可靠的第三方服务，然后注册账号就可以使用。有些服务可能需要你支付费用，各公司的定价策略也不太一样。

这种方法就要简单多了，对于不擅长编程的用户来说可能是较好的选择。不过可能会涉及一些隐私和版权问题，因为你的文本可能会被第三方服务商存储或处理，需要你自己权衡。

看到这里，是不是发现，除了第三种方法外，只要是自己操作都需要链接 OpenAI 提供的 API。个人怎么获得 OpenAI 开放的 API 呢？这就需要登录自己的 ChatGPT 账号创建 API 接口密钥。

首先要打开 OpenAI 的官网，如图 5-6 所示。

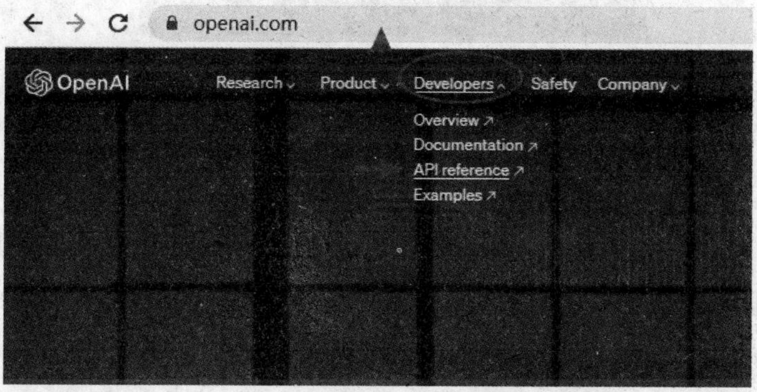

图 5-6 OpenAI 官网界面

在页面最上方的选项卡里选择“Developers”（开发人员），下拉菜单中选择“API reference”（API 参考），接着你就会进入下面这个界面，如图 5-7 所示。

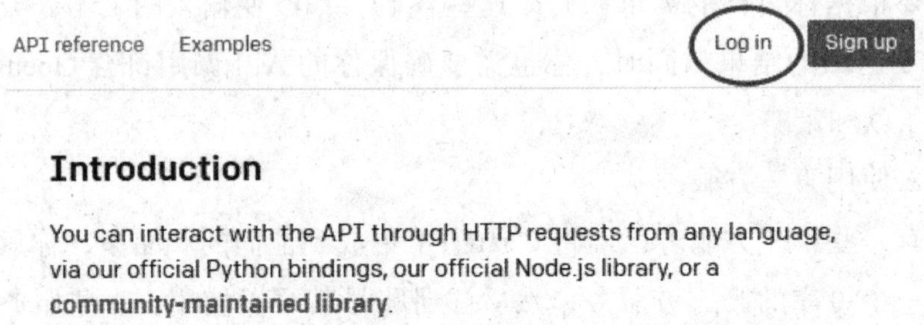

图 5-7　API 参考界面

点击右上角的“Log in”就会进入登录界面，如图 5-8 所示。

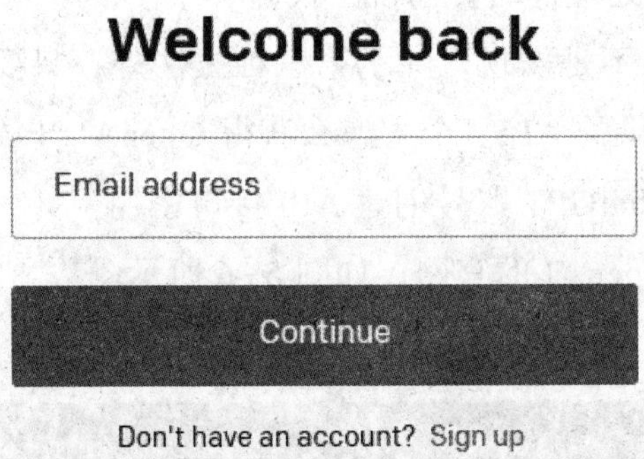

图 5-8　用户登录界面

这里与我们之前登录 ChatGPT 一样，输入自己的 ChatGPT 账号，即邮箱地址，点击“Continue”（继续），接着会需要输入登录密码，再点击继续，就会进入图 5-9 这个界面。

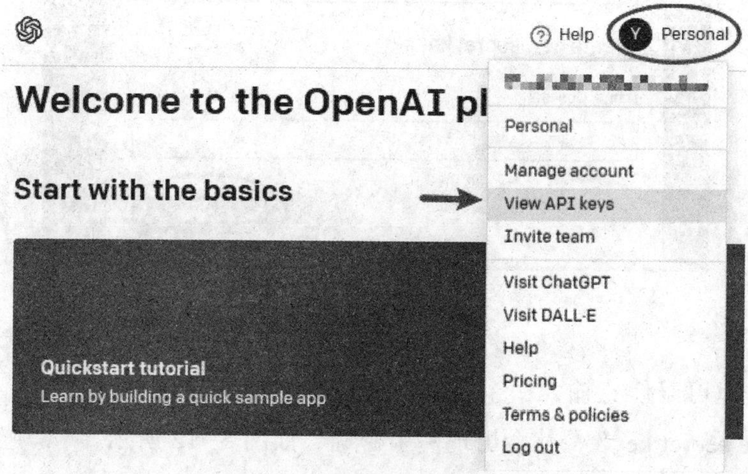

图 5-9 接口密钥查看入口界面

点击右上角的“Personal”（个人）会出现图中的下拉菜单，选择箭头所指的“View APT keys”（查看接口密钥），点击进入下一个界面，如图 5-10 所示。

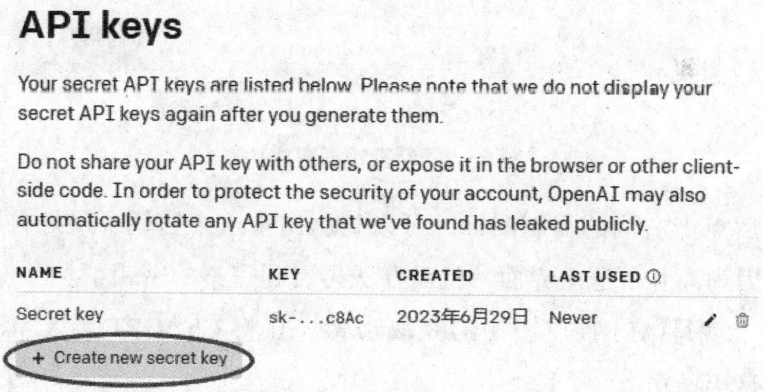

图 5-10 密钥创建入口

点击界面中的“Create new secret key”（创建新的密钥），会出现图 5-11 这个界面。

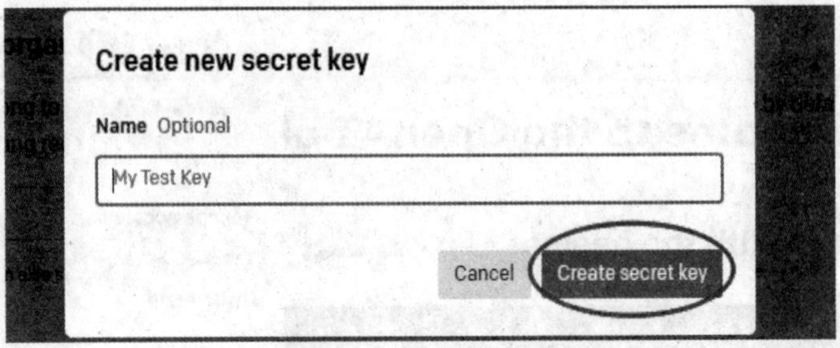

图 5-11　新密钥创建

这里可以任意输入一个名字，或者什么都不输入直接点击右下角的“Create secret key”，就会出现一串密钥，如图 5-12 所示。

图 5-12　新密钥创建成功

然后点击右侧的复制图标，可以复制出来这个密钥，最好自己保存起来，因为离开了这个界面，就没办法再看到完整的密钥了。

以上就是 API 接口密钥的获取步骤。在将 ChatGPT 接入 Word 时，会用到这串密钥。

因为每个人的账号不一样，所以密钥只能通过自己的 ChatGPT 创建。我们要注意保护好自己的密钥，不要与他人共享或在任何客户端代码（浏览器、应用程序）中公开它。因为它可以让任何人使用你的账号调用 OpenAI 的 API。如果别人得到了你的密钥，可能会用它发起大量的请求，导致你的账号产生大量的费用，甚至被冻结。

这里要注意定期更换你的密钥。之前的密钥如果不再应用，或者发现你的密钥可能已经被别人得到，你应该立即在 OpenAI 的网站上生成一个新的密钥，并作废旧的密钥。在图 5-10 中即可看到一条曾经生成的密钥，点击最右侧的删除图标即可删除，这样就能避免密钥泄露带来的风险了。

其实，无论你选择哪种方式应用 ChatGPT，都需要记住一个关键点——AI 只是一个辅助工具，真正的创作力量仍然来源于你自己。AI 可以为你提供灵感，帮你检查语法，但它不能替代你的思考，也不能体现你的智慧。因此，在使用ChatGPT的过程中，我们不仅要利用它的优点，也要保持自己的独特视角，锻炼自己的创造力和决策力。

5.2 实战模拟：会议纪要总结

——AI 带来的便利，人人都是速记达人。

年底结账工作结束，去年的财务决算工作展开，预算执行结果也出来了，公司要就此结果对新一年的财务预算召开复核会议。其实，在年底前的这两个月财务预算工作就开始了，但看到最终的费用数据，还需要进一步修改并敲定新一年的预算方案。在这个关键的时刻，领导将一项重要任务委托给你，就是负责会议的记录工作，并交代你在会议结束后将记录整理为会议纪要，上报集团。这是对你工作能力的一次重要考验，毕竟岁末年初本来就是财务人最忙的时候。那怎样才能把这项任务完成得又快又好呢？一起来实战模拟一下吧。

5.2.1 会议全程录音

财务预算会议算得上一项很重要的公司会议。而你被委任在这个过程中扮演重要的记录者角色。作为记录者，你需要倾听每一句发言，精确地记录下每一个重要的观点，确保会议记录真实而全面地反映出会议的主题、关键的讨论，以及达成的共识。如此一来，即便是未能参加会议的同事，也可以通过阅读你的会议纪要，准确地了解并理解会议的关键内容。

会议记录并不是一项轻而易举的工作。你需要拥有足够的耐心和专注力，以便能够聆听每一句讲话，捕捉每一个观点，精确地记录下每一个重要的议题和决定，保证你的记录能够真实地反映会议的内容。

但人的精力和手写速度毕竟是有限的。如果使用传统的手写方式进行记录，不仅烦琐，而且在会议结束后还需要将手写笔记转录到电脑上，这无疑会花费大量的时间和精力。特别是当会议的参与人数众多，你一言我一语，议题复杂多变，手写记录的方式就更显得吃力了。即使你花费大量的时间和精力，也可能没办法完全准确地记录下会议中的所有内容。

这就需要借助工具了。一般的公司很少配备速记设备，懂速记的人才也不多，不过不用担心，现在的智能手机可以轻松地解决这个问题。大部分手机都自带录音软件，你只需要在会议开始时打开录音，就可以确保不漏掉任何一个关键的观点。考虑到后面我们需要音频转文字，所以也可以参考这类软件对音频的要求进行录音中比如，有的软件一次转文本的音频时长最多 10 分钟，我们就可以分段录音，方便后续直接将录音转化为文字，也可以先完整录下来，后面再分割。另外，现在市场上还有一些智能录音笔，它们不仅能够进行录音，还能将录音直接转换为文字，所以也可以作为会议记录的备选工具。

做好这些准备后，你需要做的就是准时参加会议，并使用趁手的工具进行全程录音。

5.2.2 音频转文字形成会议记录

拥有了全程的会议录音后，接下来的任务就是将这些音频内容转化为文字，形成一份完整的会议记录。幸运的是，现代科技的快速发展已经让这个过程变得无比便捷。一些移动应用软件，如讯飞听见、飞书、钉钉等，就具有音频转文字的功能。

大多时候，参加线下会议还是用手机录音较为方便。你需要将录音文件上传到这些工具中。这个过程很简单，只需要几个点击就可以完成。大多数软件都提供了操作方便的界面，让你可以轻松找到所需要的功能。

这里以“讯飞听见”的手机客户端界面为例，如图 5-13 所示。

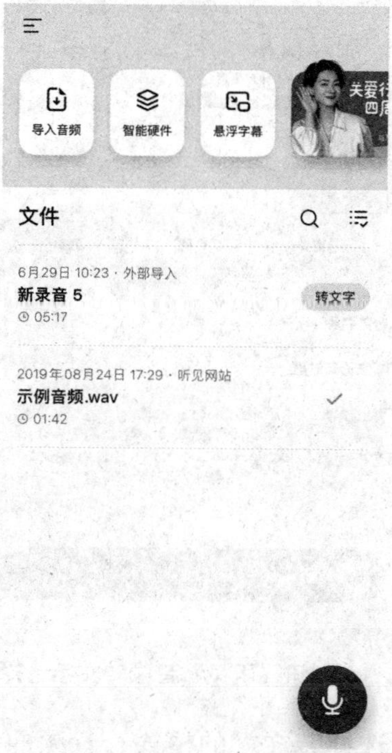

图 5-13 “讯飞听见”的手机客户端界面

页面左上角有一个“导入音频”，点击这里即可看到详细的音频导入步骤。无论你的音频存在于手机自带的录音软件中，还是存在于微信或者 QQ 等社交软件中，都有对应的上传步骤，你可以根据自己音频保存的位置选择一种方法进行上传。

等上传完成，页面中的“文件”下方区域就会出现你上传的音频，选择其中一个音频，右侧会出现“转文字”的按钮，点击即可进入转文字页面，如图 5-14 所示。

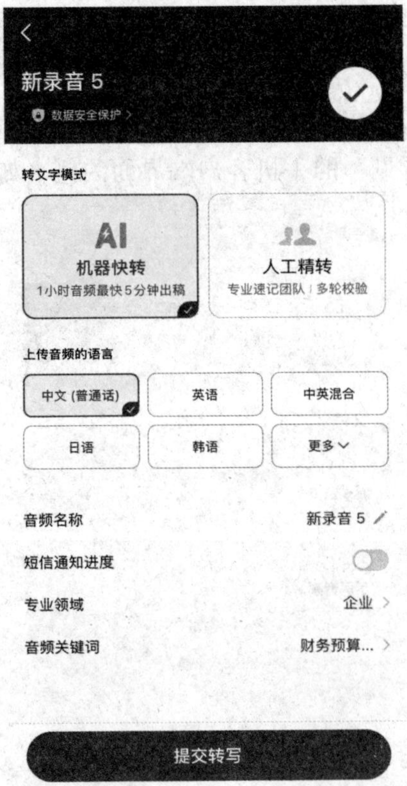

图 5-14 “讯飞听见”音频转文字选择界面

在这里，你可以选择转文字的模式、音频的语言、选择专业领域、输入音频关键词等，最后点击“提交转写”即可启动音频转文字的过程，可能需要一段时间。这一过程这要看录音的长度和清晰度。

在等待的过程中，你完全可以处理其他的工作。在转换完成后，就能得到一份详尽的会议记录。这些信息是之后的会议纪要总结的依据。

还有一种情况，如果领导给你一段会议的视频文件，让你写会议记录，也是可以借助工具迅速完成的。

这里以钉钉为例，在此用到的功能是钉钉闪记。如果找不到入口，可以在钉钉客户端的搜索栏直接搜索“钉钉闪记”，点击来到主页面，如图 5-15 所示。

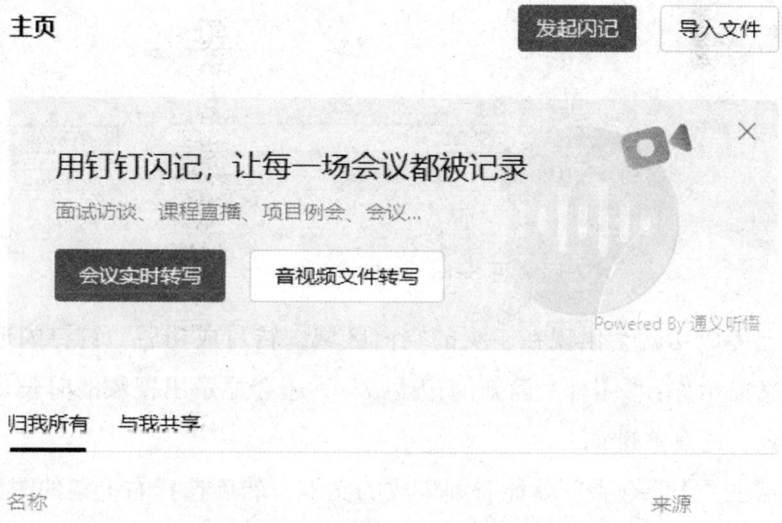

图 5-15 “钉钉闪记”主页界面

在主页界面中可以看到两个功能按钮：一个是“会议实时转写”；另一个是“音视频文件转写”。

先来说下第二个功能，即“音视频文件转写”。与前面介绍过的“讯飞听见”音频转写功能基本一致，只不过这里不仅支持音频转写，还支持视频转写。点击“音视频文件转写”，选择文件保存位置，即可上传视频文件，如图 5-16 所示。

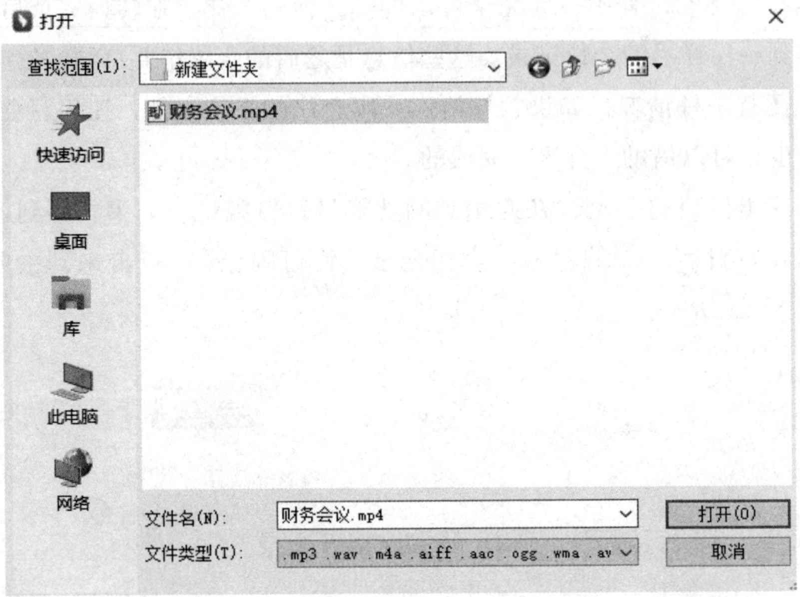

图 5-16　上传视频文件

上传成功就会出现在主页的空白区域，转写成功后“钉钉闪记”会发消息提示你：“你有一篇新闪记生成”，还会显示出视频的时长、转写的字数，还有关键词。

点击“立即查看”就能看到生成的文本，然后选择右上角的图标“导出闪记结果”就能保存为 Word 文档，如图 5-17 所示。

图 5-17　导出闪记结果为 Word 文档

这里的第一个功能也十分强大，很适合你拿着手机直接去参加线下会议，即“会议实时转写”功能。当你打开钉钉的手机客户端，来到钉钉闪记界面，会看到右下角有一个话筒的标志，如图 5-18 所示。

图 5-18 钉钉闪记手机客户端界面

点击“话筒”标志，即可进入自动实时转写界面，会议上说的话，直接就能同步成文字，如图 5-19 所示。

图 5-19　钉钉闪记手机客户端会议实时转写

在话音落下的几秒内，就能自动生成文本。如果录制结束，可以点击右下角的“√”结束录音，即可保存文本和录音，以便回顾查看。

如果你参加的财务预算会议是网络会议，就更方便了。一些网络会议软件，如腾讯会议，本身就提供了网络会议的自动录制功能，还能将参会成员的发言自动生成文字。这样，你甚至不需要进行额外的上传和转换步骤，只需要在会议结束后，直接下载生成的会议记录就可以了。

腾讯会议开启自动会议纪要可以在电脑客户端的会议界面进行，下方有个“录制”按钮，右边还有一个“△”，点击“△”可以弹出菜单选项，勾选“同时开启自动会议纪要”，然后再开始云录制。

待会议结束后，会议的主持人可以登录腾讯会议的官网查看会议纪要内容。这里由腾讯同传进行文本的实时转写，还会同时标注出来是哪位用户的发言，省略了音频整理的添加发言人环节。

这一功能导出来的会议纪要，严格来说就是一份会议记录，并没有整理总结的过程。

需要注意的是，虽然上面这些工具的转写质量比较高，但也有一定概率会出错，特别是在处理一些专业术语或者方言的时候。所以，你需要在得到转录结果后，仔细浏览一遍并进行校对和修改，以确保记录的准确性。

会议过程中的一些与会议内容无关的声音都是没必要记录的。比如，音频转文字形成的会议记录初稿，在开始的地方，有下面的对话：

> 王经理，来，坐这儿，小高别站着，赶紧找位置坐下，小张，开一下空调，冬天了，天气冷
>
> 好的，经理，大
>
> 大家好，欢迎参加公司新一年的财务预算讨论会议，先发下去看一下上周各部门儿交的这个预算方案，传一下，都有了吗

这里面就有很多不相关的内容需要去掉，如招呼人的对话，传递任务的对话，还有那个“大”可能是开空调的声音，且每个对话也没有标出来是谁说的，有些发言可能还会存在方言和儿化音，显得比较口语化，这都需要完善，可以修改为以下内容：

> 李 ××（财务经理）：大家好，欢迎参加公司新一年的财务预算讨论会议。
>
> （分发上周各部门提交的预算方案）

这个完善的过程很多地方只能手工完成，毕竟现在市面上的音频转文字的软件还不能做到分辨每个人的声音并加上人名和职位，这需要你在参会过程中认真听，过后才能标注上是谁的发言。如果一些方言转换得不准确，也得能回忆起来到底是什么内容，并正确修改。

在会议记录完成后，你还需要发送给所有与会者，以供他们查阅和确认。在记录中要特别标记出那些需要特别关注或行动的项目，以帮助大家快速找到重要信息。

5.2.3 ChatGPT 总结会议纪要

会议纪要与会议记录一样，都是记录会议的方式，但是它们还是有不同之处。会议记录就像是一个会议的实时播报，记录下会议上的每一件事、每一个讨论点、每一个观点，没有省略、没有加工，主要的作用就是为了保存，如果以后有人想要了解这个会议的具体情况，就可以查看会议记录。说白了，就像是会议的“原始录音”，让你能回到那个时刻，知道每个人都说了什么。

但是会议纪要就不同了，会议纪要是在会议结束后，根据会议记录整理出来的，并不包括所有的细节，而是挑选出重要、核心的内容，更像是个“精华版”，可以告诉大家会议的关键信息，让人明白会议的主要结果和决定。会议纪要经常被用来告诉没有参加会议的人会议的主要内容和决定，让他们知道需要执行什么。

我们之前介绍过，总结概括就是 ChatGPT 的强项，所以这个会议记录的整理工作也完全可以交给它，然后自己再进行修正和完善。

还回到财务预算会议的情境中，假设现在你经过整理已经得到一份完整的会议记录。由于篇幅有限，仅作展示，会议记录部分内容省略，大致内容如下：

×× 公司 202× 年财务预算会议记录

日期：202× 年 1 月 5 日

时间：14:00—16:00

地点：公司第一会议室

主持人：李 ××（财务经理）

与会人员：各部门领导，财务部门全体成员，相关职能部门代表

未出席人员：无

讨论议题：×× 公司 202× 年财务预算

会议发言（按发言顺序记录）：

李 ××（财务经理）：大家好，欢迎参加公司新一年的财务预算复核会议。

（分发上年末各部门提交的预算方案）

李 ××（财务经理）："我们今天的主要任务是讨论并初步确定新一年度的财务预算，各部门后续要根据大方案进行费用的详细规划。那么，我们先请各部门领导发表意见，第一位是销售部的张经理。"

张 ××（销售经理）："今年，销售部的预计收入是 200 万元，去年销售成本和各项费用合计 30 万元，考虑到市场竞争激烈和新的市场扩张计划，我们希望今年能增加 20 万元预算。"

李 ××（财务经理）："谢谢张经理，请研发部的王部长发表意见。"

王 ××（研发部长）："我们研发部今年的项目计划需要 50 万元的研发经费，预计产出的新产品能带来至少 80 万元的收入。"

李 ××（财务经理）："好的，接下来是人力资源部的赵主任。"

赵 ××（人资主任）："我们人力资源部今年有新的招聘和培训计划，需要预算 20 万元，其中包括 10 万元的招聘费用和 10 万元的培训费。"

（其他部门领导分别报告自己的预算需求和预期收入，此处省略）

李 ××（财务经理）："谢谢各位的发言，因为我们的预测收入就这些，公司新一年的利润目标是 200 万元，抛开各种固定成本，总预算

是有限的，现在各部门提交的预算额度合计已经超出了咱们的总预算额度，现在我们进入讨论环节。请大家针对各部门的预算进行提问或者提出你们的看法，看看怎么合理分配预算额度。”

陈 ××（行政主任）：“我注意到销售部的预算提高了 20 万元，我想了解一下这部分增加的预算将如何使用？”

张 ××（销售经理）：“这部分预算将主要用于开发新的销售渠道和客户，包括一些市场推广活动和客户关系管理系统的优化。”

林 ××（市场经理）：“我想问一下，研发部预期产出的新产品能带来 80 万元的收入，这个收入预测的依据是什么？”

王 ××（研发部长）：“这是基于我们的市场调研和产品定价策略计算出来的，我们对此非常有信心。”

刘 ××（生产主任）：“今年生产部可以尝试优化生产流程，预计在不影响生产质量的前提下，减少一些生产成本，这样也许能够削减一些预算。”

赵 ××（人资主任）：“对于我们部门的预算，我尝试在培训方面寻找一些优质但费用较低的外部资源，看看是不是能减少些额度。”

李 ××（财务经理）：“我赞同赵主任的观点，各部门在制定预算的时候，确实应该多考虑一些优化和节约的可能性。”

（其他部门领导分别自由发言讨论，此处省略）

李 ××（财务经理）：“现在我们进入总结发言环节，大家可以就刚才的讨论再进行总结发言。”

张 ××（销售经理）：“从刚才的讨论来看，销售部的预算确实应该更具体一些，关于新增的预算怎么使用，会后统计一下做个说明。但新增 10 万确实是底线，不然策划的活动都做不成”

王 ××（研发部长）：“会后研发部也会说明预期收入是如何计算出来的，以便大家能更清楚地理解。此外，我们会考虑一些可能的成本节约措施。”

赵 ××（人资主任）：“我们人力资源部会考虑在培训方面寻找一些优质但费用较低的外部资源，看看能不能减少 5 万预算额度。”

（其他部门领导分别总结发言，此处省略）

李 ××（财务经理）：“好的，感谢各位的发言，相信这对新一年的财务预算制定有很大的帮助。接下来，请王总总结发言。”

王 ××（财务副总）：“根据各部门的意见和讨论，公司新一年的财务预算大方案可以调整为销售部 40 万元，研发部 50 万元，人力资源部 15 万元，其余部门的预算保持不变。”

李 ××（财务经理）：“好的，那么我们就按照王总的建议，确定新一年的财务预算大方案。今天的讨论非常充实，新一年的财务预算大方案已经初步确定。请各部门回去根据这个方案进行详细的预算规划和优化。我们下周五再开一次会，讨论各部门的详细预算方案。会议结束，谢谢大家。”

未解决的问题：

针对销售部新增预算的具体使用情况，张 ××（销售经理）将在下次会议中提供更详细的说明。

推迟的决定：无。

行动项目：

（1）所有部门在会后一周内，根据确定的财务预算大方案，进行详细的预算规划和优化，由各部门主管负责，预计完成日期为 202× 年 1 月 12 日。

（2）人力资源部赵主任寻找优质且低成本的培训资源，预计完成日期为 202× 年 1 月 15 日。

关键收获：

（1）初步确定了新一年的财务预算大方案。

（2）了解到各部门对于预算的需求和预期收入。

（3）明确了各部门应在详细预算规划和优化中需要考虑的方向。

现在你可以用这份会议记录来提问 ChatGPT 了，这里要用到我们的“循序渐进”招式，可以先问 ChatGPT：“一份高质量的会议纪要是什么样的？包括哪些内容？”，回答如图 5-20 所示。

LI 一份高质量的会议纪要是什么样的？包括哪些内容？

一份高质量的会议纪要应该详尽而精确地记录下会议中的关键信息和决定。它为那些没能出席会议的人提供了会议的详细概括，同时也为出席者提供了一个复习会议内容的参考。以下是一份高质量会议纪要应当包含的关键内容：

1. 基础信息：应包含会议的日期、时间、地点、主持人、参与者名单以及未能出席的人员名单。
2. 会议目标：这部分应概述会议的目标和目的，以便读者理解会议的上下文。
3. 议程摘要：这部分应包含每个议程项目的主题、发言人以及简短的讨论摘要。这可能包括关键点、争议点、观点差异以及如何解决这些差异。
4. 决定和行动项：所有的决定和行动项应清晰明了地列出，包括任何待处理的项目，以及每个行动项的负责人和预期完成日期。
5. 结论和下一步计划：会议纪要应包含关于下一步计划的概述，以及会议的结论。
6. 附件或引用：如果在会议中讨论了特定的文档、报告或其他信息，应在会议纪要中提供相关链接或附件。

记住，良好的会议纪要应当是准确、简洁、明确和有组织的。在记笔记时，应着重记录决策、行动项和关键讨论，而不必详细记录每一句话。同时，为确保纪要的准确性，应在会议结束后尽快完成并分发给与会者进行审核和批准。

图 5-20　ChatGPT 回答高质量的会议纪要示例

然后，你就可以把刚才整理好的会议记录发给 ChatGPT，并提问：“现在有一份会议记录，请按照以上会议记录的关键内容，写一份高质量的会议纪要。会议记录内容如下……（附上会议记录）”，接下来就是等待 ChatGPT 的回答了，如图 5-21 所示。

会议纪要

基础信息

- **日期**：202×年1月5日
- **时间**：14:00—16:00
- **地点**：公司第一会议室
- **主持人**：李××
- **参会人员**：各部门领导，财务部全体，相关职能部门代表
- **未出席**：无

会议目标

初步确定202×年财务预算。

议程摘要

1. 分发上年度预算方案
2. 部门预算报告与讨论
3. 总结发言与方案调整

决定和行动项

- 新财务预算方案：销售40万元，研发50万元，人力15万元。
- 部门详细预算规划与优化，截止日期：1月12日。
- 人力资源部寻找低成本培训资源，截止日期：1月15日。

结论和下一步计划

1. 初步确定新年财务预算方案。
2. 1月13日（下周五）再次召开会议，讨论各部门的详细预算方案。

图 5-21　ChatGPT 生成会议纪要示例

这样，ChatGPT 就可以根据你提供的会议记录按照刚才回答的问题，生成一份高质量会议纪要了。如果不满意可以让它重写，或者自己公司对会议纪要有专门的格式要求，可以应用前面的提问第二招，把格式要求作为限制条件，继续让 ChatGPT 写成你想要的样子。

通过以上的步骤，你就可以得到一份格式规范、内容清晰、重点突出的会议纪要。如果提问 ChatGPT 一直得不到某方面的改善，也可以自行修改。最后检查完毕就可以提交领导，上报集团了。

5.3 实战模拟：财务管理制度更新

——严格的成本管控，源于细致的财务制度，AI 助力，速度升级。

当你提交了这份会议纪要后，是不是以为终于可以忙一下手头的其他工作啦？可是当你刚回到自己的工位上，财务经理又把你叫了过去，说去年公司借款和费用报销都很乱，超出很多预算，新一年公司成本管控要更加严格，借款管理、费用报销的制度都需要更新一遍，会计作为直接接触费用报销的岗位，希望你能根据平时的工作情况，优化一下借款、费用报销的相关制度，尽快提交一份更新的制度初稿。

5.3.1 借款管理制度更新

在公司运营的过程中，有时候会有一些临时的借款需求，如员工出差需要预支费用，接待客户需要预支开销，承办各种活动也要借款，还有零星物资的采购，或者采购预付款项等。在这些情况下，公司就需要提前向员工个人支付资金，这就是所谓的借款，在会计处理上也称为“员工借备用金”。

那么，为什么我们要管理这些借款呢？

原因很简单，为了保护公司的财务安全，确保公司的运营效率。公司的资金不是无穷无尽的，每一笔资金的使用都应该带来较大的收益。如果没有完善的借款管理制度，公司的资金可能会被滥用，影响财务健康。

借款管理的关键在于明确借款的用途和金额，用款后及时报销结算，整个过程都要严格审批。对于违反相关规定的员工行为，适当的处罚机制也是很有必要的，目的是防止借款的滥用。

所以，要管好借款，公司就必须设立一系列的规定，提前说明借款范围、结算规定、审批流程以及处罚管理等内容。这些规定的制定和执行，就构成了公司的借款管理制度。假设现在你所在公司的借款管理制度如下：

××公司借款管理制度

公司致力于维护健全的借款管理制度，以确保所有的借款活动都能得到妥善的监督和管理。

借款管理规定：

（一）差旅借款。员工需要出差的情况下，必须先通过 OA 进行差旅申请，并在得到公司批准后，按照规定的合理额度进行借款。在出差结束后，员工需在 5 个工作日内办理费用报销，以及款项退回的手续。

（二）临时借款。如遇到业务费用、采购费用等需求，员工必须提前在 OA 发明借款申请流程，并明确说明借款的具体用途。任何形式的借款不允许超过一个月。

借款流程：

（一）发起借款申请。员工需在 OA 发起借款申请流程。

（二）填写借款申请单。员工需按照公司规定填写借款申请单，明确注明借款原因和借款金额，其中，借款金额的大写和小写必须完全一致，不允许有涂改情况。

（三）借款审批。员工提交的借款申请单需经过所在部门负责人的审核并签字，然后把签字的借款申请单交由会计进行复核并签字。全程都需保证信息的准确无误。

（四）财务付款。借款申请通过 OA 审批且借款申请单签字完成后，员工需将完整无误的借款申请单交到财务部门，出纳复核 OA 流程情况和借款申请单签字情况，无误可付款。

你仔细阅读借款管理制度之后，发现公司的借款管理制度确实有很多需要完善的地方，如借款范围规定得不全面，借款的限额也不清楚，借款流程也不够直观，也没有借款超期的惩罚措施，这些都是需要完善的地方。

这个时候，你可以通过 ChatGPT 来完成，直接提问："公司的借款管理制度需要完善，包括借款范围规定、借款的限额、借款流程、借款超期的惩罚措施，都要新增或修改，以下是借款管理制度原文……（把原文复制进去）"，等待 ChatGPT 的回答，如图 5-22 所示。

借款管理规定：

(一)差旅借款：员工需要出差的情况下，必须先通过OA进行差旅申请，并在得到公司批准后，按照规定的合理额度进行借款。每个员工的单次差旅借款不得超过5000元。在出差结束后，员工需在5个工作日内办理费用报销，以及款项退回的手续。如未在规定时间内报销，将收取逾期利息，每日千分之五。

(二)临时借款：如遇到业务费用、采购费用等需求，员工必须提前提交借款申请OA流程，并明确说明借款的具体用途。临时借款的金额上限为20000元，借款期限不超过一个月。如借款期限超期，将收取逾期利息，每日千分之五。

(三)其他借款：除上述两种情况外，如有特殊情况需要借款，员工需要提前向部门经理提交书面申请并说明理由，经过公司管理层批准后方可借款。同样，每次借款的上限为20000元。

借款流程：

(一)发起借款申请：员工需在OA发起借款申请流程。

(二)填写借款申请单：员工需按照公司规定填写借款申请单。以下是填写示例：

借款原因：差旅费用支出

借款金额：人民币1000元整

借款期限：5个工作日

请确保填写内容的准确性，不允许有涂改情况。

(三)借款审批：员工提交的借款申请单需经过所在部门负责人的审核并签字，然后把签字的借款申请单交由会计进行复核并签字。全程都需保证信息的准确无误。

(四)财务付款：借款申请通过OA审批且借款申请单签字完成后，员工需将完整无误的借款申请单交到财务部门，出纳复核OA流程情况和借款申请单签字情况，无误可付款。

逾期处理：

(一)如果借款人在规定的期限内未能偿还借款，将视为逾期。逾期的借款将每日收取千分之五的逾期利息。

(二)如果借款人连续三次逾期，将暂停其借款资格，并由公司决定是否进行进一步的行动。

图 5-22　ChatGPT 完善借款管理制度示例

这里看到，ChatGPT 已经按照你的要求进行了完善，但具体的规定因为提问没有说得特别详细，所以它写出的制度可能并不符合公司的实际情况。这时候，你就需要根据 ChatGPT 的回答，把符合自己预期的部分复制保留，再把不太符合预期的回答进一步明确要求，限制条件，进行完善。

上述回答中，ChatGPT 已经对借款的范围和限额，以及逾期处理进行了完善，新增了“其他借款”这个情况。假如这个其他借款的 20 000 元的限额太高了，可以重新规定为 10 000 元，还有逾期处理，每日收取千分之五的逾期利息可能有点高，可以修改成千分之三，这些直接修改数字的情况都可以自行手动修改。

员工差旅借款可能因为目的地的距离和选择交通方式的不同，导致差旅费不同，具体可以视情况而定，如可以规定按照预计出差天数和出差交通工具预计金额借款，住宿费、出差补助每人每天按 200 元借款。如果想具体规定一类城市、二类城市需按不同标准的，也可以提出相应的需求，如图 5-23 所示。

LI

把借款管理规定的(一)差旅借款相关内容重新补充完善一下，要求如下：
员工差旅借款按一类城市、二类城市区分，一类城市住宿费、出差补助每人每天按300元借款，二类城市按每人每天按200元借款，用表格表示，交通方式普通员工选择高铁二等座，部门长及以上级别可选择飞机或高铁一等座，用表格表示，最后注明普通员工与高级别部门长同行出差，按高一级待遇。

借款管理规定：

(一)差旅借款：
员工出差时的借款标准及待遇分为以下几种情况：

1. **住宿与出差补助标准：**

城市级别	住宿费、出差补助标准（每人每天）
一类城市	300元
二类城市	200元

2. **交通选择标准：**

职员级别	可选择的交通方式
普通员工	高铁二等座
部门长及以上级别	高铁一等座/飞机

3. **备注：**若普通员工与部门长及以上级别的员工同行出差时，普通员工可以享受部门长及以上级别员工的交通待遇和借款标准。

其他条款保持不变，希望可以满足您的要求。

图 5-23　ChatGPT 按要求完善借款管理制度示例

这里只是一个简单的例子，如果想要更完善可以提出更详细的要求，只要你能说清楚自己的条件和要求，ChatGPT 就给出更符合预期的回答。

除此之外，对于借款的流程，原本的流程员工借款只需要经过部门负责人和会计的审核并签字，对于费用的把控并不严谨，新一年要实行更严格的成本把控，所以可以按照公司需要增加财务经理、总经理的签字流程。你可以交由 ChatGPT 完善这一流程，这里以增加总经理签字程序为例，如图 5-24 所示。

LI

借款的流程，原本的流程员工借款只需要经过部门负责人和会计的审核并签字，对于费用的把控并不严谨，新一年要实行更严格的成本把控，所以最后应该增加总经理的签字这一程序。

当然可以，根据您的需求，我对原有的借款流程进行了调整，增加了总经理的签字程序以实现更严格的成本控制。以下是更新后的版本：

借款流程：

(一)发起借款申请：员工需在OA发起借款申请流程。

(二)填写借款申请单：员工需按照公司规定填写借款申请单。以下是填写示例：

- 借款原因：差旅费用支出
- 借款金额：人民币1000元整
- 借款期限：5个工作日

请确保填写内容的准确性，不允许有涂改情况。

(三)借款审批：员工提交的借款申请单需经过多层级的审核：

1. 首先，由所在部门负责人进行审核并签字；
2. 其次，由会计部门进行复核并签字；
3. 最后，由总经理进行最终审核并签字。

全程都需保证信息的准确无误。

(四)财务付款：借款申请通过OA审批且借款申请单签字完成后（包括总经理的签字），员工需将完整无误的借款申请单交到财务部门，出纳复核OA流程情况和借款申请单签字情况，无误可付款。

图 5-24　ChatGPT 按要求完善借款流程示例

有了完善的流程，还可以把上述流程发给 ChatGPT，然后利用插件功能画出流程图，更加直观地显示出来借款的流程，如图 5-25 所示。

您的描述已经非常清晰，但如果需要一个可视化的流程图来解释这个借款申请流程，我可以帮助您生成一个。这个流程图将包括以下步骤：

1. 发起借款申请
2. 填写借款申请单
3. 借款审批，包括部门负责人审核、会计复核、总经理审批
4. 财务付款

让我为您生成这个流程图。

Used Show Me Diagrams

Used Show Me Diagrams

以下是您的借款申请流程图：

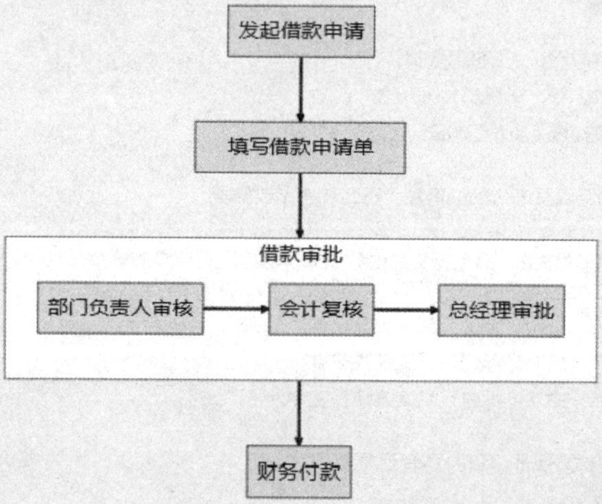

图 5-25 ChatGPT 应用“Show Me Diagrams”生成借款流程图示例

可以看到，ChatGPT 概括总结了借款主要流程，然后用“Show Me Diagrams”这一插件，画出了借款流程，你可以直接把这个图片复制到自己的 Word 文档中。

最后还有借款申请单，ChatGPT 添加了借款单填写示例，虽然写得

很简单，与实际情况不太一致，但也确实给出了一个思路。因为在实际工作中，你也发现，每次有人来借款，都需要解释一遍怎么填写借款单，后来自己写了个模板贴在办公桌上，其他员工每次都来查看，虽然提问的少了，但是也总会打断自己的工作，不如直接把填写规范明确到制度中。这里你可以把自己公司的借款单样式，按照流程要求做一个填写模板，插入借款管理制度中，如图 5-26 所示。

借　款　单

公司(部门)：xx部　　202x年 x 月 x 日

借款人姓名	张三		职务	xx	
借款事由	借备用金（可详述用途，与OA申请一致）				
人民币(大写)	金额大写			¥ 金额小写	
还　款　记　录					
还款日期	还款金额	未还金额	经办人	备注	
核准	部门长、会计、总经理	借款人	张三	其他说明：付款方式（银行存款还是现金）	

第一联：由会计人员留存，待借款人归还借款后返还借款人，作为借款人的欠款依据。

图 5-26　借款申请单填写示例

其他还有需要补充完善的，都可以单独提问 ChatGPT，最后把有用的内容整合在一起。于是,15 分钟你就做好了一份借款管理制度的更新初稿。

5.3.2 费用报销制度更新

公司的运作是需要资金的，很多日常经营活动，如因公外出的交通费用、打印资料的印刷费用、寄件的快递费用等，这些金额一般都相对较少，但是发生的频率很高。临时走借款流程往往来不及，经常是由员工先垫付，然后再回公司报销。

对一个公司来说，什么费用可以报，什么费用不能报，费用报销的金额有没有上限，报销应该经过什么流程的审批，对于报销的票据有什么要求，等等，这些问题不胜枚举，都需要有明确规定。于是，费用报销制度就出现了，用来划范围、做依据，帮助公司规范员工的行为，控制成本，避免不必要的支出。这样才能保证公司的资金能够用在刀刃上，同时让员工明白自己的权益。

假设现在你所在公司的费用报销制度如下：

xx 公司费用报销制度

为了优化公司的财务流程，增强财务控制，降低成本，并确保公司的经济利益得以保障，根据《预算管理条例》，特此制定费用报销制度。

费用报销规定：

（一）费用报销要按照预算执行，未在预算方案内或超出预算的费用需要经过特殊审批才能报销。

（二）费用报销应由支出者自行报销，禁止以他人的名义来报销个人费用。

（三）费用报销要填写详细，每一笔费用都要在报销单上详细列明。禁止报销任何形式的虚假费用。一旦发现有虚假报销行为，将按照公司规章严肃处理。

（四）费用报销必须事先经过 OA 审批才能发生相关费用，逾越流程原则上不予报销，经总经理特殊审批方可报销。

费用报销流程：

由经办人填写报销单并发起 OA 流程—部门负责人审批 OA 流程并在报销单上签字—会计审批 OA 流程并在报销单上签字—财务经理审批 OA 流程并在报销单上签字—总经理审批 OA 流程并在报销单上签字—出纳进行支付。

费用审批原则：

（一）逐级审批原则。审批过程不得跳过中间流程，直接提交给总经理审批。所有报销都必须经过部门负责人和财务人员审批。

（二）真实性与合规性原则。各级审批人员都必须对其审批的业务和单据的真实性负责。经办人需收集所有相关单据并正确填写报销单，部门负责人需确认并审核经办人提供的单据，财务人员需进一步确认报销单的合规性，而总经理则需要全程了解并签署最终批准。

（三）报销支付原则。出纳只有在OA审批流程完成，且报销单签字齐全的情况下，才能支付相关费用。

违规处理：

任何违反以上规定的行为，一经发现，将按照公司处罚制度的相关规定进行处理。这可能包括对相关人员的警告、罚款，甚至解雇。

根据你平时的经验，去年公司费用报销超出预算一大截，很多情况都是因为有很多特殊费用不在预算之列，就直接按照一般报销流程进行报销，因此有必要添加一个特殊报销流程。此外，在费用报销规定中，也没有说到关于报销的时限规定。在实际报销的过程中，员工提交上来的报销材料五花八门，有的根本不知道要提交报销单据。这都是需要完善的地方。

你可以这么提问："完善公司费用报销制度，要求如下：①在费用报销规定中，增加关于报销时间的规定，原则上，不允许跨月报销费用。必须在次年的1月5日之前完成报销，年终结算后的费用将不予报销。②在费用报销流程中，增加一个特殊报销流程。③增加一个板块，列明报销各种费用需要提交什么材料，费用类别有差旅费、交通费、业务招待费、印刷费、快递费、办公费、维修费，每个费用都必须提交的材料是费用申请OA审批图、费用报销单和发票，差旅费要额外提供车票，维修费要额外提供维修记录单，办公费要额外提交办公用具采购清单。这些都用表格形式展示。④其余的内容适当完善。以下是费用报销制度原文……（把原文复制进去）"。

等待 ChatGPT 回答，因为一次输入内容长度有限，如果回答到一半停止了，可以点击“Continue generating”继续，最终会得到如下结果，如图 5-27 所示。

公司费用报销制度

为了优化公司的财务流程，增强财务控制，降低成本，并确保公司的经济利益得以保障，根据《预算管理条例》，特此制定费用报销制度。

一、费用报销规定：

1. 费用报销要按照预算执行，未在预算方案内或超出预算的费用需要经过特殊审批才能报销。
2. 费用报销应由支出者自行报销，禁止以他人的名义来报销个人费用。
3. 费用报销要填写详细，每一笔费用都要在报销单上详细列明。禁止报销任何形式的虚假费用。一旦发现有虚假报销行为，将按照公司规章严肃处理。
4. 费用报销必须事先经过OA审批才能发生相关费用，逾越流程原则上不予报销，经总经理特殊审批方可报销。
5. 费用报销应在发生费用后的5个工作日内报销，原则上，不允许跨月报销费用。必须在次月5日之前提交报销，结算后的费用将不予报销。

二、费用报销流程：

1. **一般流程**：由经办人填写报销单并发起OA流程→部门负责人审批OA流程并在报销单上签字→会计审批OA流程并在报销单上签字→财务经理审批OA流程并在报销单上签字→总经理审批OA流程并在报销单上签字→出纳进行支付。
2. **特殊流程**（预算外或未审批的费用）：预算之外的费用原则上不予报销。如属公司正常经营和发展需求，需经特殊审批。经办人提交OA申请，详细说明报销理由，再遵照以下流程：经办人提交申请报告→部门负责人确认→总经理特批→遵循一般费用报销流程。

三、费用审批原则：

1. 逐级审批原则，不得跳过中间流程直接提交给总经理审批。所有报销必须经过部门负责人和财务人员审批。

2. 真实性与合规性原则。所有审批人员必须对其审批的业务和单据的真实性负责。审批流程如下：
   - 经办人：收集所有相关单据并正确填写报销单。
   - 部门负责人：确认并审核经办人提供的单据。
   - 财务人员：进一步确认报销单的合规性。
   - 总经理：全程了解并签署最终批准。
3. 报销支付原则。出纳只有在OA审批流程完成，且报销单签字齐全的情况下，才能支付相关费用。

四、报销所需材料：

费用类别	必须提交的材料	额外材料
差旅费	费用申请OA审批图、费用报销单、发票	车票
交通费	费用申请OA审批图、费用报销单、发票	-
业务招待费	费用申请OA审批图、费用报销单、发票	-
印刷费	费用申请OA审批图、费用报销单、发票	-
快递费	费用申请OA审批图、费用报销单、发票	-
办公费	费用申请OA审批图、费用报销单、发票	办公用具采购清单
维修费	费用申请OA审批图、费用报销单、发票	维修记录单

五、违规处理：

任何违反以上规定的行为，一经发现，将按照公司处罚制度的相关规定进行处理。这可能包括对相关人员的警告、罚款、甚至解雇。

图 5-27　ChatGPT 完善费用报销制度示例

当然，其中的报销流程图也是可以用 ChatGPT 一键生成的，这里以上述一般报销流程为例，如图 5-28 所示。

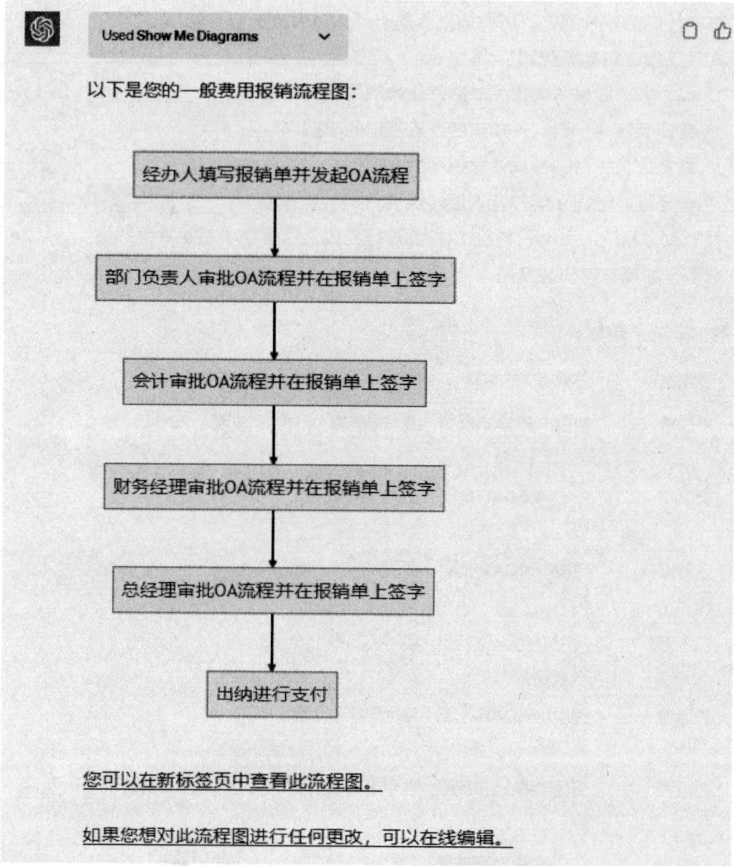

图 5-28　ChatGPT 应用“Show Me Diagrams”生成费用一般报销流程图示例

如果你对其中的内容或步骤不满意，也可以点击“如果您想对此流程图进行任何更改，可以在线编辑。”对流程图进行编辑。

这样，你的工作就很快完成了，半个小时就提交了更新好的借款管理制度和费用报销制度初稿。

ChatGPT + Excel，让你的制表速度起飞

我们面对的是一个数据驱动的世界，一个不断变化的世界。数据已经渗透人们生活的方方面面，无论是你每天接触到的社交媒体信息，还是企业里的销售报告，甚至国家的经济增长，数据随处可见。数据这么普遍，分析数据、挖掘数据的价值就显得更重要了。Excel作为一个广泛使用的数据处理和分析工具，财务人几乎每天会接触到，各类财务数据的统计、分析、核对和报告都离不开这个强大的助手。但是，面对庞大的数据量和复杂的业务场景，想要用函数公式和数据透视表让统计更快捷，让报告质量更佳，但技能的学习时常会遇到不懂的地方，这就需要一个细致的指导老师，去哪里找呢？也许在这一章，你就能知道答案了。

6.1 函数太复杂，数据透视太难？ChatGPT来帮你

——你与数据处理高手，只差一个 ChatGPT。

在财务工作中，仅仅是各种数据的统计和整理，就够头疼的。当你开始操作时，发现数据庞大且复杂，虽然明知道 Excel 有很多函数可以帮助你提高工作效率，数据透视也的确能帮你整合数据，但是真到用的时候，如果你的 Excel 技术不够熟练，就会陷入一片迷茫，到底应该用哪个函数？这个报错是什么意思？下一步该点哪里啊？这时，你可能会感到混乱和无助。要是有个人能帮忙就好了。谁能随时让你提问呢？试试 ChatGPT 吧。

6.1.1 财务人压箱底的 Excel 函数公式

财务人员的工作世界充满了大量复杂的数据。从简单的收入和支出，到复杂的财务报表和预测，每一个数据点都承载着重要的业务信息。但手动一条一条地处理这些数据真的需要花费大量的时间和精力。不过，重复性高的工作往往具有可替代性，特别是 Excel 本身就是个高效的数据处理工具，在财务人的日常工作中，算是常用的办公软件了。

事实上，大部分财务人只使用了 Excel 少量的基础功能，而函数、宏操作、数据透视、数据模型、Power Query 等进阶技能都尚待开发。对

于财务人来说，学习和掌握这些高级功能，可以大大提高自己的工作效率，同时能更深入、全面地分析数据。

就拿 Excel 中内置的各种函数公式来说，其能将复杂的数据处理流程简化为简单的步骤，减少了人为失误的风险，而且能大大节省处理数据的时间，这无疑是财务人压箱底的“法宝”。

SUM 函数是 Excel 中比较基础的函数，主要用于求和。财务人在进行预算编制或财务报告编制时，就经常需要对大量数据进行求和。

AVERAGE 函数是平均数函数，进行各项指标分析往往需要求平均值，如计算平均收益率、平均销售额等。

VLOOKUP 函数是 Excel 中的查找函数，进行数据对比或者从大量数据中查找某个特定数据的时候都会用到。

IF 函数是条件函数，判断是否满足某个条件。预算控制或风险控制经常需要进行条件判断。

PMT 函数可以用于计算贷款等额本息还款的函数，如进行投资决策时，可以利用这个函数计算贷款的每期还款额。

以上只是一部分 Excel 函数，事实上，Excel 还有许多其他的函数，如 NPV（计算净现值）、IRR（计算内部收益率）、PMT（计算贷款等额本息还款）等，这些都是财务人在进行财务分析和决策时常用的函数。

Excel 的函数还可以应用于各种复杂的场景，如数据筛选、排序、透视表制作等，使得财务人能够更加深入、全面地分析和理解数据，为企业的决策提供更有价值的支持。

这些技能的学习倒称不上太难，就是十分的烦琐。因为这些操作步骤和功能键很多，忘了一步都可能继续不下去，且现实是没有人能随时帮你学习，因而很多财务人都卡在了学习的第一步。

不过，利用 ChatGPT，就再也不需要用脑子记公式了。

假设现在我们要统计公司 2023 年上半年的应收账款合计金额，具体的应收账款明细已经填入表中，如图 6-1 所示。

应收账款管理明细表

日期	订单编号	客户名称	订单明细	应收金额
2023/1/1	230101	元盛	产品A	3,000.00
2023/1/15	230102	明致	产品B	3,500.00
2023/2/3	230103	浩渺	产品B	3,500.00
2023/2/17	230104	锐思	产品C	4,000.00
2023/3/10	230105	明致	产品B	3,500.00
2023/4/12	230106	元盛	产品A	3,000.00
2023/4/19	230107	鹏翔	产品C	4,000.00
2023/4/29	230108	元盛	产品A	3,000.00
2023/5/7	230109	明致	产品B	3,500.00
2023/5/14	230110	浩渺	产品B	3,500.00
2023/6/18	230111	鹏翔	产品C	4,000.00

图 6-1　公司 2023 年 1 ～ 6 月应收账款明细

此时我们想统计表中 E 列 5 行到 15 行的数据总额，就可以直接问 ChatGPT，如图 6-2 所示。

LI　用Excel统计表中E列5行到15行的数据总额，写出函数公式

在Excel中，你可以使用 SUM 函数来统计特定行列的数据总额。对于你的问题，统计 E 列的 5 行到 15 行，你可以这样写：

`=SUM(E5:E15)`

你只需要将这个公式输入到你想要显示结果的单元格中，就会得到 E 列 5 行到 15 行的数据总和了。

图 6-2　ChatGPT 回答 Excel 求和函数公式示例

我们只需要把图中加粗的那部分公式复制下来，粘贴进目标单元格中，就能得到想要的答案，如图 6-3 所示。

E16 =SUM(E5:E15)

应收账款管理明细表

日期	订单编号	客户名称	订单明细	应收金额
2023/1/1	230101	元盛	产品A	3,000.00
2023/1/15	230102	明致	产品B	3,500.00
2023/2/3	230103	浩渺	产品B	3,500.00
2023/2/17	230104	锐思	产品C	4,000.00
2023/3/10	230105	明致	产品B	3,500.00
2023/4/12	230106	元盛	产品A	3,000.00
2023/4/19	230107	鹏翔	产品C	4,000.00
2023/4/29	230108	元盛	产品A	3,000.00
2023/5/7	230109	明致	产品B	3,500.00
2023/5/14	230110	浩渺	产品B	3,500.00
2023/6/18	230111	鹏翔	产品C	4,000.00
合计				38,500.00

图 6-3　把 ChatGPT 回答的函数公式输入 Excel 得到答案

这里所提问的求和用 SUM 函数，是很多财务人都会的，仅作为演示，方便我们一眼就能看出 ChatGPT 的回答是不是正确，把回答直接复制进 Excel 单元格中是不是能运行正常。

显然，结果是乐观的。那么，其他的函数自然也都可以这么应用，再也不用头疼地记下 Excel 所有的函数和公式了。

比如，当你想统计这些应收款项有没有都按时收回，哪笔款项逾期了还没收回，都可以询问相应的函数公式。

先在“应收账款管理明细表”中再添加一列“截止收款日期”（F 列），然后假设每笔应收账款的收款期限为一个月，提问 ChatGPT 公式是什么，如图 6-4 所示。

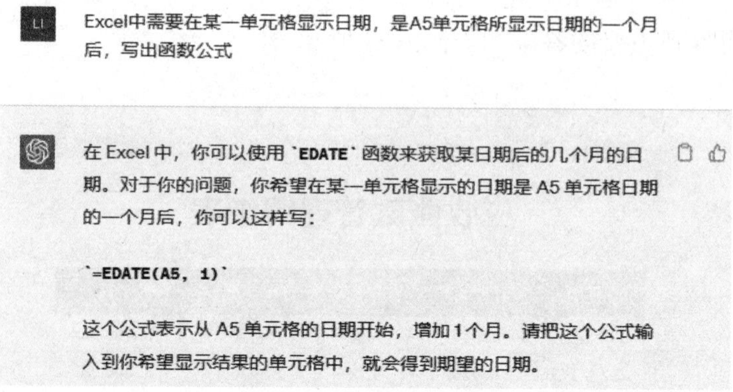

图 6-4　ChatGPT 回答 Excel 日期设置函数公式示例

将函数公式复制到对应的单元格中，点击回车即可显示出第一笔应收账款的截止收款日期，如图 6-5 所示。

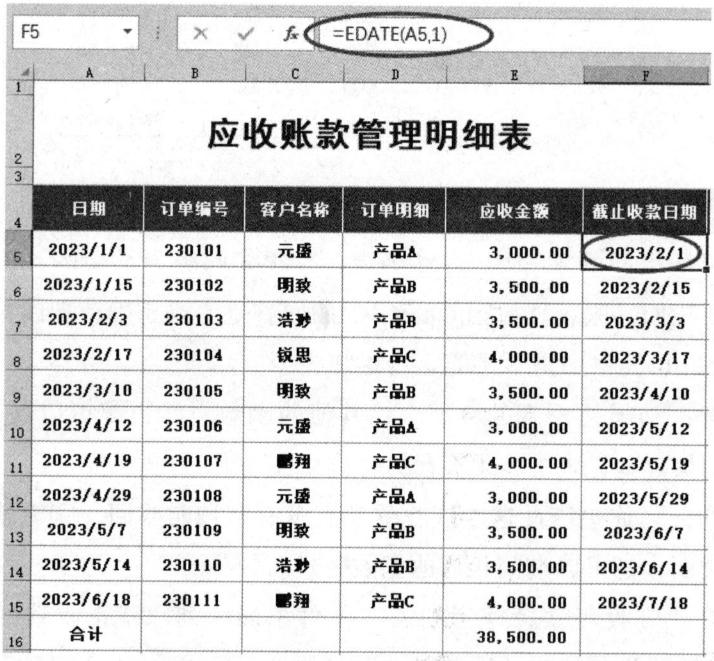

应收账款管理明细表

日期	订单编号	客户名称	订单明细	应收金额	截止收款日期
2023/1/1	230101	元盛	产品A	3,000.00	2023/2/1
2023/1/15	230102	明致	产品B	3,500.00	2023/2/15
2023/2/3	230103	浩玅	产品B	3,500.00	2023/3/3
2023/2/17	230104	锐思	产品C	4,000.00	2023/3/17
2023/3/10	230105	明致	产品B	3,500.00	2023/4/10
2023/4/12	230106	元盛	产品A	3,000.00	2023/5/12
2023/4/19	230107	鹏翔	产品C	4,000.00	2023/5/19
2023/4/29	230108	元盛	产品A	3,000.00	2023/5/29
2023/5/7	230109	明致	产品B	3,500.00	2023/6/7
2023/5/14	230110	浩玅	产品B	3,500.00	2023/6/14
2023/6/18	230111	鹏翔	产品C	4,000.00	2023/7/18
合计				38,500.00	

图 6-5　把 ChatGPT 回答的函数公式输入 Excel 得到答案

然后选中该单元格，把鼠标放到单元格右下角，当鼠标变成“+”，下拉即可复制该公式，对应到每一行，把每笔应收款项的截止收款日期显示出来。

有了截止日期，还需要判断每笔应收账款的资金有没有收回，哪些订单的款项逾期未收回，方便企业进行资金管理。

在本表中，可以再根据收款情况，添加“已收款金额”一列（G列），详细情况可以从记账软件中导出相关的资金流水进行填写，就能据此判断每笔款项是否逾期，还有多少未收款的金额。

是否逾期就要用到 IF 条件函数了，也可以直接问 ChatGPT，如图 6-6 所示。

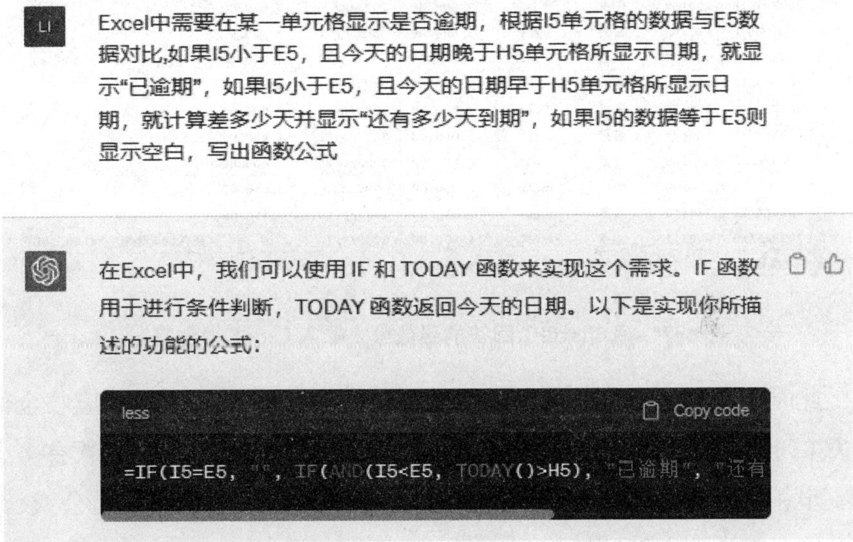

图 6-6 ChatGPT 回答 Excel 中 IF 函数和 TODAY 函数公式示例

由于公式过长，未能显示完全，ChatGPT 回答的公式为“=IF(I5=E5, "", IF(AND(I5<E5, TODAY()>H5), " 已逾期 ", " 还有 " & H5−TODAY() & " 天到期 "))”。

点击右上角的“Copy code”（复制代码）就能复制下来，粘贴到对应的单元格中。

再选中单元格，把鼠标放到单元格右下角，当鼠标变成“+”，下拉复制该公式到每一行，就能把每笔应收款项是否逾期的情况显示出来，如图 6-7 所示。编号为“230104”的订单就显示已逾期，编号为“230111”的订单就显示还有 14 天到期。

H5 =IF(G5=E5,"",IF(AND(G5<E5,TODAY()>F5),"已逾期","还有"&F5-TODAY()&"天到期"))

应收账款管理明细表

日期	订单编号	客户名称	订单明细	应收金额	截止收款日期	已收款金额	是否逾期	未收款金额
2023/1/1	230101	元盛	产品A	3,000.00	2023/2/1	3,000.00		-
2023/1/15	230102	明致	产品B	3,500.00	2023/2/15	3,500.00		-
2023/2/3	230103	浩渺	产品B	3,500.00	2023/3/3	3,500.00		-
2023/2/17	230104	锐思	产品C	4,000.00	2023/3/17	3,000.00	已逾期	1,000.00
2023/3/10	230105	明致	产品B	3,500.00	2023/4/10	3,500.00		-
2023/4/12	230106	元盛	产品A	3,000.00	2023/5/12	3,000.00		-
2023/4/19	230107	鹏翔	产品C	4,000.00	2023/5/19	4,000.00		-
2023/4/29	230108	元盛	产品A	3,000.00	2023/5/29	3,000.00		-
2023/5/7	230109	明致	产品B	3,500.00	2023/6/7	3,500.00		-
2023/5/14	230110	浩渺	产品B	3,500.00	2023/6/14	3,500.00		-
2023/6/18	230111	鹏翔	产品C	4,000.00	2023/7/18	-	还有14天到期	4,000.00
合计				38,500.00		33,500.00		5,000.00

图 6-7　把 ChatGPT 回答的函数公式输入 Excel 得到答案

此时，最后还可以加一列“未收款金额”，即用 E 列的“应收金额”减去 I 列的“已收款金额”即可得出逾期或者未到期的应收账款有多少。这一步相信很多财务人都是知道怎么操作的，如果还是不知道公式，也可以用上面的方法继续提问 ChatGPT。

若是还有想了解的细项，如“收款率”之类的，都可以继续插入列，丰满这个表格。这样，一个完整的应收账款管理明细表就完成了。

有了 ChatGPT，这些财务人压箱底的函数公式都能轻松应用了，只要你能描述清楚想要的内容，ChatGPT 就能直接给出答案，复制粘贴进 Excel，回车一敲，马上搞定。

6.1.2 神奇的数据透视表

在实际工作中，如果领导想要了解公司的应收账款情况，你把上述表格直接交上去的话，很可能会得到一句“没有重点，重做”。

是的，仅仅是数据的详细展示，很难让人快速找到头绪。上面这个应收账款管理明细表仅仅是展示了十几条的数据，如果这些应收账款明细有上百条，是不是会让领导完全找不到想看的结果？这就要用到数据透视表。

所谓数据透视表，其实就是一种交互式的表格，可以对复杂的数据集进行整理和总结。比如，想要找出销售额最高的产品，或者是统计每个季度的盈利情况？只需几个点击，数据透视表就会快速呈现出结果。领导想看哪方面的数据都能直接一眼找到，不需要从满篇的表格数据中自行计算。

数据透视表最大的优点就是强大的数据处理能力。即使你面对的是上千行、上万行的数据，也能轻松驾驭。它能将数据进行横向和纵向的对比分析，帮助我们找出数据中的规律和趋势，并用直观的方式展示关键信息。比起其他方法，这很明显更省力、更高效。

数据透视表还有另一个亮点，就是灵活性和个性化设置。我们可以根据自己的需求，自由调整数据的显示方式。比如，我们可以将数据按照产品、地区，甚至是销售人员来分类，也可以选择不同的计算方式，如总和、平均值、最大值或最小值。

对于财务人来说，数据透视表的助力相当凸显。想要进行成本分析，找出费用最多的部门，或者是预测未来的销售趋势？数据透视表都能轻松搞定。我们甚至可以创建一个交互式的仪表板，实时监控公司的财务状况，不再需要一个一个单元格地进行计算和对比。

更重要的是，利用数据透视表，可以从大量数据中发现隐藏的模式和趋势，为公司的决策提供有力的支持。也许你会发现，原来最赚钱的并不是销量最大的产品，或者是在某些季度，某个地区的销售额出奇地高。这些重要的信息，都可能影响到公司的战略决策。

学习数据透视表的制作其实是很容易的，即使你不懂 VBA 编程或 SQL 查询语言，也能轻松掌握数据透视表的使用。当然，如果你有这些高级知识，就能更好地利用数据透视表，实现更多的数据分析功能。现在就有个现成的老师——ChatGPT。

不懂就问，现在开始，如图 6-8 所示。

LI 怎么用Excel创建数据透视表，列出详细的步骤

在Excel中创建数据透视表的步骤如下：

1. 打开包含你需要创建数据透视表的数据的Excel工作表。
2. 选择你的数据。你可以通过点击并拖动来选择数据，或者如果你的数据是整个工作表，你可以通过点击工作表的左上角来选择整个工作表。
3. 点击顶部菜单的 "插入"（Insert）。
4. 在 "插入"（Insert）菜单中，找到并点击 "数据透视表"（PivotTable）。
5. 在 "创建数据透视表" 的对话框中，确认你的数据范围正确。在 "选择表格或区域" 下应该显示你刚才选择的数据范围。
6. 下一步是选择数据透视表的位置。你可以选择在新的工作表中创建，或者在当前工作表的特定位置创建。选择你的位置后，点击 "确定"（OK）。
7. 现在你会看到一个空的数据透视表，以及一个数据透视表字段列表。你可以通过拖拽字段到数据透视表的不同区域（如行标签、列标签、值等）来决定数据如何显示。
8. 在 "值" 区域添加字段时，Excel会自动根据数据类型选择汇总方式，如求和、计数等。如果需要，你可以点击 "值" 区域中的字段并选择 "值字段设置" 修改汇总方式。

以上就是在Excel中创建数据透视表的步骤。如果你的数据很大，数据透视表可以帮你更好地理解和分析数据。

图 6-8　ChatGPT 回答如何创建数据透视表

根据 ChatGPT 的提示我们就可以开始操作了，仍然以刚刚的应收账款管理明细表为例。领导说你没重点，那就给他重点。比如，在应收账款中，领导关心的肯定是哪笔钱还没收回来，是哪个客户的欠款，欠多少。我们可以用数据透视表呈现出来，一下子抓住重点。

第一步，打开应收账款管理明细表。

第二步，选中数据区域，就是不带表头题目和最后合计一行的中间数据区。

第三步和第四步，点击插入“数据透视表”，如图 6-9 所示。

图 6-9 Excel 插入“数据透视表”

第五步和第六步，确认数据范围和数据透视表的插入位置，如图 6-10 所示。

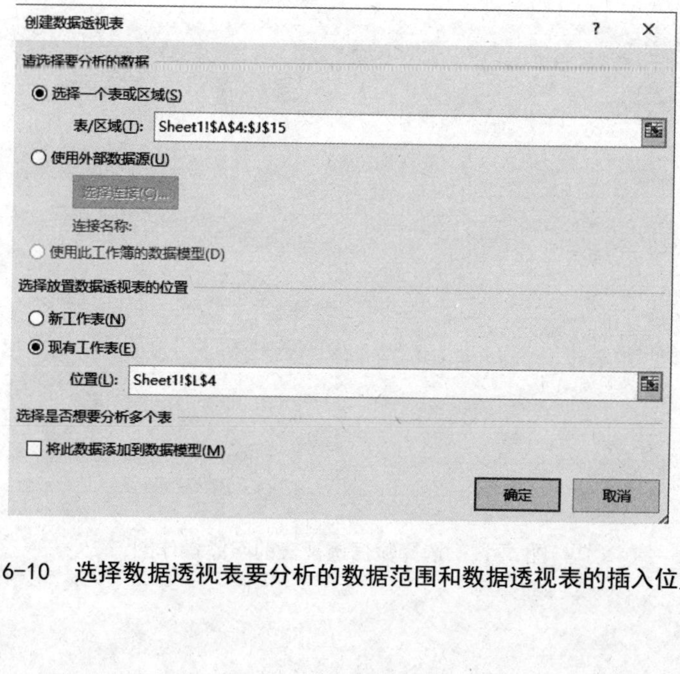

图 6-10 选择数据透视表要分析的数据范围和数据透视表的插入位置

这里选择插入原工作表，是为了方便同时查看详细数据。如果后期需要专门做汇报，仅仅展示大致的结果，就可以把数据透视表插入新工作表中，只展示“重点”内容。

第七步是选择数据透视表的字段，点击上方区域的字段，拖拽至下方对应的区域即可，如图 6-11 所示。

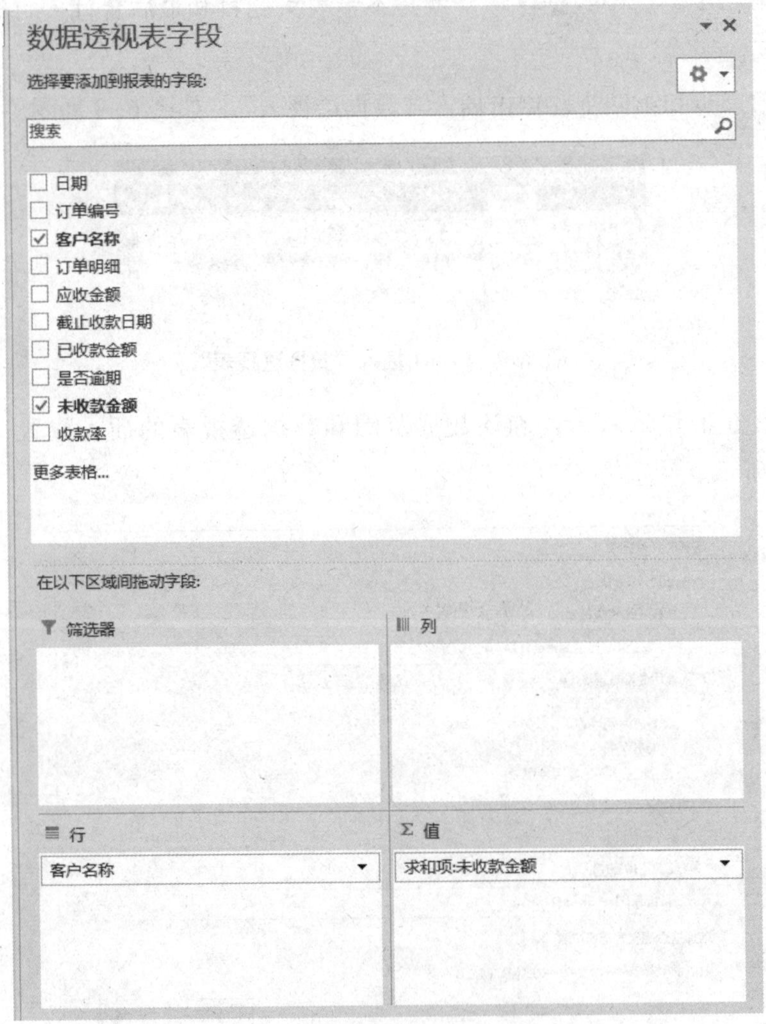

图 6-11　选择数据透视表的字段操作图

可以看到，上方区域的字段就是应收账款管理明细表的各个项，下方区域有四个区域，分别是筛选器、列、行、值。需要往每个区域里填入上方显示的字段。

筛选器区域用于过滤我们需要的数据，只显示我们关心的部分数据。列代表在数据透视表的列中显示的字段。行代表数据透视表的行中显示的字段。值是要进行计算的数据。这个区域通常填入的都是数值型的数据，如销售额、利润、未收款的金额等，可以对这些数据进行各种计算，包括求和、平均、计数等。

字段的选择是根据我们的数据分析目标来确定的。例如，如果想分析不同商品类别在不同地区的销售额，那么你可能需要将商品类别设置为列，销售地区设置为行，销售额设置为值。如果还想查看特定的时间段（如某个月份），那么可以将时间设置为筛选器。

当然，如果还是不知道怎么选，也可以把自己想分析的目标告诉ChatGPT，让它帮你选，如图 6-12 所示。

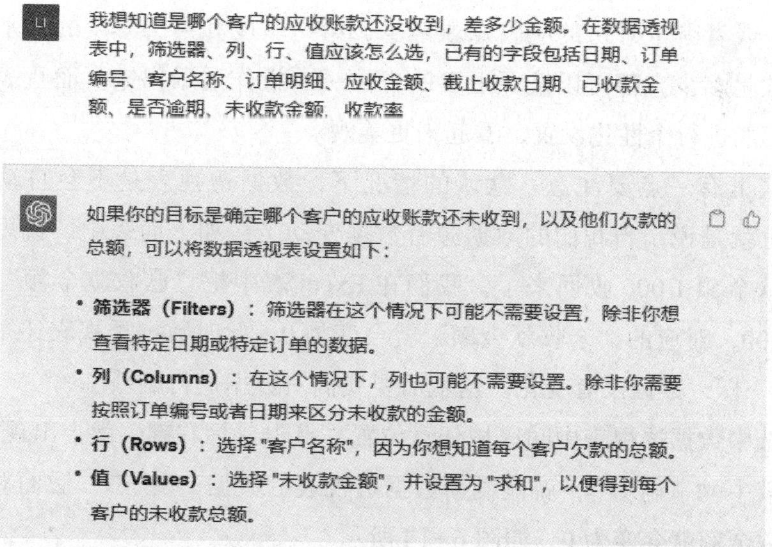
LI

我想知道是哪个客户的应收账款还没收到，差多少金额。在数据透视表中，筛选器、列、行、值应该怎么选，已有的字段包括日期、订单编号、客户名称、订单明细、应收金额、截止收款日期、已收款金额、是否逾期、未收款余额，收款率

如果你的目标是确定哪个客户的应收账款还未收到，以及他们欠款的总额，可以将数据透视表设置如下：

- **筛选器（Filters）**：筛选器在这个情况下可能不需要设置，除非你想查看特定日期或特定订单的数据。
- **列（Columns）**：在这个情况下，列也可能不需要设置。除非你需要按照订单编号或者日期来区分未收款的金额。
- **行（Rows）**：选择 "客户名称"，因为你想知道每个客户欠款的总额。
- **值（Values）**：选择 "未收款金额"，并设置为 "求和"，以便得到每个客户的未收款总额。

图 6-12 ChatGPT 回答数据透视表如何选择字段示例

选好字段，就会在我们之前指定的位置工作表 1 的 L 列 4 行，得到如下的数据透视表，如图 6-13 所示。

行标签	求和项:未收款金额
浩渺	0
明致	0
鹏翔	4000
锐思	1000
元盛	0
总计	**5000**

图 6-13　生成的数据透视表

数据透视表已经直接呈现出是哪个客户欠款，欠多少，是不是重点相当突出？如果我们还有其他的需要，如想知道是哪个产品的应收账款最多，或者哪个月份的应收账款最少，第一季度和第二季度的月平均应收账款是多少，都可以按照上面的方法一一操作展示出来。而且表格的样式都能进行个性化设置，看起来更美观。

这里有一点要注意，默认的情况下，数据透视表是不会自动刷新的，也就是说，当我们的数据源有数据变动了，如上面表中“锐思”的未收款金额 1 000 收回来了，我们在 Excel 表中把“已收款金额”改成了 4 000，对应的“未收款金额”就会变为 0，此时数据透视表还是如图 6-13 一样，数据没有变化。这就需要我们对数据进行刷新。

选中数据透视表中间区域任意位置，点击鼠标右键，就会出现菜单，选择其中的“刷新”，就能刷新数据透视表的数据，“锐思”后面对应的未收款金额就会变为 0，如图 6-14 所示。

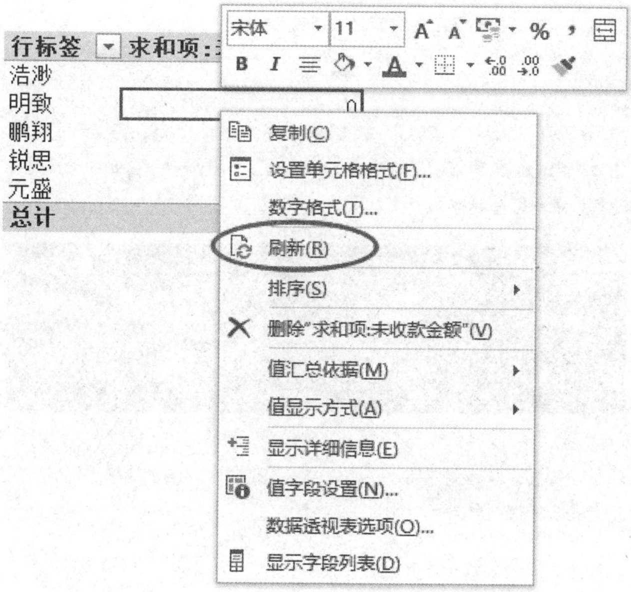

图 6-14 数据透视表数据手动刷新

有的人会觉得这也太麻烦了，就不能我一改原始数据，数据透视表就能实时刷新的方法吗？

有，用 VBA 编辑器写一段代码嵌入这个功能就好了。

等等，你说你不会写代码？这又不是什么难事，问 ChatGPT 呀，如图 6-15 所示。

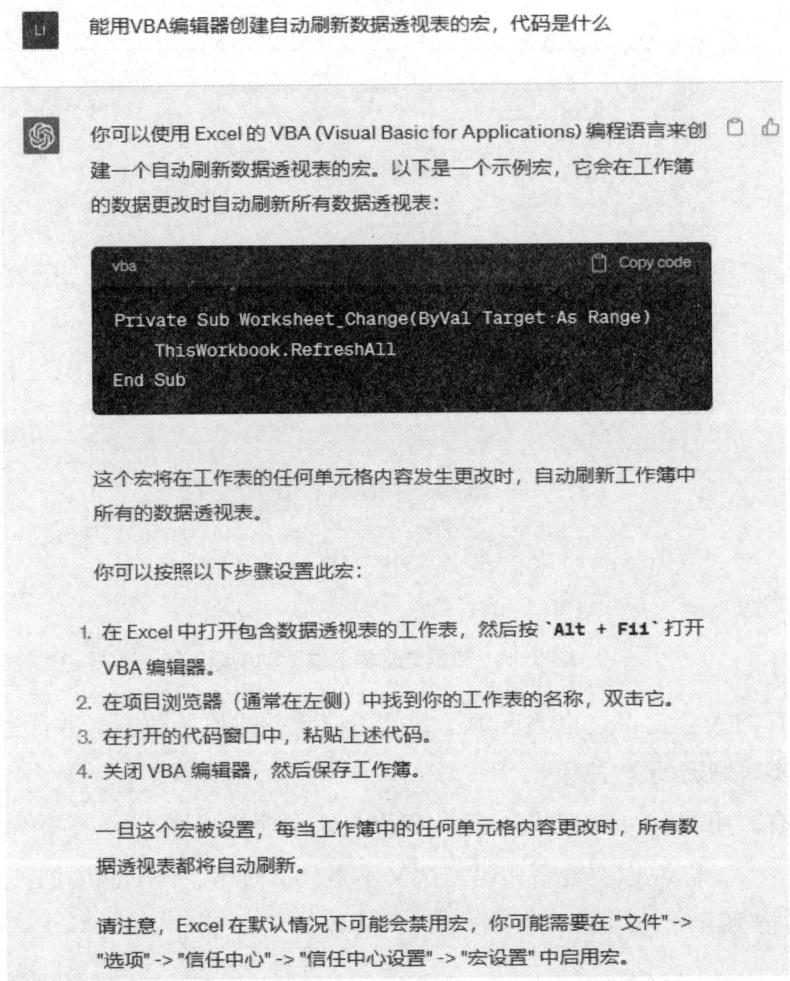

LI 能用VBA编辑器创建自动刷新数据透视表的宏，代码是什么

你可以使用 Excel 的 VBA (Visual Basic for Applications) 编程语言来创建一个自动刷新数据透视表的宏。以下是一个示例宏，它会在工作簿的数据更改时自动刷新所有数据透视表：

vba Copy code

```vba
Private Sub Worksheet_Change(ByVal Target As Range)
    ThisWorkbook.RefreshAll
End Sub
```

这个宏将在工作表的任何单元格内容发生更改时，自动刷新工作簿中所有的数据透视表。

你可以按照以下步骤设置此宏：

1. 在 Excel 中打开包含数据透视表的工作表，然后按 `Alt + F11` 打开 VBA 编辑器。
2. 在项目浏览器（通常在左侧）中找到你的工作表的名称，双击它。
3. 在打开的代码窗口中，粘贴上述代码。
4. 关闭 VBA 编辑器，然后保存工作簿。

一旦这个宏被设置，每当工作簿中的任何单元格内容更改时，所有数据透视表都将自动刷新。

请注意，Excel 在默认情况下可能会禁用宏，你可能需要在 "文件" -> "选项" -> "信任中心" -> "信任中心设置" -> "宏设置" 中启用宏。

图 6-15　ChatGPT 回答数据透视表数据自动刷新操作示例

ChatGPT 不仅直接给出了代码，还告诉了我们应该怎么一步一步操作，甚至提供了可能遇到的情况怎么解决。对着做一遍，看看是不是真的能实现吧。

在刚才的 Excel 表中按键盘的“Alt+F11”调出来 VBA 编辑器，然后双击表 1（数据透视表所在位置），然后直接在右侧空白区域粘贴上

ChatGPT 给出的代码，如图 6-16 所示。

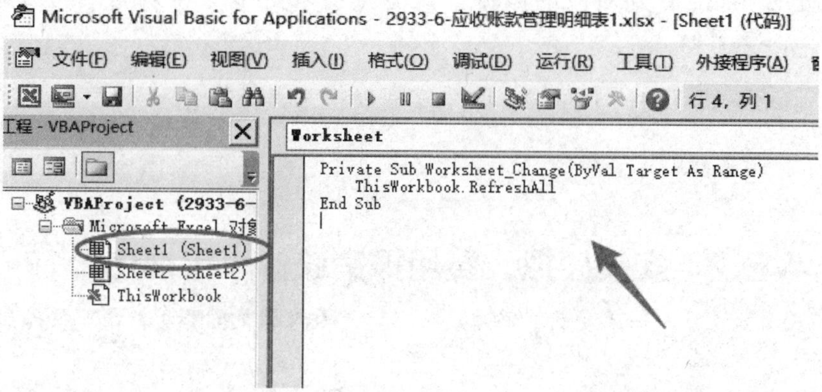

图 6-16 用 VBA 编辑器创建自动刷新数据透视表的宏

然后我们点击关闭，保存表格。Excel 会提示你，是不是需要把这个宏创建成一个模板，应用到所有的 Excel 表格中。这个看个人需求，我们暂时选择“是”，就可以直接在当前的工作表中应用，做到数据透视表的自动刷新，如图 6-17 所示。

行标签	求和项:未收款金额
浩渺	0
明致	0
鹏翔	4000
锐思	0
元盛	0
总计	**4000**

图 6-17 数据透视表数据自动刷新

此时，“锐思”的未收款金额已经变成 0 啦，就算我们再去调整其他的数据，也都能自动刷新了。

在实际工作中，如果觉得只有表格的展示太单一，用图比表更容易展示出数据的动态变化和趋势，还可以继续插入数据透视图，把图与表交互起来。修改一处数据，图也能随着修改而实时变化；任意选择一个“月份”，都能看到对应的数据。就能做出来更多“高大上”的炫酷图表了。

心动不如行动，下面跟着两个实战模拟来具体操作一下吧。

6.2 实战模拟：费用报销统计表可视化

——不费吹灰之力，做出一张令人惊艳的费用报销可视化表格。

接上一回，公司新一年成本管控严格，财务经理让你更新了费用报销制度，你提交之后，经理审核并且完善了一遍，在全公司下发。新的费用报销制度开始实行。这时候，新的任务也就来了。为了更好地管控公司费用，要求你每一笔费用报销情况都要登记，然后统计出来各项费用的报销金额，每个部门的费用报销金额总计有多少，每个月结账后上报一次。经理还说，争取做得漂亮点，总经理也会看，重点一定要突出，做得好可能还要你在公司会议上汇报费用报销的情况。你回到工位上，理清头绪，开始一步一步来吧。

6.2.1 费用报销的逐笔登记

做费用报销统计表，当然要先想好需要统计哪些信息。基本的信息包括报销的日期、费用项目、报销金额、报销人、报销部门、费用说明（是预算内的一般费用，还是预算外的特殊费用），最后还要有备注，用来解释一些特殊情况。

想好这些信息，就可以打开 Excel 新建表格了。把这些项目都输入进去，得到一个初始的费用报销统计表，如图 6-18 所示。

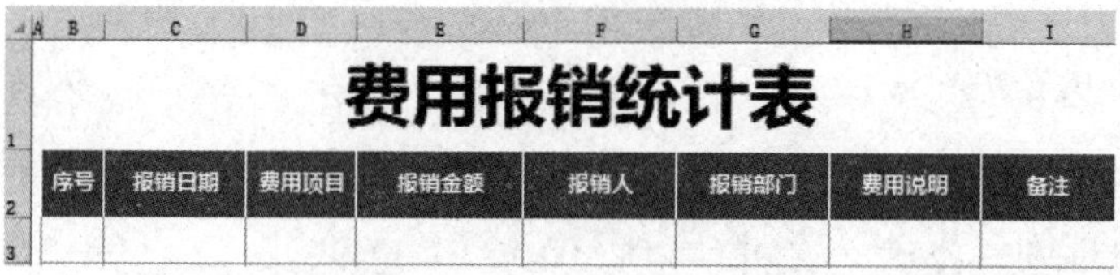

图 6-18 新建费用报销统计表

设想一下，以后需要一条一条输入每笔费用报销的信息，出错的概率太大了，万一写了错别字，或者自己对费用项目的称呼不一致怎么办？同样是购买办公用品，今天输入了“办公费”，明天又成了“办公用品费”，这样后期做数据透视表的时候，就很难准确统计了。

怎么办呢？看看 ChatGPT 是如何回答的，如图 6-19 所示。

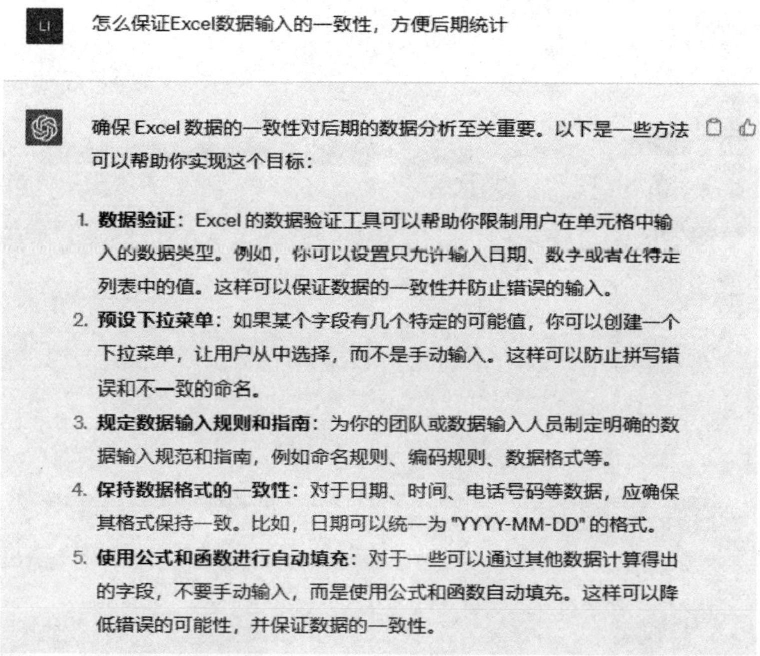
LI 怎么保证Excel数据输入的一致性，方便后期统计

确保 Excel 数据的一致性对后期的数据分析至关重要。以下是一些方法可以帮助你实现这个目标：

1. **数据验证**：Excel 的数据验证工具可以帮助你限制用户在单元格中输入的数据类型。例如，你可以设置只允许输入日期、数字或者在特定列表中的值。这样可以保证数据的一致性并防止错误的输入。
2. **预设下拉菜单**：如果某个字段有几个特定的可能值，你可以创建一个下拉菜单，让用户从中选择，而不是手动输入。这样可以防止拼写错误和不一致的命名。
3. **规定数据输入规则和指南**：为你的团队或数据输入人员制定明确的数据输入规范和指南，例如命名规则、编码规则、数据格式等。
4. **保持数据格式的一致性**：对于日期、时间、电话号码等数据，应确保其格式保持一致。比如，日期可以统一为 "YYYY-MM-DD" 的格式。
5. **使用公式和函数进行自动填充**：对于一些可以通过其他数据计算得出的字段，不要手动输入，而是使用公式和函数自动填充。这样可以降低错误的可能性，并保证数据的一致性。

图 6-19 ChatGPT 回答 Excel 如何保证数据输入一致示例

这几个方法给了你很大的灵感，你决定综合应用起来。回到自己新建的表格中，第一项“序号”先不用管，就是从 1 开始编号，自动下拉填充就可以了。

第二项“报销日期”，这里需要设置只能输入日期，并且规定好日期输入的规则，不能一会儿“20230106”，一会儿“2023/1/6”，这一步也很容易，直接选中“报销日期”所在的 C 列，右键菜单选择“设置单元格格式”，在“数字”下属菜单中选择“日期”，然后点击一个你需要的类型即可，最后点确定，如图 6-20 所示。当然，如果你还是不知道怎么做，也能提问 ChatGPT：“怎么设置 Excel‘报销日期’这一列填入的日期格式一致？”

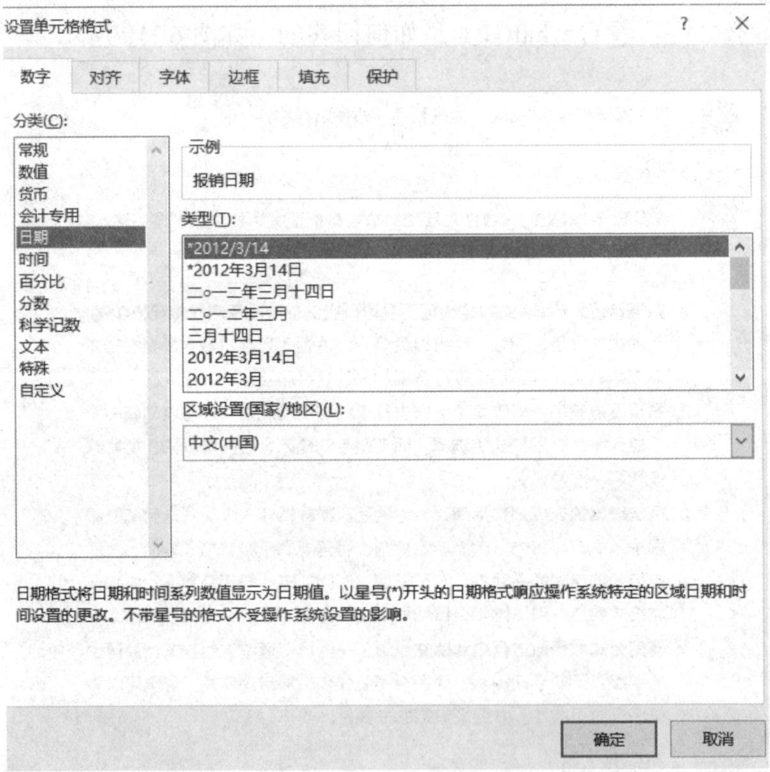

图 6-20　设置“报销日期”所在列的单元格格式

第三项是“费用项目”，这里就用到“预设下拉菜单”了，可以提供预设的选项供自己选择，减少输入错误的可能性，也能加快数据录入的效率，为后面的数据统计做准备。具体操作步骤可以问ChatGPT，如图6-21所示。

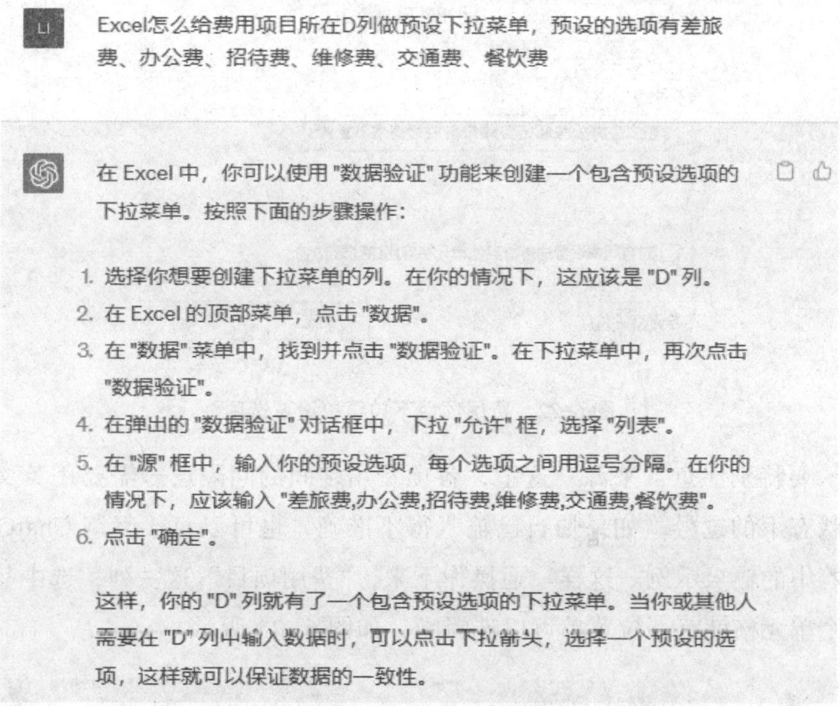

图6-21　ChatGPT回答Excel如何设置预设下拉菜单示例

跟着以上步骤就能直接完成了。因为Excel版本的不同，ChatGPT的回答可能与自己的版本名称有出入，这里大概选择名称相似的选项就可以了。比如，在本次演示中，第四步的下拉“允许”框，没有“列表”这个选项，选择的是“序列”，如图6-22所示。

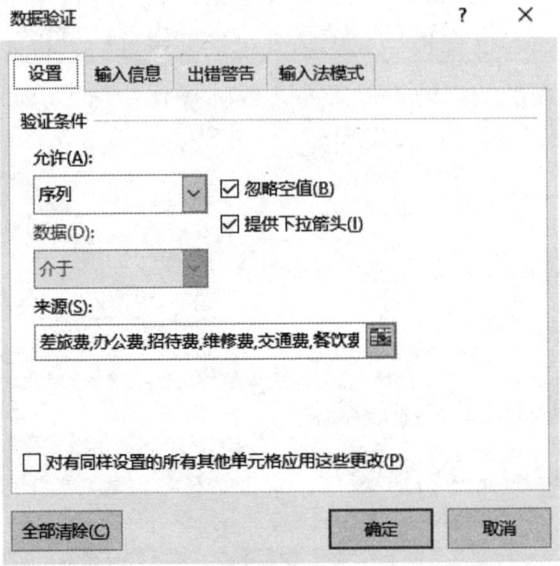

图 6-22　费用项目下拉菜单设置选项

要特别注意“来源”这里，各项费用之间的间隔逗号需要用英文字符状态下的逗号。如果怕自己输入得不准确，也可以直接复制 ChatGPT 回答中的输入示例。这样一通操作下来，“费用项目”这一列，选中其中一个单元格就有下拉菜单可以选择啦，如图 6-23 所示。

图 6-23　费用项目下拉菜单设置完成展示

第四项是“报销金额”，这里按照第二项“报销日期”的设置步骤设置单元格格式即可，选择“数值”，小数位数根据需要自行决定，这里先设置成保留 2 位小数。

第五项是“报销人”，因为公司的员工人数很多，每个人的名字都不一样，后期也是统计不同部门的费用，不需要统计每个人的费用最多，所以这里设置本列的单元格格式为“文本”即可，方便后期输入不同的人名。

第六项是“报销部门”，这里也需要预设下拉菜单，按照公司的具体部门进行设置，步骤参考第三项“费用项目”的设置步骤，这里先设置“销售部、市场部、财务部、人事部、后勤部”这些选项。

第七项是“费用说明”，是为了表明这笔费用是预算内的一般费用，还是预算外的特殊费用。这里也可以参照之前的步骤，预设“一般费用”“特殊费用”两个下拉选项。

第八项是备注，单元格格式设置为“文本”即可，方便后期输入特殊说明，这里一般也是不需要统计的项目。

这样，后期就可以逐笔登记本月的费用报销情况了。

6.2.2 费用的两个维度统计

月底结账了，本月的费用报销情况已经都登记完成了，你忽然想起来，经理说要统计出来各项费用的报销金额是多少，还有每个部门的费用报销金额总计有多少。

这里显然要做两个数据透视表，当插入数据透视表后，你又不知道字段应该怎么选了，赶紧问问 ChatGPT 吧，如图 6-24 所示。

LI

我想查看每项费用的报销金额总计是多少。在数据透视表中，筛选器、列、行、值应该怎么选，已有的字段包括序号、报销日期、费用项目、报销金额、报销人、报销部门、费用说明、备注

要在数据透视表中查看每项费用的报销金额总计，你可以按照以下方式设置字段：

1. **筛选器**：这个区域通常用于添加你可能想基于其值来过滤结果的字段。在这个场景中，你可能不需要使用筛选器，除非你想按报销人或报销部门等字段来过滤数据。
2. **列**：这个区域可以空着，除非你想看到某些字段（比如报销人或报销部门）在列中的分布。
3. **行**：在这里，你应该选择"费用项目"。这样，数据透视表将为每个不同的费用项目生成一行。
4. **值**：在这里，你应该选择"报销金额"，并确保从下拉菜单中选择"总计"或"求和"。这样，数据透视表将计算每个费用项目的报销金额总计。

以上设置完成后，你应该能看到一个表格，其中行表示不同的费用项目，值表示每个费用项目的报销金额总计。如果你想看到数据的其他视图，你可以随时更改行、列或值中的字段。

图 6-24　ChatGPT 回答每项费用报销金额统计数据透视表选择字段示例

根据以上提示，选好字段之后，就能出来各项费用报销金额统计数据透视表，然后你可能还需要提问统计每个部门的费用报销金额应该怎么选字段。当两个数据透视表都创建完成，就出现了如图 6-25 所示的样子。别忘了按照之前的步骤设置数据透视表的数据自动刷新。

行标签	求和项：报销金额
办公费	2800
餐饮费	1247
差旅费	4690
交通费	454
其他费用	3039
维修费	200
招待费	1990
总计	**14420**

行标签	求和项：报销金额
财务部	1199
后勤部	320
人事部	2239
市场部	6180
销售部	4482
总计	**14420**

图 6-25　费用报销统计数据透视图创建完成

虽然数据展示全了，但是这两个表看起来可不怎么美观，别忘了经理说尽量做得漂亮点，这个表还要给总经理看。

你可以对上面的“行标签”和“求和项：报销金额”进行编辑，改成相应的内容，然后设置字符居中，并修改颜色和表格格式，让这两个表看起来更美观一点。当然，如果位置不合适，也可以把表格剪切下来，粘贴到你认为更合适的位置。最后整体效果如图 6-26 所示。

费用报销统计表

序号	报销日期	费用项目	报销金额	报销人	报销部门	费用说明	备注
1	2023/1/6	办公费	800.00	张三	人事部	一般费用	
2	2023/1/6	招待费	500.00	李四	市场部	一般费用	
3	2023/1/9	交通费	120.00	王五	后勤部	一般费用	
4	2023/1/11	差旅费	2,100.00	赵一	销售部	一般费用	
5	2023/1/11	维修费	200.00	王五	后勤部	一般费用	
6	2023/1/11	招待费	310.00	吴娴	销售部	一般费用	
7	2023/1/13	餐饮费	982.00	赵一	销售部	一般费用	年前团建
8	2023/1/13	交通费	236.00	孙柒	财务部	一般费用	
9	2023/1/18	差旅费	1,800.00	钱二	市场部	一般费用	
10	2023/1/18	招待费	300.00	吴娴	销售部	一般费用	
11	2023/1/18	办公费	600.00	张三	人事部	一般费用	
12	2023/1/18	其他费用	39.00	张三	人事部	一般费用	快递费
13	2023/1/20	招待费	400.00	钱二	市场部	一般费用	
14	2023/1/20	交通费	98.00	刘陆	财务部	一般费用	
15	2023/1/20	餐饮费	265.00	刘陆	财务部	一般费用	年前团建
16	2023/1/20	差旅费	790.00	吴娴	销售部	一般费用	
17	2023/1/20	办公费	800.00	张三	人事部	一般费用	
18	2023/1/29	招待费	480.00	李四	市场部	一般费用	
19	2023/1/31	办公费	600.00	刘陆	财务部	一般费用	
20	2023/1/31	其他费用	3,000.00	李四	市场部	特殊费用	管理咨询

部门	费用总额
财务部	1199
后勤部	320
人事部	2239
市场部	6180
销售部	4482
合计	14420

费用项	费用总额
办公费	2800
餐饮费	1247
差旅费	4690
交通费	454
其他费用	3039
维修费	200
招待费	1990
合计	14420

图 6-26　费用报销统计表明细和数据透视表

6.2.3　更加直观的数据透视图

你看了看做好的费用报销统计表，总觉得只有两个单薄的数据透视表还是不能直观地显示出来哪项费用最多，每个部门的费用报销金额对比，思来想去，还是用图来展示更加美观，也更能凸显重点。

这就要用到数据透视图了。数据透视图是一种可视化工具，就是用图形展示复杂的数据，让人一眼识别出数据中的模式、趋势和关系，使报表更具吸引力和说服力。

现在你已经有数据透视表了，只不过要把这两个表做成图罢了。具体的操作步骤还是问 ChatGPT，如图 6-27 所示。

LI 有了数据透视表，怎么做数据透视图

有了数据透视表之后，创建数据透视图是相当直接的。以下是操作步骤：

1. 首先，选中你的数据透视表的任何单元格。
2. 点击 Excel 的顶部菜单中的 "插入"。
3. 在 "插入" 菜单中，你会看到一个 "图表" 的部分。这里有很多不同类型的图表可以选择，比如柱状图、折线图、饼图等。选择一个适合你数据的图表类型。
4. 选择了图表类型后，Excel 会在你的工作表上创建一个新的图表，这个图表是基于你的数据透视表的。
5. 你可以通过点击图表，然后在右上角选择 "格式" 和 "设计" 选项，来修改图表的设计和格式。

图 6-27　ChatGPT 回答数据透视图创建步骤示例

跟着步骤来操作，你就能得到两个初始的图形。其实，这个插图的方式与普通对应图标插图的方式基本是一样的，只不过这次是根据数据透视表插入对应的图标，不是根据普通的数据区域。

这里部门费用统计选择的是条形图，费用项目统计选择的是柱状图，如图 6-28 所示。

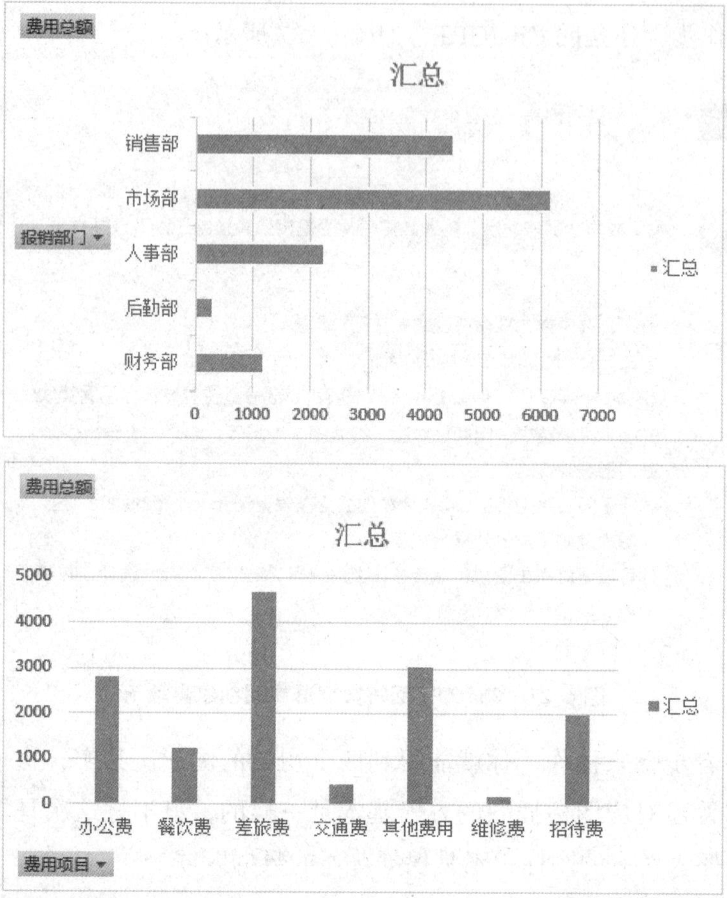

图 6-28　创建完成的数据透视图

很显然，这两个图不太美观，这就需要发挥你的审美能力，对这两个图进行颜色、位置、图例选项等各项内容的美化设置。比如，把表头位置的颜色设置成黑色，字体设置为白色，凸显反差；接着加宽标题行，把数据透视图选择一个同色的模板放置在最显眼的位置，删除不必要的图名，添加数据标签，加粗图里的字体和数字，然后调整位置和大小，让两个数据透视图看起来更加协调……

经过一番折腾，你完成的费用报销统计表终于成了下图的样子，如图 6-29 所示。

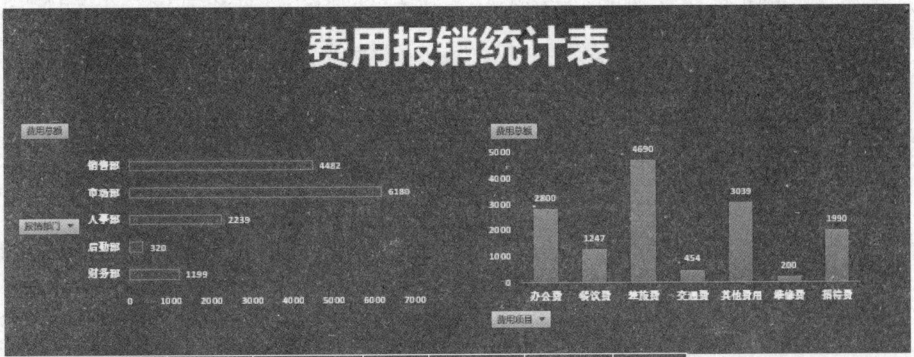

序号	报销日期	费用项目	报销金额	报销人	报销部门	费用说明	备注
1	2023/1/6	办公费	800.00	张三	人事部	一般费用	
2	2023/1/6	招待费	500.00	李四	市场部	一般费用	
3	2023/1/9	交通费	120.00	王五	后勤部	一般费用	
4	2023/1/11	差旅费	2,100.00	赵一	销售部	一般费用	
5	2023/1/11	维修费	200.00	王五	后勤部	一般费用	
6	2023/1/11	招待费	310.00	吴捌	销售部	一般费用	
7	2023/1/13	餐饮费	982.00	赵一	销售部	一般费用	年前团建
8	2023/1/13	交通费	236.00	孙柒	财务部	一般费用	
9	2023/1/18	差旅费	1,800.00	钱二	市场部	一般费用	
10	2023/1/18	招待费	300.00	吴捌	销售部	一般费用	
11	2023/1/18	办公费	600.00	张三	人事部	一般费用	
12	2023/1/18	其他费用	39.00	张三	人事部	一般费用	快递费
13	2023/1/20	招待费	400.00	钱二	市场部	一般费用	
14	2023/1/20	交通费	98.00	刘陆	财务部	一般费用	
15	2023/1/20	餐饮费	265.00	刘陆	财务部	一般费用	年前团建
16	2023/1/20	差旅费	790.00	吴捌	销售部	一般费用	
17	2023/1/20	办公费	800.00	张三	人事部	一般费用	
18	2023/1/29	招待费	480.00	李四	市场部	一般费用	
19	2023/1/31	办公费	600.00	刘陆	财务部	一般费用	
20	2023/1/31	其他费用	3,000.00	李四	市场部	特殊费用	管理咨询

部门	费用总额
财务部	1199
后勤部	320
人事部	2239
市场部	6180
销售部	4482
合计	14420

费用项目	费用总额
办公费	2800
餐饮费	1247
差旅费	4690
交通费	454
其他费用	3039
维修费	200
招待费	1990
合计	14420

图 6-29 美化后的费用报销统计表

6.2.4 用切片器加强可视化效果

到了这一步，其实已经可以提交给财务经理了，但是考虑到后期可能还需要汇报费用的报销情况，展示各个部门的费用总计，怎么能进一步增加可视化的效果呢？用切片器无疑是比较好的选择。

在 Excel 中，切片器是一种强大的工具，其功能有点像遥控器，点击按钮就能快速切换数据展示情况，进行直观的筛选和排序，与切换电视频道一样简单，不用复杂的筛选条件和过程。更重要的是，切片器展示的结果是实时的，具有非常好的视觉效果。

至于切片器怎么创建，如果你不清楚步骤，ChatGPT 仍然可以给你回答，如图 6-30 所示。

LI 有了数据透视表，怎么创建切片器

在数据透视表中创建切片器的步骤相当直接，下面是具体步骤：

1. 首先，点击你的数据透视表中的任何单元格，以选中数据透视表。
2. 在 Excel 的顶部菜单，点击 "数据透视表分析" 或 "数据透视表工具" （这取决于你的 Excel 版本）。
3. 在 "数据透视表分析" 或 "数据透视表工具" 面板中，选择 "插入切片器"。
4. 在出现的对话框中，你将看到你的数据源的所有字段。从列表中选择你希望创建切片器的字段（例如，如果你想过滤特定的费用项目，就选择 "费用项目" 字段），然后点击 "确定"。
5. 切片器将出现在你的工作表中。你可以通过点击切片器中的各项来过滤你的数据透视表。
6. 如果你想选择多个项，可以按住 Ctrl 键然后点击多个项。如果你想清除过滤器，只需点击切片器右上角的小图标。

图 6-30　ChatGPT 回答创建切片器步骤示例

跟着操作吧，先点击其中一个数据透视表的任意单元格，然后找到“插入切片器”，根据 Excel 版本不同可能略有出入，本次演示位置在“数据透视表工具”中“分析”一栏，下有“插入切片器”选项，如图 6-31 所示。

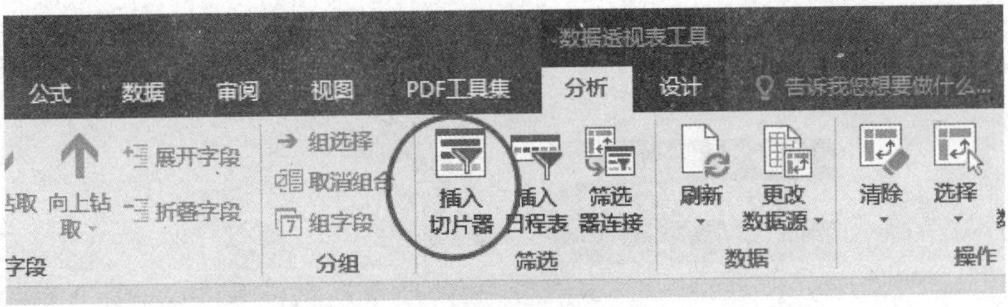

图 6-31　为数据透视表插入切片器

然后选择字段，部门费用的数据透视表就选择“报销部门”，各项费用的数据透视表就选择“费用项目”，然后你就得到了两个对应的切片器，如图 6-32 所示。

部门	费用总额
财务部	1199
后勤部	320
人事部	2239
市场部	6180
销售部	4482
合计	14420

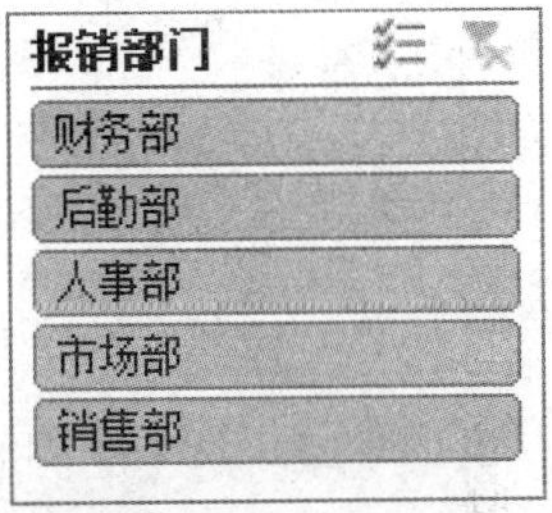

费用项目	费用总额
办公费	2800
餐饮费	1247
差旅费	4690
交通费	454
其他费用	3039
维修费	200
招待费	1990
合计	14420

图 6-32　切片器插入完成展示

这两个切片器能实现什么功能呢？就是“筛选”。比如，当你点击

“销售部”，代表只展示销售部的费用数据，点击“差旅费”对应的数据透视表也会相应地只展示“差旅费”的数据，如图 6-33 所示。

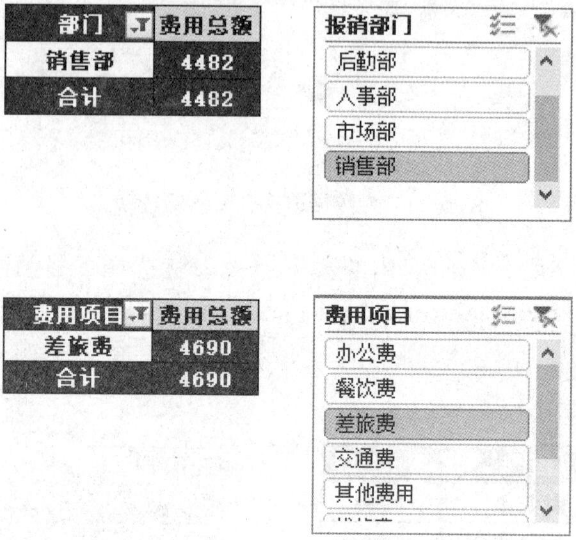

图 6-33　切片器筛选数据透视表效果

同样，对应的数据透视图也是这样，只会展示相应的数据，如图 6-34 所示。

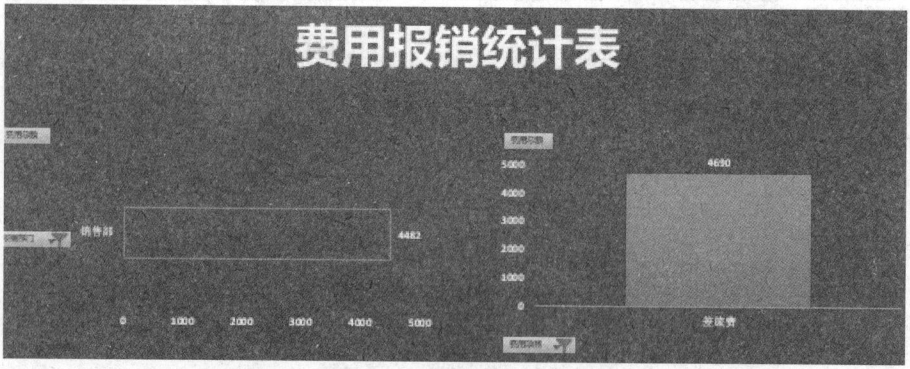

图 6-34　切片器筛选数据透视图效果

这在汇报展示的时候更能凸显出重点，尤其是介绍某一个部门的费用，或者谈到某一项具体费用的时候就能派上用场。差旅费就是本月费用最多的一个项目，单独拿出来讲的概率很大。

切片器也是可以美化的。点击切片器，上方导航栏就会出现“切片器工具”—“选项”，如图 6-35 所示。然后，你可以选择切片器的样式，调整切片器的“列”让它横向展示，还能调整高度、宽度等，总之按照你的审美来即可。

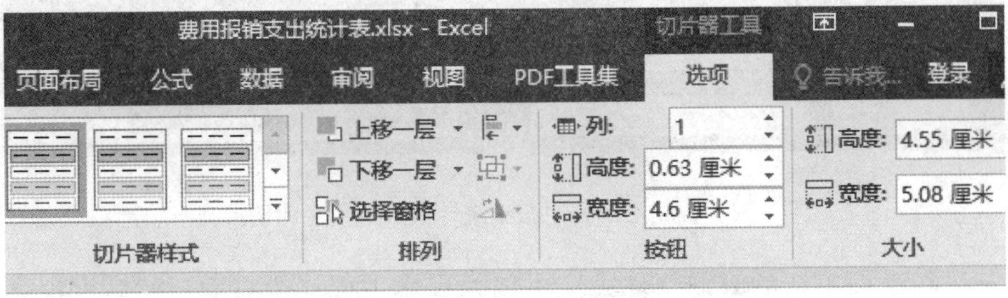

图 6-35 切片器设置菜单

当然，在真正汇报展示的时候，为了让内容更简洁，你完全可以只展示数据透视图和切片器。选中下方的费用报销明细所在“行”，点击鼠标右键选择“隐藏”，就能只剩下上方的标题和数据透视图，或者你可以在该表格文件中新建一个工作表，然后把这些要展示的内容放到新的工作表中，切片器也能移动过去，如果你不知道怎么移动，可以问 ChatGPT。

这样就能单独展示各部门的费用或各费用项目的报销情况了，而不需要把下面的明细展示出来，会使汇报的效果更好。

当我们移动并且美化完成，就可以成为如图 6-36 的样子。

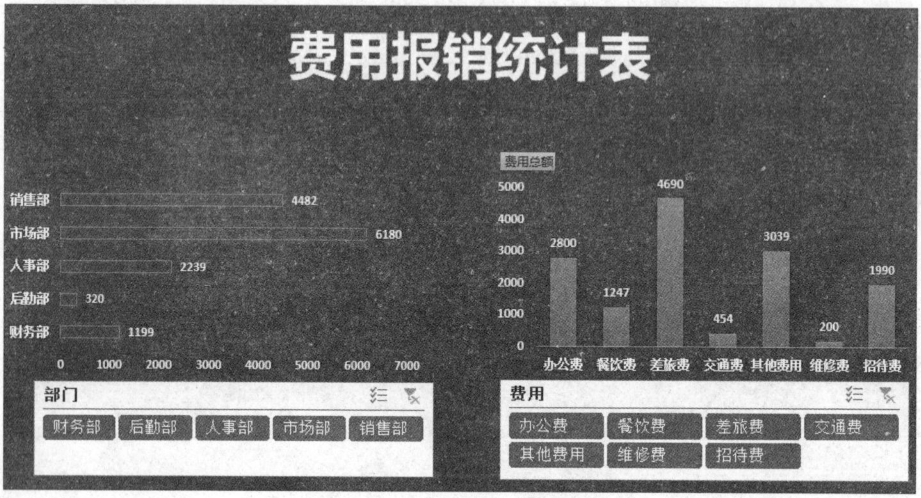

图 6-36　美化后的费用报销统计数据透视图和切片器

在进行汇报的时候，你完全可以只展示上面这个页面，然后汇报哪个部门或哪个费用项目，就可以点击下方的切片器选项，直接展示相应的图形和具体的数据，不需要切换工作表页面。

做到这里，你的费用报销统计表就完成了，内容详细，重点突出，而且具有一定的美观性，快上交统计表，下班吧。

6.3　实战模拟：固定资产明细核对

——一秒统计上百条数据，下班不耽误。

这天，离下班还有半小时，你已经开始想好晚上的安排了。忽然，公司行政发来消息，说年底公司的固定资产盘点，IT 类资产数据表的新版本找不到了，旧版本与财务系统导出来的固定资产明细表有出入，需要你与他一起一个一个重新去盘点看看。一看到这个消息，你觉得要是真去重新盘点一遍，之前的工作相当于白做了，而且当时都核对过，一切正常。所以，你让对方先把数据表传过来，想要先找到有出入的地方，针对性去看一看这几项固定资产就好了。打开表格，上百条数据密密麻麻的，这要核对到什么时候？别慌，有 ChatGPT，一步一步来吧。

6.3.1 数据“找不同”

你看着同事发来的固定资产（IT 类资产）明细，里面很多地方都与财务系统中的信息不太一样。比如，财务系统中只输入了“电脑”，这个统计表里却是“台式电脑”，财务系统中只有“打印机”，这个统计表详细写了“彩色打印机”和“打印机”，唯一一致的大概就是“资产编号”了，但很可惜，“资产编号”的顺序并不是逐个的，很难一眼找出不同。那怎么快速找出有出入的数据呢？ ChatGPT 是这么回答的，如图 6-37 所示。

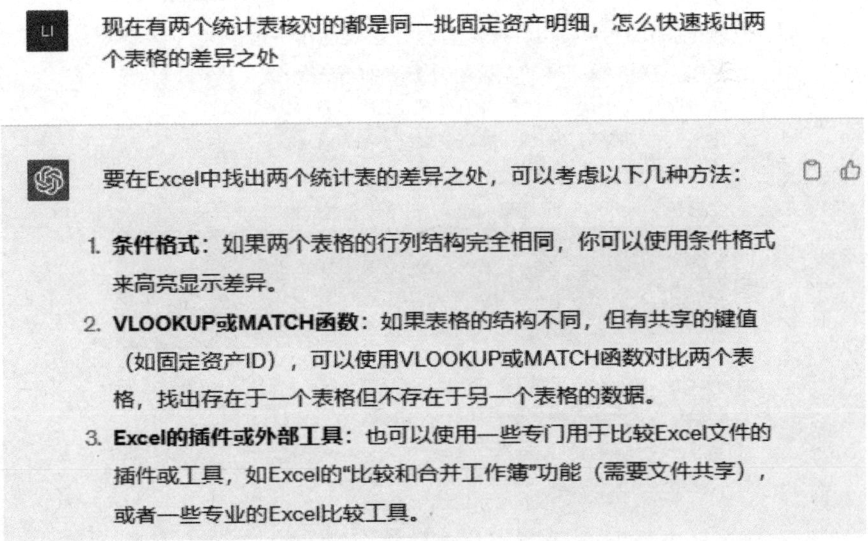
LI

现在有两个统计表核对的都是同一批固定资产明细，怎么快速找出两个表格的差异之处

要在Excel中找出两个统计表的差异之处，可以考虑以下几种方法：

1. **条件格式**：如果两个表格的行列结构完全相同，你可以使用条件格式来高亮显示差异。
2. **VLOOKUP或MATCH函数**：如果表格的结构不同，但有共享的键值（如固定资产ID），可以使用VLOOKUP或MATCH函数对比两个表格，找出存在于一个表格但不存在于另一个表格的数据。
3. **Excel的插件或外部工具**：也可以使用一些专门用于比较Excel文件的插件或工具，如Excel的“比较和合并工作簿”功能（需要文件共享），或者一些专业的Excel比较工具。

图 6-37 ChatGPT 回答表格对比差异的方法示例

很显然，你的两个表格行列结构并不一样，所以第一个方法不适用；第三个方法看起来有些复杂；第二个方法的函数很符合现在的情况，利用“资产编号”找出来存在于一个表格但不存在于另一个表格的数据。

接下来你可以详细提问，第二个方法怎么操作，如图 6-38 所示。

LI

现在两个表的"资产编号"是一样的，都在B列，怎么用第二个方法快速找到不同的数据？请写出步骤

如果两个表的"资产编号"是一样的，你可以使用VLOOKUP或MATCH函数找出存在于一个表格但不存在于另一个表格的数据。以下是具体步骤：

1. 假设第一个表格在Sheet1中，第二个表格在Sheet2中，"资产编号"在两个表格中都在B列。
2. 在Sheet1中添加一列（假设是C列），然后在C列的第一行（即C1单元格）输入以下公式：

```excel
=IF(ISNA(VLOOKUP(B1, Sheet2!B:B, 1, FALSE)), "Not in She
```

   这个公式会在Sheet2的B列中查找和Sheet1的B1单元格相同的"资产编号"。如果找不到（即VLOOKUP函数返回#N/A错误），那么这个公式就会返回"Not in Sheet2"，否则它将返回空字符串。
3. 输入公式后按下Enter键，然后复制这个单元格（C1），接着选择C列其他需要填写公式的单元格，最后粘贴（Ctrl+V）。
4. 然后在Sheet2中执行相同的操作，只不过公式应该改为：

```excel
=IF(ISNA(VLOOKUP(B1, Sheet1!B:B, 1, FALSE)), "Not in She
```

5. 同样地，输入公式后按下Enter键，然后复制这个单元格，接着选择需要填写公式的单元格，最后粘贴（Ctrl+V）。
6. 最后，在Sheet1和Sheet2中，那些"不在另一个表格中"的行就会被标记出来。

图 6-38 ChatGPT 回答用函数找表格差异的步骤示例

现在，你可以在同事发来的固定资产（IT 类资产）明细这个表格文件中，新建一个 Sheet2，把财务系统导出的固定资产明细表也粘贴进来，然后根据指示在每个表的 C 列新建一列，按要求填写公式即可。这里要注意，因为有表格标题的存在，你的数据是从第三行才开始，注意把 ChatGPT 给出的公式中的“B1”改成“B3”（具体还要根据你实际工作中你公式输入的单元格位置来进行修改），然后下拉把公式填充到每一行数据中。

凡是在表格中显示“Not in Sheet2”的，都是固定资产（IT 类资产）明细表中有，但财务系统导出的固定资产明细表中没有的数据。你可以选中第二行，点击导航栏里的“数据”—“筛选”，对 C 列的数据进行筛选，只显示“Not in Sheet2”的数据。

然后在固定资产（IT 类资产）明细表中能得到如下的结果，如图 6-39 所示。

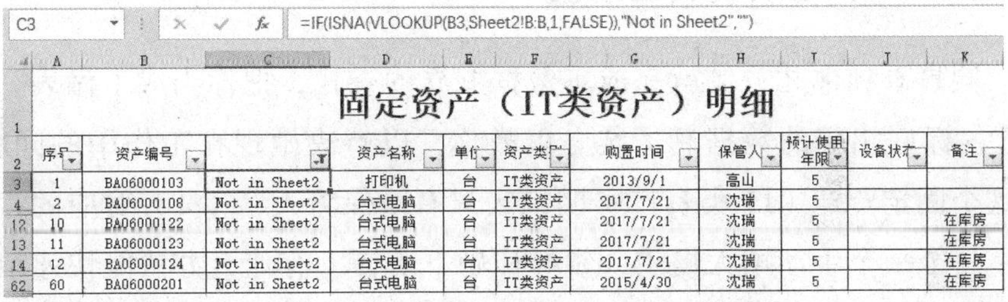
C3 =IF(ISNA(VLOOKUP(B3,Sheet2!B:B,1,FALSE)),"Not in Sheet2","")

固定资产（IT类资产）明细

序号	资产编号		资产名称	单位	资产类别	购置时间	保管人	预计使用年限	设备状态	备注
1	BA06000103	Not in Sheet2	打印机	台	IT类资产	2013/9/1	高山	5		
2	BA06000108	Not in Sheet2	台式电脑	台	IT类资产	2017/7/21	沈瑞	5		
10	BA06000122	Not in Sheet2	台式电脑	台	IT类资产	2017/7/21	沈瑞	5		在库房
11	BA06000123	Not in Sheet2	台式电脑	台	IT类资产	2017/7/21	沈瑞	5		在库房
12	BA06000124	Not in Sheet2	台式电脑	台	IT类资产	2017/7/21	沈瑞	5		在库房
60	BA06000201	Not in Sheet2	台式电脑	台	IT类资产	2015/4/30	沈瑞	5		在库房

图 6-39 固定资产（IT 类资产）明细表找不同

同样地，把公式输入财务系统导出的固定资产明细表中，然后筛选，也能找到不在财务系统导出的表中的数据，如图 6-40 所示。

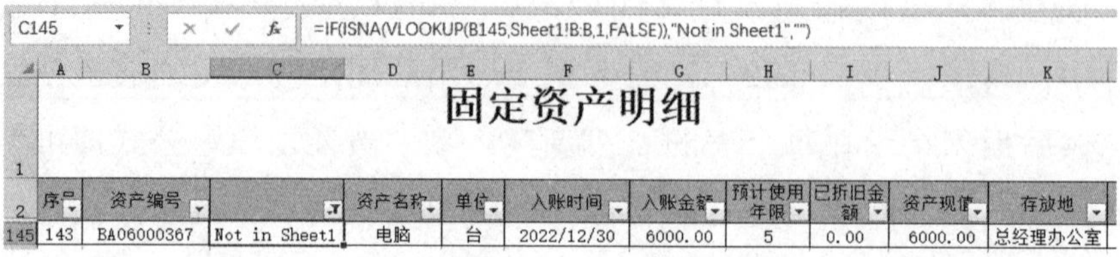

C145 =IF(ISNA(VLOOKUP(B145,Sheet1!B:B,1,FALSE)),"Not in Sheet1","")

固定资产明细

序号	资产编号		资产名称	单位	入账时间	入账金额	预计使用年限	已折旧金额	资产现值	存放地
143	BA06000367	Not in Sheet1	电脑	台	2022/12/30	6000.00	5	0.00	6000.00	总经理办公室

图 6-40　财务系统导出的固定资产明细表找不同

这样专门检查上述这几条资产的情况就可以了，你马上把这几条数据发给同事，两个人一核对，发现固定资产（IT 类资产）明细表中缺少了 2022 年 12 月 30 日总经理办公室新购入的一台电脑，多了账面已经折旧完的几台设备，有的仍在使用，有的放在库房，对方修改一下表格就可以了。

真是虚惊一场，幸好账面没错！

6.3.2　快速填充表格数据

同事看到你几分钟就完成了数据差异的查找，把你当成了做表“大神”，标好相应的数据后，诚心求教你，以解决她现在工作中的问题。她这个固定资产（IT 类资产）明细表只有“保管人”，没有对应的存放地，一个一个手动填太慢了，领导让她下班交，有什么办法能快速填写一下？你觉得这也是个锻炼的机会，离下班还有几分钟，于是答应帮她这个忙。

同事修改完发来的固定资产（IT 类资产）明细（只截取了部分内容）如图 6-41 所示。

固定资产（IT类资产）明细

序号	资产编号	资产名称	单位	资产类别	购置时间	保管人	存放地	预计使用年限	设备状态	备注
1	BA06000103	打印机	台	IT类资产	2013/9/1	高山		5	账面已折旧完	
2	BA06000108	台式电脑	台	IT类资产	2017/7/21	沈瑞		5	账面已折旧完	
3	BA06000110	台式电脑	台	IT类资产	2020/9/5	牛勇		5		
4	BA06000114	台式电脑	台	IT类资产	2020/2/21	付沛		5		
5	BA06000115	复印机	台	IT类资产	2020/7/5	优优		5		
6	BA06000116	台式电脑	台	IT类资产	2020/2/21	周拾		5		
7	BA06000118	复印机	台	IT类资产	2020/7/5	简艺		5		
8	BA06000119	台式电脑	台	IT类资产	2020/2/21	简艺		5		
9	BA06000121	台式电脑	台	IT类资产	2020/2/21	优优		5		
10	BA06000122	台式电脑	台	IT类资产	2017/7/21	沈瑞		5	账面已折旧完	在库房

图 6-41　行政发来的初始固定资产（IT 类资产）明细部分内容

每条资产都标明了“保管人”，在“保管人”后面新增一列“存放地”，这里需要填写保管人对应的部门，于是提问了 ChatGPT，得到了答案，如图 6-42 所示。

LI　用Excel怎么把H列3到151行单元格中，每个人所对应的部门，自动填写进I列的3到151行单元格中去？

你可以使用Excel的VLOOKUP（垂直查找）函数来实现这个目标。以下是具体的步骤：

首先，你需要有一个名字与部门对应的列表，假设名字在A列，部门在B列。

1. 在I3（即你想要开始自动填写的部门的位置）单元格中输入以下公式：

```excel
=VLOOKUP(H3, $A$1:$B$500, 2, FALSE)
```

这个公式会在A列中查找与H3单元格内容相同的单元格，然后返回对应行的B列单元格的内容。

2. 按下Enter键输入公式后，你应该可以看到I3单元格已经填入了与H3单元格内容相对应的部门。
3. 然后选中I3单元格，将鼠标放在单元格的右下角，当鼠标变为黑色的“+”形状时，按住鼠标左键向下拖动，直到第151行。这样，I列的3到151行就会自动填入与H列对应的部门。

图 6-42　ChatGPT 回答自动填写人员对应部门操作示例

看到这个回答，你第一时间找人事部的同事要到了公司的花名册，把人员对应的部门都粘贴进表中，放在了 N 列和 O 列，如图 6-43 所示。

）明细

H	I	J	K	L	M	N	O
保管人	存放地	预计使用年限	设备状态	备注		保管人	存放地
高山		5				沈瑞	后勤部
沈瑞		5				牛勇	后勤部
牛勇		5				柴伟	总经理办公室
付沛		5				优优	总经理办公室
优优		5				郑会	人事部
周拾		5				简艺	财务部
沈瑞		5				周拾	销售部
简艺		5				高山	市场部
简艺		5				付沛	市场部
沈瑞		5				陈也	销售部

图 6-43　公司人员对应存放地

然后在“存放地”一列的 I3 单元格输入 ChatGPT 给出的公式。

注意，ChatGPT 是假设姓名在 A 列，部门在 B 列，你现在把姓名放在了 N 列，对应的部门放在了 O 列，所以输入公式的时候要把其中的“A”改成“N”，“B”改成“O”，这里采用的是绝对引用“$”，所以其实你真正需要输入的区域是“$N$3:$O$12”，如果你不确定，也可以进一步告诉 ChatGPT 你把人名和对应的部门放在了 Excel 的哪个单元格区域，这个公式怎么写，它也能给出正确的函数公式。

现在你可以输入公式，按下回车，你就得到了一个保管人对应的存放地，然后下拉自动填充公式，就能把这上百条数据马上填完，部分数据结果如图 6-44 所示。

固定资产（IT类资产）明细

序号	资产编号	资产名称	单位	资产类别	购置时间	保管人	存放地	预计使用年限	设备状态	备注
1	BA06000103	打印机	台	IT类资产	2013/9/1	高山	市场部	5	账面已折旧完	
2	BA06000108	台式电脑	台	IT类资产	2017/7/21	沈瑞	后勤部	5	账面已折旧完	
3	BA06000110	台式电脑	台	IT类资产	2020/9/5	牛勇	后勤部	5		
4	BA06000114	台式电脑	台	IT类资产	2020/2/21	付沛	市场部	5		
5	BA06000115	复印机	台	IT类资产	2020/7/5	优优	总经理办公室	5		
6	BA06000116	台式电脑	台	IT类资产	2020/2/21	周拾	销售部	5		
7	BA06000118	复印机	台	IT类资产	2020/7/5	简艺	财务部	5		
8	BA06000119	台式电脑	台	IT类资产	2020/2/21	简艺	财务部	5		
9	BA06000121	台式电脑	台	IT类资产	2020/2/21	优优	总经理办公室	5		
10	BA06000122	台式电脑	台	IT类资产	2017/7/21	沈瑞	后勤部	5	账面已折旧完	在库房
11	BA06000123	台式电脑	台	IT类资产	2017/7/21	沈瑞	后勤部	5	账面已折旧完	在库房
12	BA06000124	台式电脑	台	IT类资产	2017/7/21	沈瑞	后勤部	5	账面已折旧完	在库房
13	BA06000134	监控系统	台	IT类资产	2021/3/26	牛勇	后勤部	5		
14	BA06000136	台式电脑	台	IT类资产	2020/12/16	牛勇	后勤部	5		
15	BA06000137	台式电脑	台	IT类资产	2020/12/16	简艺	财务部	5		
16	BA06000138	台式电脑	台	IT类资产	2020/12/16	高山	市场部	5		
17	BA06000139	台式电脑	台	IT类资产	2020/12/16	简艺	财务部	5		
18	BA06000140	台式电脑	台	IT类资产	2020/12/16	郑会	人事部	5		
19	BA06000141	台式电脑	台	IT类资产	2020/12/16	优优	总经理办公室	5		
20	BA06000142	彩色打印机	台	IT类资产	2020/12/16	柴伟	总经理办公室	5		

图 6-44　修改 ChatGPT 回答的函数公式输入 Excel 得到答案

5 分钟就完成了，你把表格发给了同事，得到了一大顿赞美。你觉得很有干劲，忽然想到 ChatGPT 和 Excel 相结合，对自己的工作效率提升作用很大，或许自己该进一步探索一下 ChatGPT 和 PPT 的结合，也许能帮自己更快完成更多的工作。

7 ChatGPT + PPT，让你轻松完成演示报告

在财务人的日常工作中，演示报告的制作无疑是一项重要但却往往消耗大量时间和精力的任务。我们需要在理清思路，收集和整理信息，撰写内容的同时，还要考虑如何有效地呈现这些信息，以便让观众能够快速理解和接受。而在这一过程中，常规的复制粘贴已经无法满足我们追求效率和效果的需求。不过，使用工具本就是人的特长。在 AI 的助力下，我们已经可以利用 ChatGPT 来改变传统的 PPT 制作方式，快速生成制作 PPT 所需要的内容，再配合其他可以自动把内容转换成 PPT 的工具，用以秒为单位的速度完成一份演示报告的制作不再是梦。

7.1 利用 ChatGPT 秒做 PPT 演示文稿

——逃出复制粘贴怪圈，重新定义 PPT 制作流程。

财务人的工作日常就是每天处理大量的数据，审阅和分析各种报告，同时需要把这些复杂的信息转化为直观的图表进行汇报演示，以便其他部门或者管理层可以快速地理解和使用。而 PowerPoint（PPT）正是这个转化过程中常用的工具之一。我相信，每个财务人都有过这样的经历：在制作 PPT 时，要从 Word 文档中一条一条概括主要内容并粘贴到 PPT 不同页面，且不可以全文照搬，否则会显得臃肿；还要从 Excel 中复制数据，放在合适的位置，即便下载了一个 PPT 模板，也要花费大量的时间调整布局、格式，一遍遍地调试图表的颜色、字体、大小，直到满足汇报的要求，最后让每一页演示文稿都看起来整洁、专业。这个过程既烦琐又费时，财务人急需一个可以帮助他们简化这个过程的工具，以便从复制和粘贴中解脱出来，把更多的时间和精力放在数据分析和决策上。

7.1.1 PPT = 内容 + 形式

事实上，设计制作 PPT 有两大核心，如图 7-1 所示。

图 7-1 PPT 设计制作的两大核心

内容就是 PPT 的灵魂。没有内容，再好看的 PPT 也只是一个空壳，一切都要围绕内容展开。

无论你的 PPT 是报告最新的财务数据，还是演示公司的内控制度，最终要传递给人的东西，就存在于你的内容之中。内容是你想要传达的信息，是你的观点、你的见解、你的想法。你需要清楚地知道你的目标受众是谁，他们关心什么，他们想知道什么，或者说你想让他们了解什么。这样才能保证你的内容是有价值的、有意义的，是相关的。否则，不管你的 PPT 看起来多么好看，它都只是一个“花架子”。

当然，创建有价值的内容并不容易。你需要深入研究你的主题，确定演示的目标。比如，你想通过这份 PPT 向财务经理汇报工作进度，还是想向你的同事培训报销制度，或者向老板说明财务情况。不同的目标，需要的内容也不尽相同。

有了目标之后，你还得理解你的受众，找到最能打动他们的信息。你要先知道受众是你的直属领导，还是你的同事，抑或是你的老板。受众不同，想要了解的内容重点也不一样。你要思考，他们对你的内容感兴趣吗？他们能理解你的内容吗？他们有什么特殊的需求吗？只有深入地了解受众，你才能制作出真正能够打动他们的 PPT 内容。

紧接着，就要花费时间和精力来收集数据、分析数据，然后把数据转化为易于理解的信息。你可能需要写出清晰的标题，创建有力的论点，然后用有说服力的证据来支持你的观点。

以上这些还不够，你还需要结构化你的内容。一份好的 PPT，都有一个清晰的开始、中间和结尾。先引入主题，然后详细阐述观点，最后再总结观点。同时，适当地使用标题、子标题、列表、图表等工具，可以帮助你的受众更好地理解和记住演示的内容。这就要说到 PPT 的形式了。

从本质来说，形式就是内容的包装。俗话说，“人靠衣装马靠鞍”。一个好的形式可以让你的内容更易于理解，激发正面效果，一个糟糕的形式反而会让你的内容变得混乱，产生反面效果。

当我们谈到形式，通常会想到PPT的设计，包括颜色、字体、布局、图片、动画等，这些都是形式的一部分，是能让 PPT 看起来更吸引人的元素。我们需要按照演示的场景和受众调整形式。比如，在公司会议上汇报财务数据，PPT 的颜色、字体、布局就要统一，图片、图表要清晰，汇报页面要简洁化、商务化。除此之外，适当的动效也可以让 PPT 看起来更生动有趣。不过动效太多则可能显得“花里胡哨”，让人抓不住重点。

然而，形式不仅仅是外观，还包括你的内容展示结构，你的信息流动，你的故事叙述。一个好的形式需要你有良好的设计感，有清晰的逻辑，有精彩的故事。

所以，设计制作 PPT 其实就是一个创作内容和调整形式的过程。你需要创造有价值的内容，然后用吸引人的形式来呈现它。你需要调动自己的专业知识、洞察力、写作技巧、设计感、思维逻辑等，让你的 PPT 既有深度又有广度，既有内涵又有外在。而完成这个过程，则需要花费大量的时间和精力。

7.1.2 ChatGPT 一键生成 PPT 内容

既然设计制作 PPT 需要花费大量的时间和精力，那在这个科技时代，就没有趁手的工具能帮我们加快这个过程吗？

当然有，对于 ChatGPT 的文本生成能力，我们在前面几章就已经见识过了，所以，我们可以直接把 PPT 的内容创作工作交给它。不管是需要创建一份关于财务状况的报告，还是需要创建一份关于预算计划的提案，ChatGPT 都能根据你的需求，生成符合风格和场景的内容。

就拿年度财务报告展示来说，具体的操作就像我们之前模拟过的，用 ChatGPT 生成财务报表分析报告一样（详见第四章的“实战模拟：财务报表分析”一节），把资产负债表、利润表、现金流量表粘贴为一个“文本文档”，各表之间用“*******”隔开。

准备好文本文档后提问 ChatGPT：“我需要做一份关于本年度的财务报告 PPT，用于公司会议展示。内容主要包括公司本年度的收入、利润。你要先写一段导入语，然后介绍具体的收入和利润情况，最后再做一个总结。下面是本年度公司的财务报表，各表之间用“*******”隔开（后面附上文本形式的报表数据）。”

当然，如果你还有其他需求，也都可以说明，如“数据阐述要易于理解”，以方便不同部门的同事都能看懂财务报告，还有可以提醒 ChatGPT 结合表格进行说明，显得更直观。

接下来就可以等 ChatGPT 帮你生成一份财务报告 PPT 的内容，如图 7-2 所示。

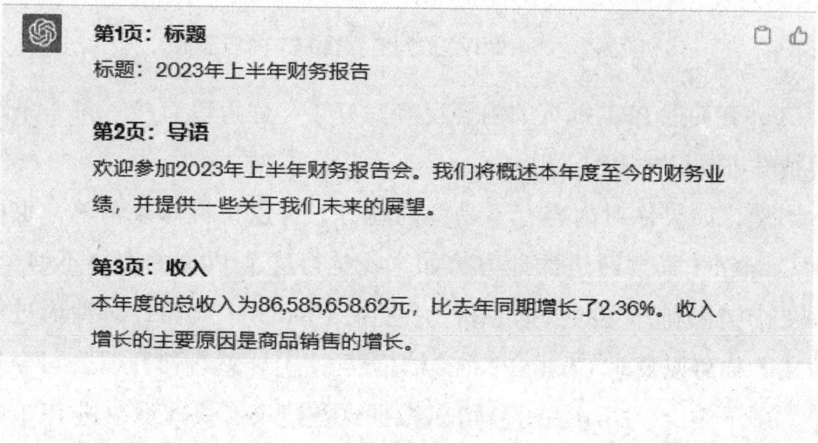

第1页：标题

标题：2023年上半年财务报告

第2页：导语

欢迎参加2023年上半年财务报告会。我们将概述本年度至今的财务业绩，并提供一些关于我们未来的展望。

第3页：收入

本年度的总收入为86,585,658.62元，比去年同期增长了2.36%。收入增长的主要原因是商品销售的增长。

收入分析表

来源	2022年（元）	2023年（元）	增长率
商品销售	84,585,658.63	86,585,658.62	2.36%

第4页：利润

2023年上半年的营业利

润为14,103,025.17元，净利润为10,577,268.88元，与去年同期相比，分别增长了12.48%和6.18%。利润增长的主要原因是我们的经营效率提高了。

利润分析表

项目	2022年（元）	2023年（元）	增长率
营业利润	12,536,779.94	14,103,025.17	12.48%
净利润	9,961,121.29	10,577,268.88	6.18%

第5页：展望

我们预计，在未来一年中，我们的收入和利润将继续增长。我们将继续优化我们的运营策略，以确保我们的公司稳健发展。

第6页：结语

感谢大家的参与。现在，我们欢迎任何问题。

图 7-2　ChatGPT 生成财务报告 PPT 内容示例

ChatGPT 把 PPT 每页的内容已经写好了，你可以直接一条一条地把内容粘贴进自己的 PPT 模板中。

当然，如果你对内容有不满意的地方，可以自行修改调整，也可以告诉 ChatGPT 需要改进的地方，如“我觉得这个 PPT 的内容不够全面，再加一个销售和开支的数据分析”，然后 ChatGPT 就会针对性地进行修改。或者你可以要求 ChatGPT 在第二页导语上，就直接写明公司今年赚钱了，赚了多少，ChatGPT 就可以根据这些建议，快速地改进 PPT 文本内容。

这么一来，你只需要提出要求，ChatGPT 就能直接完成 PPT 的内容创作。你也不用在搜索信息、写报告、修正错误中花费大量的时间了，可以把更多的时间和精力投入真正需要你专业知识的地方。

7.1.3 ChatGPT 指导 PPT 形式美化

在制作 PPT 的过程中，形式关乎整个演示的效果。毫无疑问，我们需要对诸多细节投入足够的注意力，这包括图表的选取、布局的设计，以及色彩方案的搭配等。每一个细节都可能影响到整体的效果，因而每一项选择都需要仔细斟酌。而在这个过程中，ChatGPT 无疑能成为我们的助手。如果你不知道应该怎么美化你的 PPT，可以直接提问 ChatGPT。

比如，图表的选择对于 PPT 的视觉效果和信息传递影响颇大。合适的图表可以更直观、更生动地展示信息，让观众更容易理解和接受。不过，选择困难的财务人面对众多的图表类型和设计，很可能并不知道如何选择。而这也正是 ChatGPT 能发挥作用的地方。ChatGPT 可以根据你的信息类型和展示需求，为你提供适合的图表类型建议，同时能提供关于如何有效使用和设计图表的专业建议。

就拿上面这个财务报告的 PPT 来说，中间几页插入了数据的表格，如果你觉得第 3 页直接展示数据并不能让人直观看到收入的增长变化，希望可以更换成图，但是你不知道用哪种图展示的效果更好，就可以询问 ChatGPT，让它给你建议，如图 7-3 所示。

LI

上面PPT第3页，收入，我觉得展示数据并不能让人直观、醒目地看到收入的增长变化，希望可以更换成图，用哪种图展示的效果更好？

你可以使用**折线图**来更加直观地展示收入的增长变化。折线图是一种非常适合展示数据随时间变化趋势的工具，特别是当你要表示的数据有连续的时间变量时，比如这里的季度收入。

在折线图中，时间通常沿水平轴（X轴）展开，而你要追踪的数据值（这里是收入）沿垂直轴（Y轴）展开。数据点在图上绘制，然后用线条连接起来。这就创建了一种视觉表现，可以清晰地看出数据随时间的变化趋势。

你可以使用多条线在同一个图表中显示多个数据集（例如，不同产品线的收入），以进行对比。但是请注意，不要在同一图表中包含太多的线，否则可能会让图表看起来过于混乱，难以解读。

这样，读者就能一眼看出每个季度收入的变化，以及整体的趋势和模式。

图 7-3　ChatGPT 回答数据图选择示例

除了图表，布局的设计同样重要。一个整洁、平衡的布局不仅可以让观众更容易理解信息，也能提升整体的视觉效果。然而，布局设计往往需要一定的审美和设计感。如何排版文字、如何布局图片、如何合理利用空白，这些都是需要考虑的问题。而 ChatGPT 也能在这方面提供帮助。它可以根据你的内容和需要，为你提供布局的建议，让你的 PPT 看起来更整洁、更易读，如图 7-4 所示。

根据上面的PPT内容，给出一份PPT页面布局设计方案，用于公司会议做财务报告演示

以下是针对你的财务报告的PPT页面布局设计方案：

1. **标题页**：公司的logo，报告的标题，报告人的名字以及报告的日期。设计应简洁明快，使用公司的主题色。
2. **目录页**：列出PPT的主要部分，帮助观众了解接下来的内容。
3. **总体概述**：简单概述公司的总体财务状况，使用清晰明了的语言和简洁的设计。
4. **收入情况页**：使用折线图展示每个季度的收入情况。可以使用一条线展示总收入，其他的线表示各个业务部门的收入。应保持颜色的一致性，确保图表清晰易读。
5. **利润情况页**：用柱状图展示季度利润情况，包括总利润和各业务部门的利润。颜色应与收入页一致，以增强连贯性。
6. **销售和开支页**：使用堆积柱状图展示销售和开支的变化，可以分别显示不同的业务部门。再次确保颜色的一致性。
7. **总结页**：总结报告的主要观点，提供下一步的建议或计划。此页的设计应简洁，重点突出。
8. **问答页**：这是一个预留给听众提问的环节。可以放一些常见问题和答案，也可以实时回答问题。

在整个PPT的设计过程中，都应保持简洁明快的设计风格，避免过多的装饰和花哨的颜色。图表的设计应注重易读性，尽量使用公司的主题色。最后，每一页都应包含页脚，显示报告的标题和页码，以便于观众参考。

图 7-4 ChatGPT 回答 PPT 布局设计建议示例

PPT 的格式调整也是提升演示效果的关键一环。如何选择字体、如何调整间距、如何配合动效，这些都需要我们注意。ChatGPT 同样能够在这方面提供指导，帮助你调整格式，使你的 PPT 看起来更整洁、更专业。

以上展示的仅仅是你打算自己手动制作一份完美的财务报告 PPT 方案的操作步骤，核心是把 ChatGPT 当作一个“美术顾问”，这样的操作

当然可以在一定程度上提升你的 PPT 制作速度和设计质量，但是还远远达不到秒做 PPT 演示文稿的效果，这还需要配合其他的工具。

7.1.4 ChatGPT + 自动制作 PPT 工具 = 秒出 PPT

现在，市面上已经涌现出了如 MindShow、MotionGo 等各种各样的自动化 PPT 制作工具。这些自动化 PPT 制作工具可以根据我们的需求，自动化地产出各种专业且吸引人的 PPT。

但是这些工具的应用有一个限制，虽然它们可以制作出色彩鲜艳、布局合理、视觉效果吸引人的 PPT，但是对于内容的生成，它们却无能为力。就是它们不管“内容”，只做“形式”，我们需要自己准备内容。

这听起来与 ChatGPT 简直是最佳组合。ChatGPT 专门负责生成 PPT 的内容，而且可以生成支持不同软件的各种格式的文本内容，然后我们将这些内容导入这些自动制作 PPT 的工具中。这些工具接收到我们导入的文本后，会通过内置的算法和模板，快速地将内容转化为丰富的视觉元素，最后呈现出一份专业的 PPT。这样的组合方式，能以秒为单位完成一份 PPT，且兼具内容和形式。

这里以 MindShow 为例，就用刚刚 ChatGPT 生成的财务报告 PPT 内容来创作一个 PPT。MindShow 支持四种格式的内容，如图 7-5 所示。

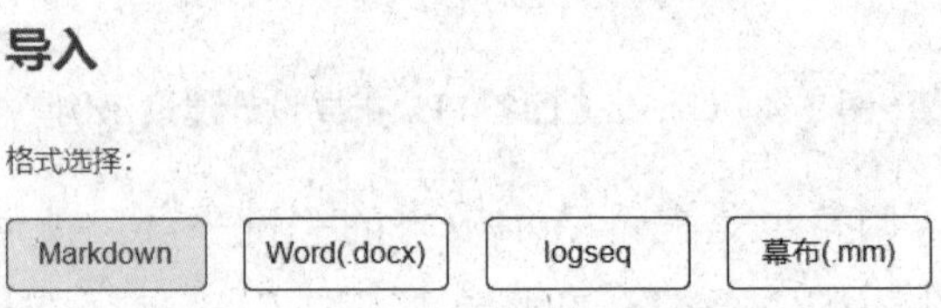

图 7-5 MindShow 文本导入格式选项

点击任意一种格式都会出现文本的输入要求说明，按要求进行自己文本的修改就好。这里先选择第一种我们不常见的格式用来演示操作，以方便后续其他工具需要不同文本格式的时候，我们都能举一反三。

因为我们不常见“Markdown”，很多人也不知道这是一种什么格式的文本，所以可以直接把这个文本格式的调整交给 ChatGPT。你可以这么提问：“把生成的这段 PPT 内容转换成 Markdown 格式的文本（下面附上文本内容）”，或者直接在让 ChatGPT 生成财务报告 PPT 内容的时候，就用 Markdown 格式呈现出来。然后等待结果，如图 7-6 所示。

```
yaml                                                    Copy code
# 第1页：标题
## 标题：2023年上半年财务报告

---

# 第2页：导语
欢迎参加2023年上半年财务报告会。我们将概述本年度至今的财务业绩

---

# 第3页：收入
本年度的总收入为86,585,658.62元，比去年同期增长了2.36%。收入

| 来源 | 2022年（元） | 2023年（元） | 增长率 |
| ------ | ------ | ------ | ------ |
| 商品销售 | 84,585,658.63 | 86,585,658.62 | 2.36% |

---

# 第4页：利润
2023年上半年的营业利润为14,103,025.17元，净利润为10,577,268

| 项目 | 2022年（元） | 2023年（元） | 增长率 |
| ------ | ------ | ------ | ------ |
| 营业利润 | 12,536,779.94 | 14,103,025.17 | 12.48% |
| 净利润 | 9,961,121.29 | 10,577,268.88 | 6.18% |

---

# 第5页：展望
我们预计，在未来一年中，我们的收入和利润将继续增长。我们将继续

---

# 第6页：结语
感谢大家的参与。现在，我们欢迎任何问题。
```

图 7-6　ChatGPT 转换文本格式为 Markdown 格式示例

然后我们可以把转换好的内容直接复制到 MindShow 的文本输入框，

然后点击下方的“导入创建”，如图 7-7 所示。

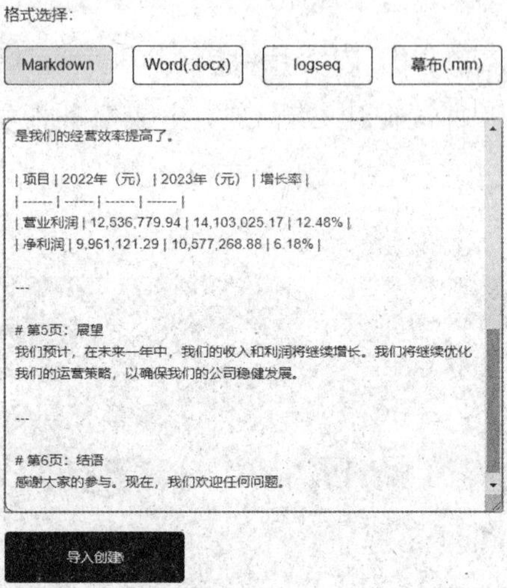

图 7-7　在 Markdown 导入文本

然后就会自动生成 PPT，如图 7-8 所示。

图 7-8　Markdown 根据导入的文本自动生成 PPT

我们还可以自己选择不同的模板，进行布局的设计，还可以自定义创建自己的私有模板。在设计的过程中，如果对内容有任何需要编辑的地方，页面的左侧就可以直接进行编辑（图 7-9），然后右侧 PPT 展示区域会自动变化。

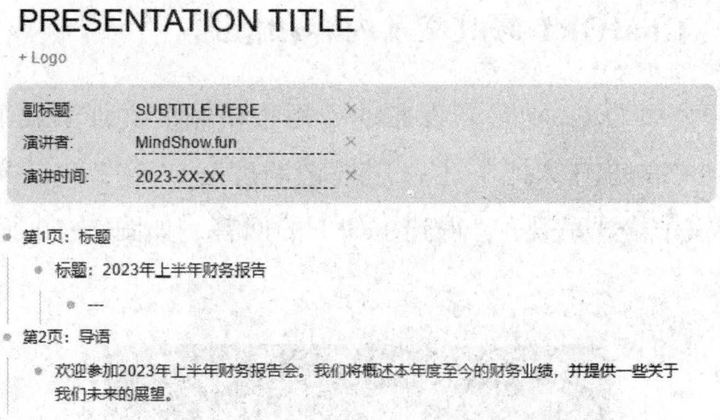

图 7-9　Markdown 文本编辑区

是不是真的做到了秒做 PPT？最后把做好的 PPT 导出来，就可以去参加财务报告会议了。接下来，赶紧通过两个实战模拟让我们把这个技能融会贯通吧。

7.2　实战模拟：费用报销制度培训

——文档转为 PPT，无须逐字逐句。

距离新的费用报销制度下发已经过去一个月了，但是公司很多人来报销的时候还是经常出现材料准备不齐全，或者流程没批完就着急报销的情况。财务经理把你叫过去，说明天下午打算开一场费用报销制度的培训会，给公司各个部门的同事把新的费用报销制度讲解清楚，让大家报销费用的时候能更清楚流程和材料，也了解新的报销限额情况，因而需要你根据新下发的费用报销制度内容制作一个演示文稿，方便明天培训会的开展。接到任务，你立马想到了用 ChatGPT 和 Markdown 来制作这个 PPT。

7.2.1 ChatGPT 修改文本内容和格式

你打开公司 OA，把最新发布的费用报销制度文件下载下来，然后复制并提问 ChatGPT“把下述费用报销制度写成 PPT 演示文本，并用 Markdown 文本格式呈现”，得到了如下的回答，如图 7-10 所示。

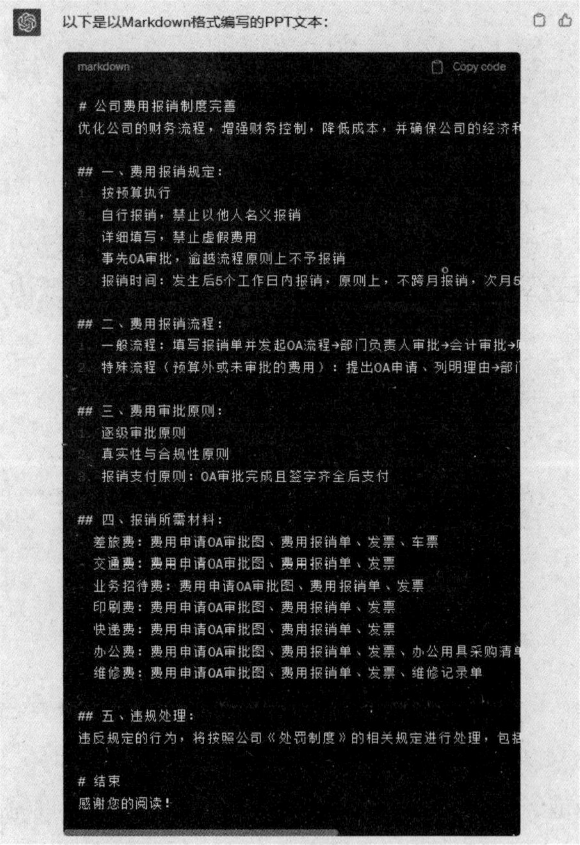

图 7-10　ChatGPT 生成 PPT 演示文本并用 Markdown 文本格式呈现示例

7.2.2 文本导入 MindShow 并编辑修改

在看到 ChatGPT 生成的回答后，你觉得挺不错的。接下来，你需要把这个 Markdown 文本格式的 PPT 内容导入能生成演示文稿的工具中。你知道有很多这样的工具，但是你首选的是 MindShow，因为你对它的界面非常熟悉。

你打开 MindShow 官网（https://www.mindshow.fun/#/home），在首页迅速找到入口，点击“通过内容创建”，选择下拉菜单中的“导入 markdown 创建”，如图 7-11 所示。

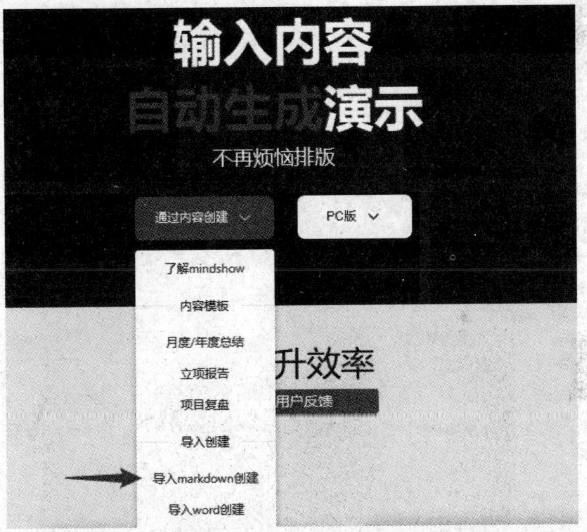

图 7-11 MindShow 官网导入文本入口

然后把复制下来的 Markdown 文本内容粘贴到文本输入框中，操作非常简单。当你点击“导入创建”后，页面立即跳转到 MindShow 的 PPT 制作页面。

在这个页面，左侧是文本编辑区域，你可以在这里输入“标题”“副标题”“演讲者”等信息，也可以删掉不需要的 PPT 内容。你就可以看到文本内容已经自动格式化，非常清晰易读。对于这些内容，你需要进行一些修改和完善，确保符合培训需求，如图 7-12 所示。

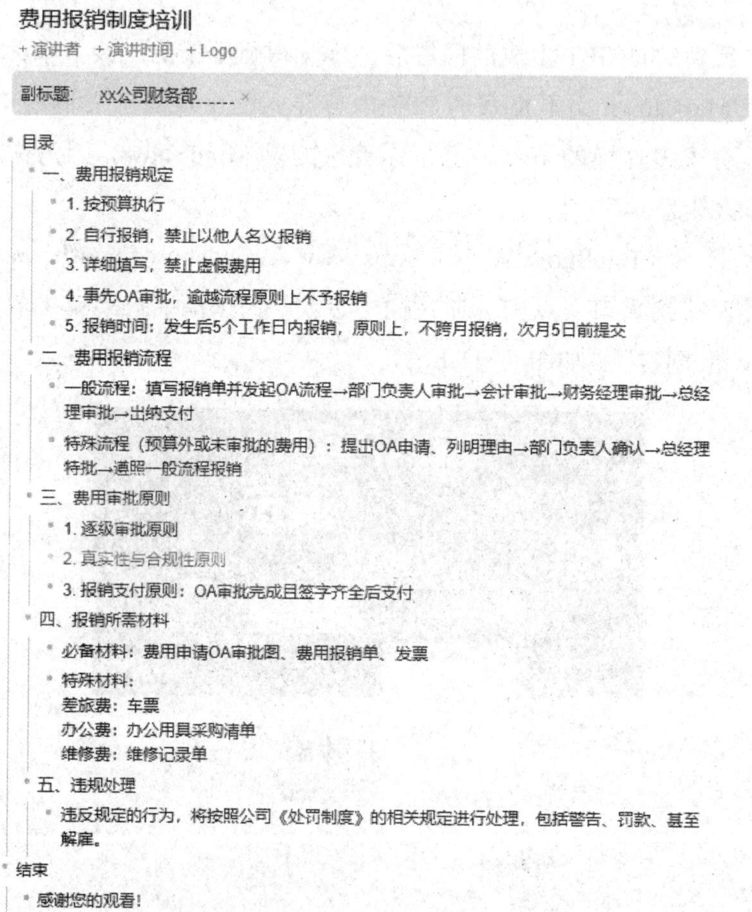

图 7-12　MindShow 修改完成的 PPT 文本区域

7.2.3　PPT 模板选择和布局设计

当你修改完文本时，右侧的设计区域已经把对应的内容填充了进去。接下来开始选择模版。这是一个很重要的步骤，模板将决定 PPT 的整体风格。这是一个财务培训会议，所以模板应该简洁一些，但也不能太枯燥，不然会让参加培训的人看不下去。于是你开始在模板库里挑选，每一个模板都有其独特的风格和色彩。经过一番纠结，你最终选择了一个色彩简约大方的 PPT 模板，如图 7-13 所示。

图 7-13　挑选模板

模板选完后，就该进行布局设计了。点击“布局”选项即可对 PPT 的每一页内容进行详细的布局设计。这里以目录页为例，你看到初始的布局其实比较简单明了，但是缺乏一点生动感，如图 7-14 所示。

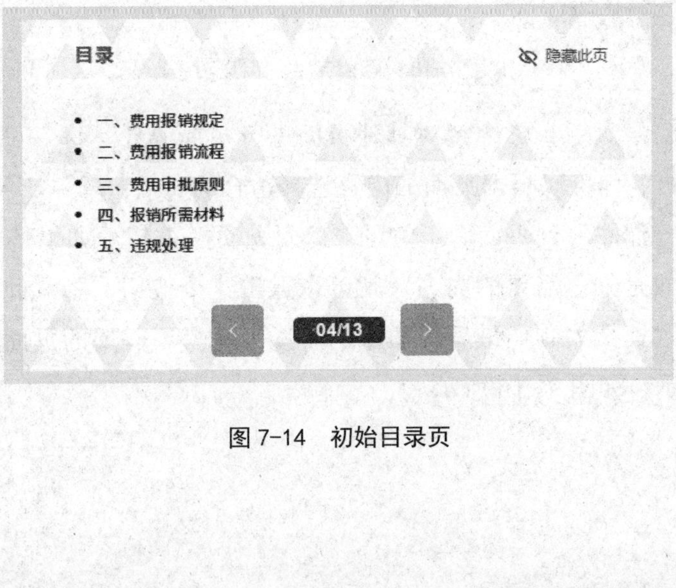

图 7-14　初始目录页

浏览布局选项，你发现了一个比较合心意的模板，点击即可把目录页的布局修改成同样的样式，如图 7-15 所示。

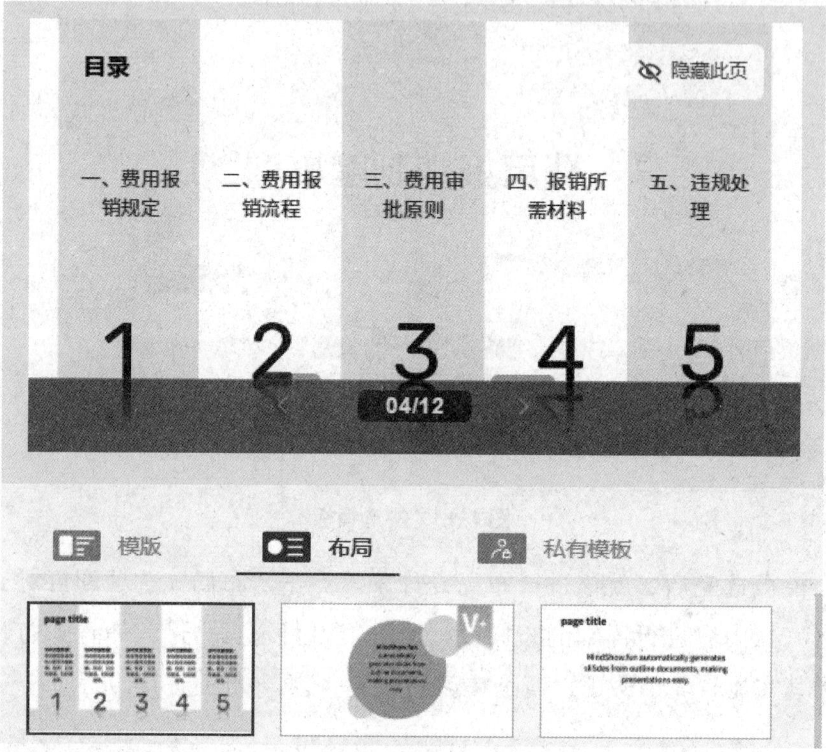

图 7-15　修改完成的目录页

修改目录页后，你继续对其他页面进行布局设计。每一页都有可选的布局模板，你可以根据页面的内容选择适合的布局。

这时，你注意到页面右上方的“隐藏此页”按钮。如果整个 PPT 文稿中有页面是你不需要的内容，就可以点击这个按钮，隐藏此页，然后在你完成这篇文稿制作最后导出来的时候，这个不需要的页面就会自动隐藏不展示，如图 7-16 所示。

图 7-16 隐藏不需要的页面

当你完成了最后一页的设计，可以点击页面右上角的“演示”按钮，如图 7-17 所示。这样可以进行 PPT 的在线全屏演示观看。通过这个功能，你可以像在真实的演讲场景中一样浏览 PPT，看看它是否满足培训的需求。如果浏览下来有不满意的地方，也不用担心，因为你可以随时返回，对演示文稿进行修改，直到你觉得它完美无缺。

图 7-17 PPT 演示

一切无误后，你现在可以点击“演示”左边的“下载”按钮，把做好的 PPT 导出来。系统目前提供两种格式选择，这里要选择“PPTX”格式，因为这个格式可以用 PowerPoint 打开，如图 7-18 所示。如果你在之后有其他想法，还可以继续对这个演示文稿进行完善，如插入一些流程图、表格之类的，让 PPT 看起来更加生动。

图 7-18 导出的 PPT 用 PowerPoint 打开

最后，你看看电脑屏幕，感到非常满意。只用了很短的时间就做好了一份费用报销制度培训演示文稿。这个过程比预想的要简单得多，因为有了 ChatGPT 和 MindShow 的帮助，你的工作效率大大提高。抬眼看了一眼窗外，天还很亮，今天又是能准时下班的一天！

7.3 实战模拟：个人工作总结

——告别埋头苦写，打造一键生成的个人工作总结。

时间过得真快，眨眼间你已经在这家公司工作半年多了。记得刚来的时候，还是一个财务新手，借助 ChatGPT 后，迅速掌握了日常工作的要领，还提高了各方面的工作效率，领导交代的任务完成得又好又快，得到了部门同事的认可。半年度财务汇报结束之后，人事部下发了一条通知，要求每位员工进行半年度工作总结，并制作 PPT，本周五在会议室轮流进行部门总结，其间每位员工都要上台演示，还会由公司领导打分，计入年终绩效考评。你看到这条通知，知道这是个好事情，意味着可以回顾自己的工作进展，也可以充分展示自己的工作成绩。你已经可以熟练借助 ChatGPT 制作各种文档、表格和演示文稿，于是不想延误时间，立即着手准备你的半年度工作总结。

7.3.1 个人工作总结内容生成

你仔细阅读了人事部下发的通知，内容如下：

关于 xx 公司半年度工作总结的通知

尊敬的所有员工：

本通知旨在提醒大家，我们即将进入半年度工作总结的环节。这是我们每个人对上半年工作进行自我评估，同时为接下来的半年制定策略的重要机会。

以下是此次活动的具体要求和流程：

1. 请每位员工对上半年的工作进行总结，同时对下半年的工作制订计划。建议大家全面而客观地回顾自己的表现，同时客观确立下半年的工作目标，最终以 PPT 的形式呈现。

2. 本周五，我们将在会议室中轮流进行各部门总结会议。在会议上，每位员工都需要上台展示自己的工作总结，分享个人工作成果。

3. 员工的工作总结报告将由公司领导进行评分，并将此评分纳入年终绩效考评。因此，建议大家以认真和专业的态度来对待这次任务。

我们希望大家能充分利用这次机会，积极反思过去，计划未来，提升自我。如果有任何疑问，欢迎随时联系人事部。

感谢大家的配合和参与。

××公司人事部

日期：202×-07-10

从这个通知中，你迅速提炼出关键信息，任务是做个人工作总结的PPT，内容包括两个方面：一是上半年工作总结，二是下半年工作计划。然后本周五就要进行演示，时间上并不宽松。

虽然打算借助 ChatGPT 来帮助完成内容的写作，但是 ChatGPT 不了解你具体的工作，也没办法写出一份特别贴切的工作总结，所以需要你先写个要点出来。

于是，你打开 Word，先开始写第一部分“上半年工作总结”，其实，工作总结这事儿是一个公司对员工工作情况的大致了解。领导无非就是想知道你这半年干得怎么样，岗位职责是否履行到位，有没有遇到什么困难，有没有做出什么成绩。而且，这个总结也能帮助你回顾一下这半年的工作进展，看看自己做得好的地方，还有哪些地方需要改进。这个过程会让你发现一些平时可能忽视的问题，如自己的工作习惯，处理问题的方式，还有自己在某项任务上的贡献。同时，在部门总结会议上，你也能观看到其他同事的工作总结，了解到整个财务部的情况，看看大家的工作情况都怎么样，能不能找到一些可以学习的地方。

所以，你在“上半年工作总结”下，又区分了四个板块，分别是“岗位职责”“工作完成情况”“工作成绩”和“工作中待解决的问题”，分别填写了要点。然后，你可以把这部分内容发给 ChatGPT，让它就这些要点完善成一篇个人工作总结，如果有不满意的地方，都可以继续把想法提供给 ChatGPT。得到回答后你就可以把 ChatGPT 生成的内容粘贴进自己的 Word 文档中。

除了工作总结，还有另一块的内容是下半年的工作计划。写下半年的工作计划其实就像是给自己设定一个明确的目标。这样就知道接下来的工作要怎么开展，不会感到迷茫。有了计划就能更好地分配自己的时间和精力，不会在不重要的事情上浪费太多时间。如果你实在不知道应该写什么内容，也可以询问一下 ChatGPT，让它帮你找思路，如图 7-19 所示。

LI 现在你是一名会计，需要写下半年的工作计划，应该怎么写

标题：会计部门下半年工作计划

1. 完成财务报告：

在每个月末，我会及时并准确地完成财务报告，这包括但不限于利润表、资产负债表以及现金流量表，确保各部门和领导对公司财务状况有准确的了解。

2. 进行税务申报：

我将在规定的时间内完成各类税务申报工作，确保公司的税务符合所有相关的法律和规定，避免任何可能的罚款或违规行为。

3. 提供财务支持和咨询：

我将与各部门紧密合作，提供必要的财务数据和分析，以帮助他们更好地理解自己的预算和花费，同时也为公司的决策提供支持。

4. 完成年末结算：

在年末，我将完成财务的年末结算工作，包括年度收支、利润计算、税务结算等，为公司提供全面而准确的年度财务报告。

5. 进行内部审计：

我会进行定期的内部审计，确保公司的财务活动和记录符合所有的法律规定和内部政策，以及尽可能地减少错误和欺诈行为。

以上是我为下半年设定的主要工作任务，我将尽全力按照这个计划执行，以确保财务部门的正常运行并为公司的成功做出贡献。

图 7-19 ChatGPT 生成会计工作计划示例

然后，你可以从中挑选合适的内容或者就自己的实际情况继续让它生成一个合适的内容。

最后，把 ChatGPT 生成的上半年工作总结和下半年工作计划进行整合，于是，你得到了一份完整的工作总结，内容如下：

个人工作总结

一、上半年工作总结

1. 岗位职责

记账：负责公司日常的财务记账工作。

报税：负责公司各项税务的申报工作。

完成财务报告：定期完成公司财务报告，包括利润表、资产负债表以及现金流量表等。

装订凭证：负责公司财务凭证的装订和归档。

配合其他部门统计数据：与其他部门合作，提供和统计财务相关数据。

2. 工作完成情况

基础岗位工作完成：按照岗位职责，准确无误地完成了所有基础工作。

承担的额外的工作：完成会议纪要总结、财务管理制度更新、费用报销统计、固定资产盘点、财务培训材料准备等工作。

3. 工作成绩

在会计基础工作方面，我以高度的准确性和专业水平，准确无误地完成了记账、报税和财务报告等任务，为公司的财务管理提供了可靠的支持，为管理层的决策提供了准确的财务数据。

在部门协同方面，我始终保持与其他部门的良好合作，及时提供和统计财务相关数据，为公司整体运营和发展提供了助力。

在额外工作方面，我积极主动地承担了各项任务，并能够按时、高质量地完成。

通过这些努力，我在岗位职责范围内取得了出色的工作成绩，为公司的财务管理和发展做出了积极贡献。我将继续保持高度的专业素养和积极的工作态度，不断提升自己的能力，为公司的成功继续努力。

4. 工作中待解决的问题

部门数据统计口径不同，核对数据时需要花费较多时间和精力，需要找到一个更高效的方法，统一各部门的数据统计口径。

二、下半年工作计划

1. 完成财务报告

在每个月末，我会及时并准确地完成财务报告，这包括但不限于利润表、资产负债表以及现金流量表，确保各部门和领导对公司财务状况有准确的了解。

2. 进行税务申报

我将在规定的时间内完成各类税务申报工作，确保公司的税务符合所有相关的法律和规定，避免任何可能的罚款或违规行为。

3. 提供财务支持和咨询

我将与各部门紧密合作，提供必要的财务数据和分析，以帮助他们更好地理解自己的预算和花费，同时为公司的决策提供支持。

4. 完成年末结算

在年末，我将完成财务的年末结算工作，包括年度收支、利润计算、税务结算等，为公司提供全面而准确的年度财务报告。

7.3.2 个人工作总结形式设计

这一次你打算直接把 Word 文档导入 MindShow 制作 PPT，不再转换成 Markdown 的文本格式。在导入之前，你特地先查看了 Word 文本导入的设置说明，如图 7-20 所示。

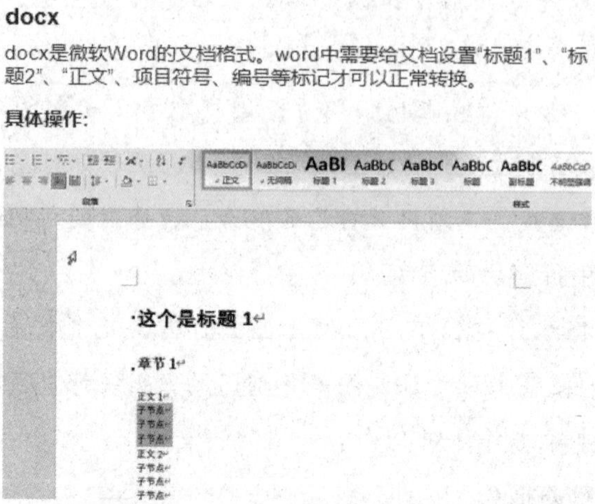

图 7-20　MindShow 导入 Word 格式文本说明

在对照说明设置好自己的个人工作报告格式后，你导入了 Word 文档，来到了 MindShow 的文本编辑和 PPT 设计页面，如图 7-21 所示。

图 7-21　MindShow 的文本编辑和 PPT 设计页面

还是先调整左侧的文本，这包括输入关键信息，编排逻辑顺序，以及确保内容的准确性和清晰度。在这个过程中，你要使用简洁、易理解的语言，以便让自己的工作成绩更好地被看见。

接下来挑选模板。模板的选择应该与你的个人风格相符，如你希望展现出自己干练、有效率的一面，就可以选择一个简洁、专业的 PPT 模板；希望展现自己的年轻活力，就可以挑选一个色彩明快些的模板，不过整体上要避免过于繁杂的设计元素。

模板被选定之后，你开始对 PPT 的每一页进行布局设计。这包括决定文字、图片、图表等元素的放置位置，以及每一页的导航流程。大体上的设计原则是保持一致性，还要留意每一页都有足够的空白空间，避免信息过载。

最后，你将这个 PPT 导出，得到了一个初稿，如图 7-22 所示。

图 7-22　个人工作总结 PPT 初稿

在周五正式汇报之前，你还可以继续完善这个 PPT，尽可能检查所有的细节，包括拼写错误、格式问题等，让你的 PPT 更加完美。

期待你在工作汇报上的精彩展示！

8 发现职业优势，ChatGPT助你一臂之力

在我们追求职业发展的道路上，无论你是一名初出茅庐的职场新手，还是一位经验丰富的行业专家，都会面临一些挑战。如何制作出一份让人眼前一亮的简历？如何在面试中表现出色，脱颖而出？又如何规划自己的职业生涯，扬帆远航？如果你也正在为此感到困扰，不如看看如今流行的各种智能工具，如ChatGPT，正在以前所未有的方式理解你的需求，帮助你处理各种问题。利用这些工具，也许就能发掘出你的职业优势，助你在职业道路上走得更远。

8.1 用 ChatGPT 写一份“五星级”财务简历

——简历不止一面，个性化求职需要定制化简历。

你是不是也有过这样的经历：在招聘网站上反复修改、发送简历，然后默默等待一个面试的机会，可简历却石沉大海。当你看到简历发送页面的“已读未回”四个大字，直接心往下沉。然后，就没有然后了。没有面试的通知，没有任何回应。HR 看到了你的简历，但没有兴趣约你面试。明明自己与求职的职位匹配度较高，为什么没有回应呢？可能答案就在简历上。一份出色的简历就是财务人的通行证，可以让你从众多的求职者中脱颖而出。如果你的简历没有吸引力，缺乏特色，就可能错过进入心仪公司的机会。这就是我们要讨论的话题。到底什么样的简历才有吸引力？如果自己写不出一份“五星级”简历怎么办？

8.1.1 “五星级”的秘诀在于量身定制

很多财务人在求职过程中会陷入一个误区——制作一份“通用”简历，以便在各种财务职位上“一网打尽”。也就是说，不管你求职哪家公司的财务职位，都使用同一份简历。

这可不是明智之举，要知道，每一个职位，每一个公司，甚至每一个行业，都有其特殊的需求和期望。同样的会计职位，在不同的公司，他们期待的可能是不同的能力，或是记账能力，或是成本控制能力等。

因此，认清这个现实就会明白一份所谓的“通用”简历，是没办法准确满足特定职位需求的。这也无怪 HR 对你的简历没有兴趣了。

很多时候大家自认为与求职职位匹配度较高，但是你怎么证明呢？举个例子来说，假设你正在申请一个需要精通税务规划的财务职位。在你的简历中，如果仅仅罗列出你从事过的一般财务工作经验，对于税务规划方面的内容仅仅一笔带过。是，或许你从事过税务规划的工作，也有过相关的成果，但这些你并没有在简历中重点凸显出来。那么，HR 也就可能会因为看不到你的特殊价值，所以将你的简历放在一边。反之，如果你能够在简历中，有针对性地强调你在税务规划方面的经验和成绩，如你曾经帮助公司节省了多少税收，列出直接的数据，或者设计了哪些有效的税务策略，这样你的简历一下子就会引起 HR 的注意，面试邀约不就来了。

所以，一份“五星级”简历，意味着要突出自身的价值和适应性，呈现的个人能力应与目标职位完全契合，甚至超出职位招聘的需求，这就需要根据目标职位信息进行简历优化，为每一个目标职位定制一份“专属”简历。

看到此处，又有人觉得这也太麻烦了，求职的人本来就要“广撒网”，每天要投出很多份简历，如果每一份简历都要重新写，会很耗费时间，这怎么办呢？用ChatGPT或许可以快速完成这个简历优化的过程。

我们来实际操作一下，先在招聘网站上找一则财务类职位的招聘信息，内容如下：

××公司招聘信息

职位名称：

财务主管。

岗位职责：

1. 根据公司经营业务，合理合规进行账务处理，按时完成会计报表并上报财务负责人。

2. 处理涉税事项及税务申报、所得税汇算清缴、财政统计、年报编制等相关工作。

3. 负责固定资产的登记入账、月度折旧，资产的盘点、处置及其账务处理。

4. 负责项目票据管理，对发票的开具、作废、红冲及缴销等环节进行相关审核及处理。

5. 关注项目进展，及时输出反馈项目指标完成情况及应收回款情况，做好应收账款的催缴预警，定期检查梳理未结清的往来款项。

6. 按项目预算管理要求对项目预算的执行情况进行分析反馈。

7. 输出项目经营分析报告，协助业务部门进行债权债务的清理。

8. 负责项目财务内控管理工作，配合做好审计工作。

9. 完成领导交办的其他工作事项。

任职要求：

1. 熟悉国家各项财经法律法规及制度、熟知企业会计准则。

2. 熟练掌握财务用友软件和办公软件。

3. 有总账会计经验者、集团公司财务经验者优先。

4. 初级会计证书，有中级会计证书者优先。

5. 有团队合作精神及良好的沟通能力，执行力强，工作态度严谨，认真负责，主观能动性及服务意识强。

其他信息：

语言要求：普通话。

针对这个职位，假设你有中级会计证书，也能熟练应用各类会计软件，有过相关的工作经验，但因为这个职位薪资比较高，求职者众多，怎么进行优化更能让自己的简历更“亮眼”呢？来问问 ChatGPT 吧。

这里要注意采用“循序渐进”和“角色扮演”相结合的提问方式。先让 ChatGPT 根据上述职位信息给出针对性的简历优化意见。你可以这么提问，“我想求职一个财务主管岗位，请结合职位招聘信息给出一些简历写作的具体建议。招聘信息内容如下（附上招聘具体信息）”，ChatGPT 就会给出相应的建议，如图 8-1 所示。

当然，我会针对你提供的职位信息，给出更具体的建议。

1. **专业摘要**：在简历的开头，概述你的财务技能和经验，以及你希望获取的职位。例如，你可以写“财务专业人士，拥有5年的总账会计经验和集团公司财务管理经验，熟悉财经法律法规和企业会计准则，精通用友财务软件。期望获得财务主管的职位，进一步发挥我的财务管理能力。”
2. **突出熟悉国家各项财经法律法规及制度**：在工作经历部分，你可以列举一些你在税务申报、所得税汇算清缴等方面的具体工作，展示你对财经法规的熟悉程度。
3. **强调财务软件技能**：你可以在“技能”部分写明你熟练掌握的财务用友软件和办公软件。
4. **展示总账会计经验和集团公司财务经验**：在“工作经验”部分，针对性地介绍你在总账会计和集团公司财务管理方面的经验和成果。
5. **列出你的会计证书**：在“教育和证书”部分，列出你所获得的初级和/或中级会计证书。
6. **证明你的团队合作精神和沟通能力**：通过具体的实例，展示你如何与团队合作处理复杂的财务问题，以及你如何有效沟通以达成工作目标。
7. **展示执行力和服务意识**：在描述你的工作经验时，展示你如何执行策略并推动项目前进，以及你的主动服务意识。
8. **量化成果**：例如，你可以说“在项目X的财务管理中，我通过有效的预算控制，使实际花费比预算低了10%”或“通过对账务处理的严谨管理，我帮助公司节省了15%的运营成本”。

图 8-1　ChatGPT 给出简历优化建议示例

这一步的提问价值在于先让 ChatGPT 列出简历需要优化的点，这在接下来的提问中具有基础性作用。因为 ChatGPT 的文本生成具有随机性，如果直接让它写出简历，可能没办法把这些点都写到，而有了这个方向，也就能利用 ChatGPT 回答问题的连贯性接着提问。

这里要赋予 ChatGPT 一个求职者的角色，让它结合上述优化建议，写一份针对这个职位的求职简历。你可以这么提问："现在，你是一个求职者，想要获得这个财务主管职位，根据上述简历优化的建议，写出一份完整的求职简历，你的基础情况是有中级会计证书，毕业于 AA 大学，从事财务工作 5 年。简历要高度匹配这个职位，甚至超出职位需要。"

很快，ChatGPT 就根据你提供的基础情况和要求，写出了一份完整的简历，如图 8-2 所示。

个人信息

李华
电子邮件: huali@email.com
电话: (123) 456-7890

专业摘要

具有中级会计证书的财务专业人士，毕业于AA大学，拥有5年的财务工作经验，其中包括2年的集团公司财务经验。熟练掌握用友财务软件和办公软件，精通国家各项财经法律法规及制度、企业会计准则。具有优秀的团队合作精神、沟通能力，执行力强，工作态度严谨，有高度的责任感和主观能动性。寻求财务主管的职位，期望进一步发挥我的专业技能，为公司的财务管理带来价值。

工作经历

财务主管助理，XYZ集团
2019年 - 至今

- 根据公司经营业务，负责账务处理和会计报表编制，每月都准时完成并得到上级的认可；
- 负责处理涉税事项及税务申报，成功优化了税务申报流程，提高了申报效率20%；
- 负责固定资产的登记入账、月度折旧，以及资产的盘点、处置及其账务处理，准确无误；
- 负责项目票据管理，有效地控制了发票的开具、作废、红冲及缴销等环节，确保了流程的顺利进行；
- 定期检查梳理未结清的往来款项，主动催缴应收账款，提高了回款率15%。

财务助理，ABC公司
2018年 - 2019年

- 协助处理公司的日常财务事务，如编制会计报表，处理涉税事项等；
- 参与固定资产的入账登记和月度折旧；
- 配合进行项目的财务内控管理工作，协助完成审计工作。

教育背景

AA大学，财务管理专业
2013年 - 2017年

证书

中级会计师，2019年

技能

- 熟悉国家各项财经法律法规及制度
- 精通企业会计准则
- 熟练掌握用友财务软件和办公软件
- 强大的执行力
- 出色的团队合作和沟通能力
- 高度的责任感和自我驱动力

语言能力

- 普通话：流利

图 8-2 ChatGPT 生成定制化简历示例

于是，ChatGPT 生成了一份完全契合这个岗位的求职简历。你可以针对自己的情况进行细节之处的修改，也可以在最开始提供更详细的个人情况，让 ChatGPT 帮你添加进去相应的内容。

如果你对这个简历还是有不满意的地方，可以继续沿用“循序渐进”的提问招式，如告诉它“在原来的基础上，把简历中工作经历进行详细的描述”或者“添加英语六级的技能和相关英语工作经历”，ChatGPT 都能继续针对这份简历进行完善。

最后要提醒广大财务人，优化简历不等于虚构工作经历。我们需要的是换一种方式，更加突出、直接、一目了然地展示出自己的能力，扬长避短，为自己赢得一个面试的机会。否则，如果完全没有相关工作经验，就算侥幸通过了面试，在入岗实习期间也会被发现名不副实，然后因不能胜任岗位被淘汰，浪费公司和个人的时间，也对自己的从业之路没什么助力。

8.1.2 中英文简历切换

很多公司，特别是跨国公司，对于员工是要求具备一定英语基础的。或者在一些竞争激烈的职位中，英语也成了一项筛选简历的标准，有些甚至会直接在招聘信息中要求求职者提供英文简历。

虽然很多财务人可能已经具备了英语四级或六级的证书，但这些考试主要是测试学生的阅读、写作、听说等基础语言能力，并不能保证他们在专业场景中，能够准确地用英语进行沟通。

在专业场景中，一点小小的翻译错误，就可能会造成很大的误解。比如，“营业利润”和“净利润”在财务报告中就有着本质的区别，如果翻译错误，可能就会给人留下不专业的印象。对于很多财务人来说，过往的工作经历很少有机会使用英语，所以在真正需要用英语写简历或者进行交流的时候，就不知所措了。

假设你正在面临申请工作需要提供一份英文简历，你努力尝试去翻译，但无法确定翻译是否准确，也不知道能不能真实反映出自己的工作经验和技能。例如，你可能会纠结，“会计核算”应该翻译成“accounting calculation”还是“accounting processing”？“财务报告”应该翻译成“financial reporting”还是“financial report”？而这些术语和表达方式的选择，可能会直接影响招聘者对你的评价。

不过，有了 ChatGPT 这样的工具，你就可以轻松地解决这个问题。只需要将中文简历输入对话框，它就可以迅速为你生成一份准确、专业的英文简历。

你以为这样就完了？不，ChatGPT 还能帮你优化简历的表达方式，根据你的目标职位，提供更合适的表达方式和词汇。比如，你可能在简历中写道：“我负责公司的财务报告和税务处理。”如果你使用 ChatGPT，它可能会将这句话翻译为“I was responsible for the company's financial reporting and tax processing.”，从而确保你的简历不仅语言准确，而且符合专业标准。

就以之前 ChatGPT 生成的这份简历为例，我们直接要求它把简历转换成英文简历，来真实体验一下吧，看看 ChatGPT 的翻译怎么样，如图 8-3 所示。

Personal Information

Li Hua
Email: huali@email.com
Phone: (123) 456-7890

Professional Summary

A finance professional with an Intermediate Accounting Certificate, graduated from AA University, with 5 years of finance experience, including 2 years of group company finance experience. Proficient in UFIDA financial software and office software, familiar with national financial laws and regulations, and enterprise accounting standards. With excellent team spirit, communication skills, strong execution, rigorous work attitude, high sense of responsibility, and proactivity. Seeking the position of Financial Supervisor to further utilize my professional skills and bring value to the company's financial management.

Work Experience

Assistant Financial Supervisor, XYZ Group
2019 - Present

- Responsible for accounting processing and accounting report preparation according to the company's business operations, always completed on time and approved by superiors.
- Responsible for handling tax-related matters and tax declarations, successfully optimized the tax declaration process and improved declaration efficiency by 20%.
- Responsible for the registration, monthly depreciation of fixed assets, as well as inventory, disposal, and accounting processing of assets, all handled accurately.
- Responsible for project bill management, effectively controlling the issuance, invalidation, red flush, and cancellation of invoices, ensuring the smooth process.
- Regularly checked and sorted out the unsettled accounts, actively collected receivables, and increased the collection rate by 15%.

Finance Assistant, ABC Company

2018 - 2019

- Assisted in handling the company's daily financial affairs, such as preparing accounting reports and handling tax-related matters.
- Participated in the registration and monthly depreciation of fixed assets.
- Cooperated with the financial internal control management work of the project and assisted in audit work.

Education

AA University, Major in Financial Management

2013 - 2017

Certifications

Intermediate Accountant, 2019

Skills

- Familiar with national financial laws and regulations
- Proficient in enterprise accounting standards
- Proficient in UFIDA financial software and office software
- Strong execution
- Excellent team cooperation and communication skills
- High sense of responsibility and self-drive

Language Proficiency

- Mandarin: Fluent

图 8-3　ChatGPT 翻译简历示例

其实，无论你的英语水平如何，只要你有需要，都可以尝试使用 ChatGPT 来帮助你编写并优化英文简历。这样，你就可以更加专注于展示你的专业技能和工作经验，避免因为语言问题错失面试机会。

8.1.3　结合其他软件一键生成简历

现在，简历的内容生成不用再头疼了。使用 ChatGPT，你可以为每一个目标职位量身定制一份“五星级”简历。但是提交简历不能光秃秃的就一份文档吧，排版也很重要。

试想一下，如果你是 HR，面前有两份简历，一份简历全是黑白文字，就像一篇报告，内容混乱，段落不清，完全不知道重点在哪里；另一份简历则是清晰、有序，每一项内容都被准确地分类，重要的点会特别标注。你会怎么选？相信大多数人都会选择后者。因为人们通常喜欢那些让人看起来舒适，易于理解的东西。

虽然现在已经有很多简历模板供大家选择了，但是注意，我们现在要为每一个职位量身定制简历，这意味着要不断新增或删减内容。如果每一次都需要自己手动调整排版，那也太慢了。

其实，现在市面上已经有很多简历制作工具了，填入相应的内容，就可以更换各种模板，自动进行排版。你输入“李华，财务专业毕业，有 5 年的财务工作经验。擅长财务报告编制，熟练使用英语进行商务交流。”这些工具就会自动根据模板的排版位置，帮你将这些信息放入正确的地方，整理成一份看起来专业且有吸引力的简历。并且，这些工具一般都支持在线保存和下载，你可以随时修改并导出自己的简历。

这里就以日常工作中常用的 WPS Office 为例，打开稻壳儿，在应用里找到“简历助手”，点击来到“简历助手”的主页面，如图 8-4 所示。

图 8-4　WPS Office“简历助手”页面

你可以点击“导入简历”，把刚刚由 ChatGPT 生成的简历内容复制下来，粘贴到一个新建的 Word 文档中，并导入简历助手。只需几秒，简历助手就会自动把简历的内容进行准确的分类并排版，自动选择一个默认的模板生成一份简历，如图 8-5 所示。

图 8-5　简历助手自动生成简历

可以看到，每一部分内容都能在线编辑，字体、字号、行距、主题、模板，都能一键替换，内容随模板自动变化，不用重新调整。

这里还有一个“一页纸”的“智能调整”按钮。我们都知道，在招聘环节，HR 可能需要在很短的时间内浏览大量的简历，因此，他们通常没有时间去详细阅读每一份简历。如果你的简历太长，很可能会被直接放到一边。所以，无论你的工作经验有多丰富，简历最好能在一页纸上呈现出来。这样不仅能保证招聘人员在短时间内快速浏览你的经验和技能，还能显示出你的信息整理和优化能力。简历助手的这个功能的确很实用。

你可以导入自己的照片，然后选择一个简洁大方的模板，最后点击页面上方的下载按钮，可以导出三种格式的简历，如图 8-6 所示。

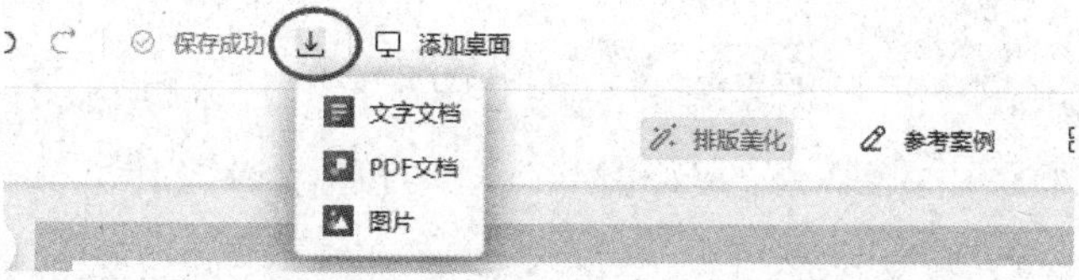

图 8-6　导出简历的格式选择

你可以任选一种模式，这里以图片格式为例，导出完成以后，生成的简历如图 8-7 所示。

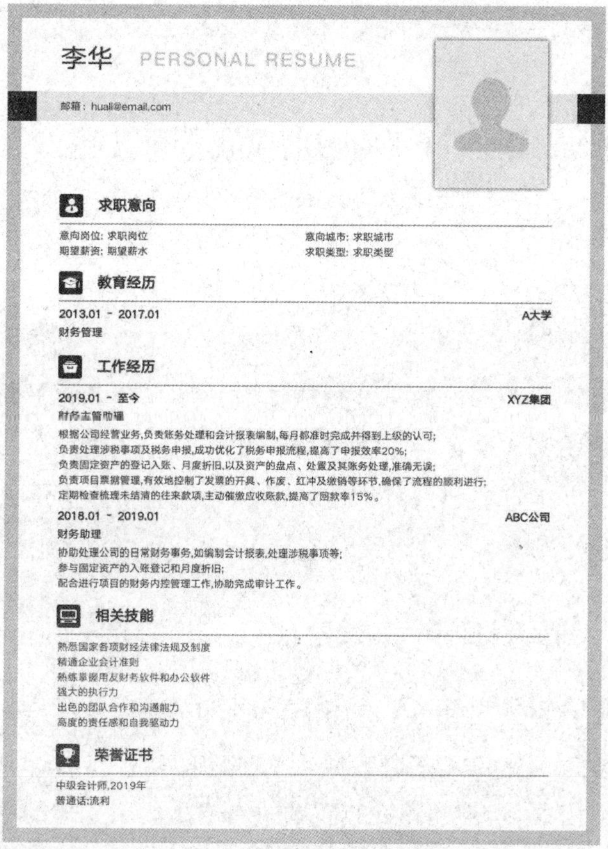

图 8-7　简历助手生成的简历

当然，在实际应用中，你最好选择导出 PDF 格式的简历。如果选择文字文档，即 Word，有时候我们在电脑上排版得很漂亮，但经过传输，在手机上或者别的电脑上打开就可能会出现格式混乱的情况。而 PDF 的格式是固定的。也就是说，不论你在哪个设备或者用什么软件打开 PDF 格式的简历，它看起来都是一样的。这样你就不用担心 HR 在打开你简历的时候，因为格式问题而看不清楚你的简历。

现在，不管是简历的内容优化还是自动排版都学会了，马上动手学习制作一份属于你的“五星级”简历吧，更好的工作还在未来等你，有备无患。

8.2 ChatGPT 的财务面试通关秘诀

——让每场面试都成为一次成功的预演。

有了“五星级”的简历，你很快通过了筛选，得到了面试邀约。面试时间约在了明天，今天晚上你想“临阵磨枪”一番，在网上查了一大堆面试技巧，但是这些建议都太笼统了，并不能给你提供太多具体的帮助。你不禁开始思考，有没有针对特定岗位的面试经验和技巧呢？

8.2.1 “私人订制”面试建议

想了一圈，你又想到了 ChatGPT。ChatGPT 本身就是一个智能的聊天机器人，理论上来说，它确实能理解你的问题，然后针对你的情况给出建议。你只需要告诉 ChatGPT 面试的岗位是什么，你的专业背景、工作经验，甚至是你在面试中特别关注的问题，ChatGPT 就能给你提供针对这一职位的面试技巧。

假如你要面试一个财务会计岗位，有 2 年的相关工作经验，拥有会计学的学士学位，希望 ChatGPT 能给出一些实际的面试建议，就可以直接告诉 ChatGPT 你的情况："我明天要参加一个财务会计的面试，本人拥有会计学学位，并且有 2 年的相关工作经验。我想了解如何有效展示我的技能和经验。"

ChatGPT 会根据这些信息，给出有针对性的建议。比如，建议你准备一些具体的案例，说明你如何在过去的工作中运用你的会计技能来解决问题。这可以包括你如何精准完成财务报表，如何处理复杂的税务问题，或者你如何帮助企业节省成本。这些都是财务会计岗位上常见的任务。展示你的实战经验可以提高你在面试中的吸引力。

ChatGPT 可能还会建议你准备一些常见的面试问题的回答。比如，针对"你能描述一次你成功解决复杂财务问题的经历吗？"或者"你是如何保持对新的税法和财务法规的更新的？"这样的问题，结合自己的情况准备好相关的回答，从而让面试官了解你的专业知识以及你的适应变化的能力。

现在，我们还用之前写简历求职的"财务主管"职位来让 ChatGPT 给出面试的建议和技巧。因为在面试的时候，HR 一般都会从两方面进行面试提问，一是从职位需求出发提问，看看你有没有相关能力，二是从你的简历出发提问，看看你写的内容是否真实，禁不禁得起细说。

为了避免 ChatGPT 给出通用的回答，你可以直接让它结合招聘信息和你的简历，给出详细可操作性的面试准备建议，如图 8-8 所示。

首先，祝贺你成功进入面试阶段！面试是你向招聘者展示自己技能和能力的最佳机会。以下是一些建议和技巧，帮助你在面试中脱颖而出：

1. **做好充足准备**：再次熟悉你的简历和岗位职责。准备一些关于你的经验和技能如何符合这个职位要求的例子。
2. **详细解释你的经验和技能**：在回答关于你的经验和技能的问题时，尽量详细地解释你的角色、你所承担的责任，以及你的成就。例如，你可以谈谈你在XYZ集团中如何改进税务申报流程，以及你的这些改进如何提高了申报效率。
3. **提问**：在面试结束时，通常会有机会向面试官提问。这是你表现积极态度和对公司及岗位深入了解的好机会。你可以问一些关于公司文化、团队结构、工作预期等的问题。
4. **展示你的沟通和团队协作能力**：在描述你的工作经验时，特别强调那些需要沟通和团队协作的任务或项目。例如，你可以讲述一次你和团队一起解决了一个困难的财务问题的经历。
5. **展示你的执行力和主观能动性**：用实际的例子展示你如何执行策略，推动项目前进，以及你的主动服务意识。例如，你可以提到你主动催缴应收账款，提高了回款率的经历。
6. **保持专业和积极**：在面试过程中，尽量保持专业，积极，展示出你对这个职位的热情。表现出你愿意接受挑战，并且有能力解决问题。
7. **预计会被问到的问题并准备答案**：例如，“你为什么认为自己适合这个职位？”、“你在XYZ集团的职责是什么？”、“你处理过哪些财务问题，最困难的是哪一次，你是如何解决的？”、“你如何管理应收账款和未结清的往来款项？”等。
8. **清晰、准确地回答问题**：在回答问题时，先思考一下，然后清晰、准确地表达你的想法。如果你不理解问题，不要害怕请求面试官重复或解释。

图 8-8 ChatGPT 给出的定制化面试建议示例

可以看到，ChatGPT 完全结合“财务主管”的招聘信息和刚才的简历内容生成了一份真正的“私人订制”面试建议。把这八条充分准备好，基本上就算一次超高效率的“临阵磨枪”了。如果哪方面的问题还想准备得更细一些，可以继续让 ChatGPT 详细说明，如第七条预计会被问到的问题，你可以继续让 ChatGPT 列举问题并给出相应的回答，你可以直接拿来借鉴。

8.2.2　实景模拟面试现场

如果在消化了上述面试建议之后，你还是觉得有些紧张，不要担心，这是很正常的，即使是有经验的求职者也会有这样的感觉。一个很有效的办法就是进行模拟面试，通过实践来提升信心和技能，这一点 ChatGPT 也完全可以帮到你，给你提供一个模拟的面试环境，毕竟面试的本质也是一场聊天。

这要怎么做呢？

首先，你得告诉 ChatGPT 你要面试的岗位是什么，你的专业背景是什么，以及你的工作经验。比如，你要面试的是财务会计的岗位，有一些相关的工作经验。然后，给出指令让 ChatGPT 扮演面试官，开始对你进行提问，你回答，它再根据你的回答继续提问。

ChatGPT 扮演面试官的角色向你提出的这些问题可能涵盖你的工作经验、专业技能，以及你如何解决工作中的具体问题等。比如，你觉得成本控制应该怎么做？

除此之外，ChatGPT 还可以帮助你准备一些自己的提问。在真实的面试中，HR 通常会给你一个提问的机会。你可以向 ChatGPT 求助，让它给你一些合适的问题，让你在面试中展现出自己的积极性和对工作的关注。

一起来模拟试试看吧，还是以刚刚的“财务主管”面试为例。你可以先采用“角色扮演”的招式，赋予 ChatGPT 面试官的角色，提前说好面试“规矩”，然后 ChatGPT 就会根据你的指令开始对你提问，如图 8-9 所示。

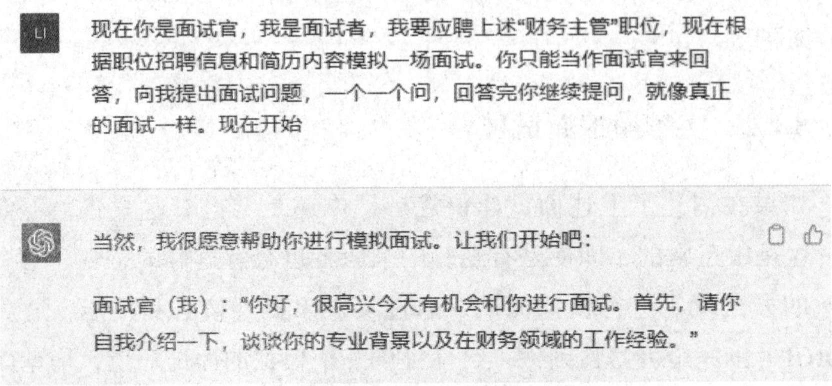

图 8-9　ChatGPT 担任面试官模拟面试示例一

然后你可以针对 ChatGPT 的提问开始回答，这里还是以之前的简历内容为标准进行演示。

你可以这么说："你好面试官，我的名字是李华，2017 年毕业于 A 大学财务管理专业，有过两段工作经历。第一份工作是毕业第一年，在 ABC 公司做财务助理一职，日常协助处理公司的日常财务事务，如编制会计报表，处理涉税事项等；也参与固定资产的入账登记和月度折旧；还配合进行项目的财务内控管理工作，协助完成审计工作。第二份工作是在 XYZ 集团做财务主管助理，从 2019 年 1 月入职，一直做到现在，主要负责账务处理和会计报表编制，每月都准时完成并得到上级的认可；负责处理涉税事项及税务申报，成功优化了税务申报流程，提高了申报效率 20%；还负责固定资产的登记入账、月度折旧，资产的盘点、处置及其账务处理，以及项目票据管理，有效地控制了发票的开具、作废、红冲及缴销等环节，确保了流程的顺利进行；负责定期检查梳理未结清的往来款项，主动催缴应收账款，提高了回款率 15%。"

然后，ChatGPT 会继续提问，你要根据问题，想象自己在真实地参与面试，一字一句认真回答，如图 8-10 所示。

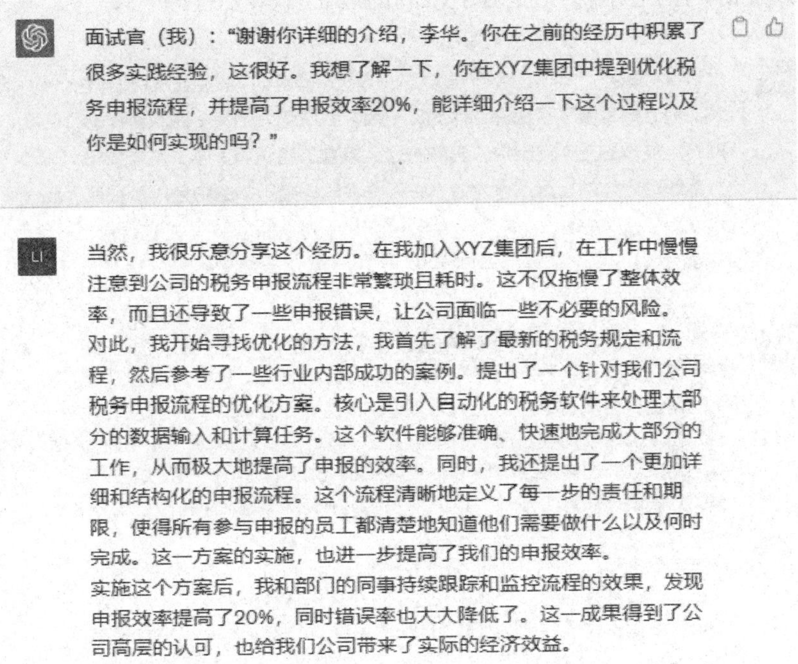

面试官（我）："谢谢你详细的介绍，李华。你在之前的经历中积累了很多实践经验，这很好。我想了解一下，你在XYZ集团中提到优化税务申报流程，并提高了申报效率20%，能详细介绍一下这个过程以及你是如何实现的吗？"

当然，我很乐意分享这个经历。在我加入XYZ集团后，在工作中慢慢注意到公司的税务申报流程非常繁琐且耗时。这不仅拖慢了整体效率，而且还导致了一些申报错误，让公司面临一些不必要的风险。
对此，我开始寻找优化的方法，我首先了解了最新的税务规定和流程，然后参考了一些行业内部成功的案例。提出了一个针对我们公司税务申报流程的优化方案。核心是引入自动化的税务软件来处理大部分的数据输入和计算任务。这个软件能够准确、快速地完成大部分的工作，从而极大地提高了申报的效率。同时，我还提出了一个更加详细和结构化的申报流程。这个流程清晰地定义了每一步的责任和期限，使得所有参与申报的员工都清楚地知道他们需要做什么以及何时完成。这一方案的实施，也进一步提高了我们的申报效率。
实施这个方案后，我和部门的同事持续跟踪和监控流程的效果，发现申报效率提高了20%，同时错误率也大大降低了。这一成果得到了公司高层的认可，也给我们公司带来了实际的经济效益。

图 8-10　ChatGPT 担任面试官模拟面试示例二

这个问题就是针对你之前谈到自己工作经历中提到的“负责处理涉税事项及税务申报，成功优化了税务申报流程，提高了申报效率 20%”这部分内容进行的提问，主要想了解你的问题解决能力和实际操作经验，同时评估你对财务税务流程的理解和掌握程度。回答这个问题需要你对税务申报流程有深入的理解和实践经验。

在具体回答的时候，你需要解释在税务申报流程中存在的问题是什么，然后详细描述你是如何优化这个流程的。过程中你要说明使用了哪些工具或技术，通过哪些具体的步骤实现了流程的优化。特别要注意的是，你需要说明优化流程后的具体成果，如何计算出提高了 20% 的效率，并阐述这个改进对公司有何影响，如节省了多少时间或成本。

回答完这个问题，ChatGPT 又针对招聘任职要求中的“有团队合作精神及良好的沟通能力”提出了新的问题，如图 8-11 所示。

面试官（我）：“非常感谢你分享这个经历，李华。你的主动性和问题解决能力给我留下了深刻的印象。下面，我想问一个关于团队协作的问题。在你的工作经历中，有没有什么特别的团队项目或者你需要和其他部门协作的经历？你能分享一下你在这些经历中的角色以及你从中学到了什么吗？”

LI

好的，其实我的工作中经常要与其他部门配合，记得有一次，我们的财务部门需要和销售部门合作完成预算方案的制定。我在其中担任联络的角色，协调两个部门的沟通。这并不是一件简单的事情，因为销售部门和财务部门在预测和预算上有着不同的观点和目标。销售部门倾向于预测一个较高的销售额，而财务部门则倾向于一个保守的预算。我需要理解两个部门的观点，并寻找一个双方都可以接受的解决方案。

通过这个任务，我学习到了如何在不同的部门间协调，如何进行有效的沟通，以及如何解决矛盾和分歧。这个经历让我明白，一个好的团队协作不仅仅需要明确的目标和良好的沟通，还需要每一个成员的理解和妥协。

图 8-11　ChatGPT 担任面试官模拟面试示例三

当面试官提出这个问题时，他们其实是想了解你在团队合作和跨部门协作的场景下的工作经验，据此来判断你是否具备团队合作精神及良好的沟通能力。当你回答这个问题时，尽量讲述一些具体的故事或例子，突出你的团队协作能力，展现你在处理时的解决策略。

此外，你还可以强调你在团队协作中的角色，你如何促进团队沟通和协作，如何在困难或冲突面前采取积极应对的态度，以及你如何从团队合作中吸取经验，以更好的方式提高团队效率和产品质量。你可以用你过去的工作经历或项目来证明你的团队协作能力，同时展示你的冲突解决和问题解决技巧。但切记，真实的例子比泛泛的回答更能打动面试官，展示出你真实的自我，图 8-11 的回答就是一个例子。

除此之外，整个面试过程还有会各种各样的其他问题，都是在真正面试时可能会遇到的。比如，面试官可能会问："我想了解你对于财务内控管理有什么理解，你是否有具体实施财务内控管理的经验，以及你对于提高财务内控管理效率有什么想法或者建议？""你能谈谈你对这个财务主管职位的期望是什么吗？你为什么认为自己是这个职位的最佳人选？"这些问题都需要你认真作答。

当然，之前说过，有些需要具备一定英语能力的公司在面试的时候可能也会进行英语提问，如图 8-12 所示。

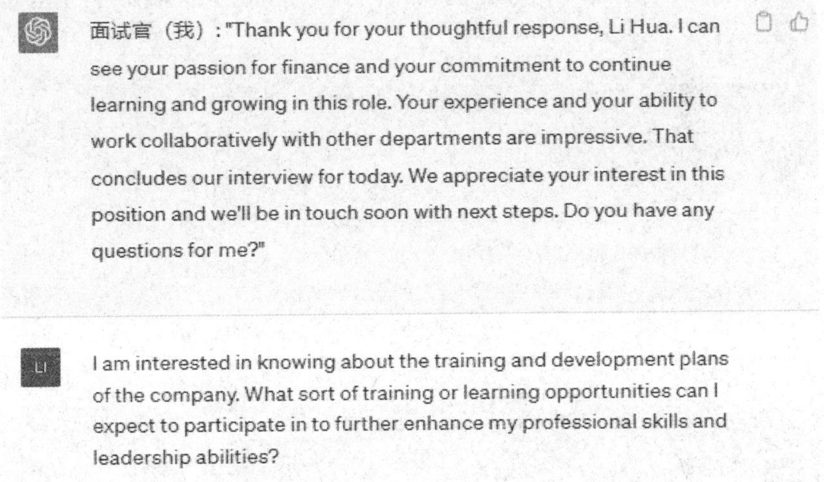

面试官（我）："Thank you for your thoughtful response, Li Hua. I can see your passion for finance and your commitment to continue learning and growing in this role. Your experience and your ability to work collaboratively with other departments are impressive. That concludes our interview for today. We appreciate your interest in this position and we'll be in touch soon with next steps. Do you have any questions for me?"

I am interested in knowing about the training and development plans of the company. What sort of training or learning opportunities can I expect to participate in to further enhance my professional skills and leadership abilities?

图 8-12　ChatGPT 担任面试官模拟面试示例四

面试官的这段话大致是在对你之前的回答表示感谢，并对你的热情、专业性，以及与他人合作的能力表示赞赏，然后告诉你今天的面试就到这里，他们会尽快告诉你下一步的事宜，最后问你是否有任何问题要问他。

这是一个常见的面试结束时的提问，面试官这样问是想看看你是否对这个职位和公司有足够的了解和兴趣。你可以提出一些关于这个职位的具体问题，或者询问公司的文化、团队氛围、工作流程等。比如，你可以按图 8-12 中给出的问题进行提问："我想了解一下公司的培训和发展计划，我能期待参与哪些培训或者学习机会，以进一步提高我的专业技能和管理能力？”这样的问题可以展现你的职业规划和发展意愿，同时能更好地理解公司的员工发展机会。如果你有把握，最好用英语来回答，可以展示出你的英语能力。如果你没把握，还是中规中矩回答就好。

然后面试官可能会就你的问题做出详细的介绍，听完之后你可以对面试官的分享表示感谢，说明这些内容很符合你对专业发展的期望。如果用英语来回答可以说：“Thank you for sharing this, it sounds comprehensive and aligns with my expectations for professional development.”。

最后就是面试的收尾，如图 8-13 所示。

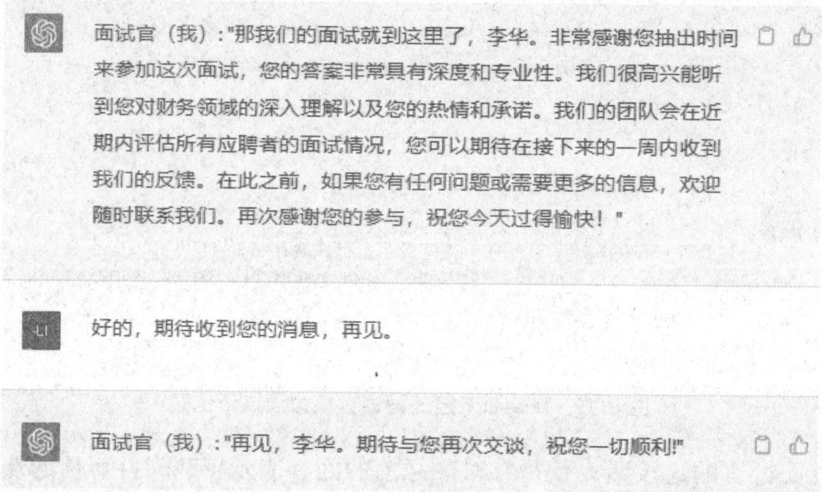

图 8-13　ChatGPT 担任面试官模拟面试示例五

整个流程走下来，可以看到：ChatGPT 完全能提供一个个性化的模拟面试环境，让你在真正的面试前有充足的准备。这是一个很棒的体验，无论你是面试新工作，还是进行公司内部的竞聘，都可以利用这个模拟面试来提前准备，增强面试的信心。

8.2.3 ChatGPT 面试打分并提出建议

不要以为模拟完面试的流程就结束了，没有复盘就相当于没有收获，你只是回答完了问题，但是并不知道自己的回答怎么样，所以在面试结束之后，你要利用 ChatGPT 对整个面试进行复盘。

第一步是要进行一个总体的打分，你可以直接让 ChatGPT 就你刚刚的表现打分并做出评价，如图 8-14 所示。

LI 请以面试官的身份，对我刚才的面试回答打一个分数（满分100分，60分及格），并做出面试评价，告诉我整体表现得怎么样

面试官（我）："谢谢你，李华。我会给你的整体表现打出85分。在你的回答中，你详细地说明了你的专业技能和经验，尤其是在改进流程、团队协作和财务内控管理方面的实践经验。你也向我们展示了你的沟通技巧和战略思考能力。此外，你对于未来职位的期待和你对于自我提升的热情也给我留下了深刻的印象。

然而，面试中的一些回答可以有更深度的洞察，尤其是关于如何具体地应对和解决财务管理中可能出现的复杂问题。另外，虽然你在面试中表现出了良好的专业知识，但对于某些问题，如果你能结合更多实际的例子和经验来回答，可能会更有说服力。

总的来说，你的表现是非常出色的，你的专业技能和经验与我们的财务主管职位非常匹配。我对你在我们公司的可能贡献感到很兴奋。再次感谢你今天的参与和努力。"

图 8-14 ChatGPT 面试打分示例

这里，ChatGPT 就你刚刚的表现打出了 85 分，也给你提出了一些改进意见，总体上认为你的表现非常出色，这下，你终于找到了一点明天参加面试的信心。

不过，复盘的过程一定要细，完成第一步的整体打分，第二步就要把整个面试过程中的问题和回答一一输入给 ChatGPT，让它对这些问题进行分析，并对你的每个回答进行打分，最重要的是给出优化建议。

比如，对于“你能谈谈你对这个财务主管职位的期望是什么吗？你为什么认为自己是这个职位的最佳人选？”这个问题，你的回答是：“我对这个财务主管的职位有很高的期望，希望这个职位不仅是管理财务的各项工作，而且能够以一种更具有战略意识的方式来参与公司的决策。同时，我也期望能够在这个职位中有机会继续学习和成长。我认为自己是这个职位的最佳人选，首先，我有丰富的财务管理经验，能够应对各种财务问题和挑战。其次，我具有良好的团队协作和沟通能力，可以有效地管理团队，并与其他部门进行有效的协作。最后，我对财务工作抱有很高的热情，愿意不断学习和进步，以帮助公司实现目标。我期待有机会在这个职位中发挥我的专业知识和技能，为公司的成功做出贡献。”

你就可以直接把这个问题和你的回答复制给 ChatGPT，并向 ChatGPT 提问，如“请先分析这个问题，然后评价我回答得怎么样，最后给出优化的建议”。然后，你就得到了一个针对这个问题和答案的具体分析，如图 8-15 所示。

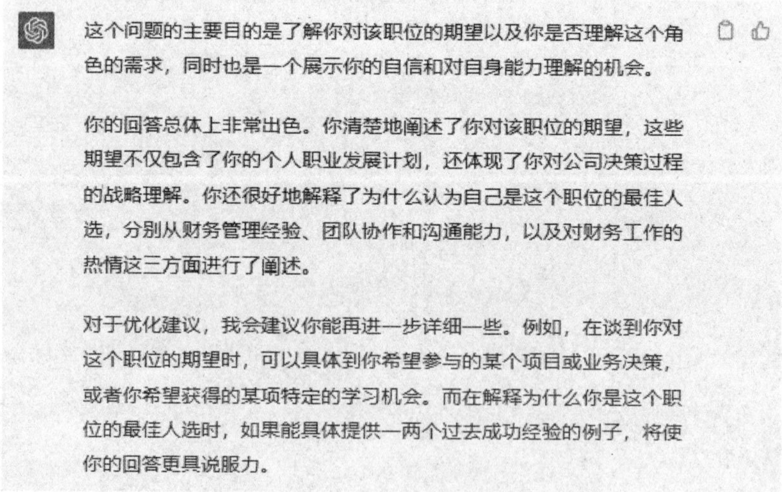
这个问题的主要目的是了解你对该职位的期望以及你是否理解这个角色的需求，同时也是一个展示你的自信和对自身能力理解的机会。

你的回答总体上非常出色。你清楚地阐述了你对该职位的期望，这些期望不仅包含了你的个人职业发展计划，还体现了你对公司决策过程的战略理解。你还很好地解释了为什么认为自己是这个职位的最佳人选，分别从财务管理经验、团队协作和沟通能力，以及对财务工作的热情这三方面进行了阐述。

对于优化建议，我会建议你能再进一步详细一些。例如，在谈到你对这个职位的期望时，可以具体到你希望参与的某个项目或业务决策，或者你希望获得的某项特定的学习机会。而在解释为什么你是这个职位的最佳人选时，如果能具体提供一两个过去成功经验的例子，将使你的回答更具说服力。

图 8-15　ChatGPT 分析面试问答示例

经过一番与 ChatGPT 的深度互动，你手里有了一份完全匹配明天面试的目标职位和自身简历的最佳面试回答模板。这份模板汇集了你所有的工作经验、项目案例、个人特质和职业规划，构成了一份全面的面试备战资料。

如今，你心中充满了信心，对即将到来的面试准备得十分充足，对每一个可能的提问都有了深思熟虑的答案。可以预见，在明天的面试中，你一定能从容应对，自信满满，展现出最好的自我。

8.3 ChatGPT 为你规划职业路线图

——职业梦想，ChatGPT 助你飞翔。

经过一番激烈的面试角逐，你成功"上岸"，入职了这家心仪的公司，在刚开始的两个月里，你全身心地投入工作，努力适应新的工作环境，凭借过去的经验很快掌握了工作内容，并且在完成工作任务的同时，也逐渐了解并熟悉了公司的文化和运营模式，顺利转正。新工作的适应并没有让你满足，反而让你对自己未来的职业发展有了更多的思考。你明白，只有清晰的职业规划和不断的自我提升，才能在职场上取得更高的成就。因此，你开始思考并规划你的未来，寻找进一步提升自己、实现更高目标的路径。

8.3.1 财务人的常规职业发展路线

规划自己的职业发展路线对于财务人来说相当重要。没有清晰的职业路线可能会让我们失去动力，感觉自己的工作毫无目的，只是为了生活而生活。

财务人的职业发展路线多样，但一般来说，有一个相对标准的发展路径。

在初级阶段，很多财务人一毕业都是从出纳、财务助理、初级会计师等基础职位开始，负责日常财务事务的处理，如资金收支、录入数据、整理报告、处理发票等。这个阶段是积累经验和掌握基础财务知识的过程。

随着经验的积累，逐渐升级到中级岗位，比如财务分析师、成本会计、财务主管等。这个阶段的工作更侧重具有一定复杂性的财务分析、预算控制和项目财务管理等，往往需要财务人具备更高的财务分析能力和优秀的综合素质，如领导力和沟通能力。很多财务人也会选择在这个阶段提升自己的学历和专业能力，如考研、考博，或拿下注册会计师、注册税务师等证书。

再往上，就是高级岗位。当积累了丰富的经验和出色的业绩后，财务人就可能晋升为财务经理或者财务总监。这个阶段的财务人，不仅要处理和分析财务数据，还要管理一个财务团队，制定财务策略，参与公司的战略决策，这就需要有很强的领导力、决策力，还要有良好的沟通和协调能力。

最后，如果有志于更高的领导职务，甚至有可能成为 CEO 或者公司董事。在这个位置，财务人将会参与更多的战略决策，引导公司的发展方向。

不过，这只是一个常规的路线图，每个人的能力、机会、兴趣、理想等都各不相同，所以实际的职业发展可能会根据个人情况和公司需求有所区别，甚至产生很大的差异。可能你的升迁速度会比这个快，也可能会比这个慢。另外，你也可以根据自己的兴趣和特长，选择不同的职业发展路径，如转向投资银行，成为金融分析师，或者专注于税务、审计等领域。

但无论处于职业生涯的哪个阶段，或者选择什么样的发展路线，财务人都需要有一个清晰的职业路线图，确定自己的发展目标，并根据目标规划自己的学习进度，制订相应的学习计划和策略。如果你的目标是成为一个优秀的财务经理，就需要提前学习一些领导力的课程来提升自己的决策力；如果你的目标是成为一个财务分析师，就需要专注于数据分析和模型构建的技能。

8.3.2　ChatGPT 定制专属职业路线图

常规职业发展路线只不过是大多数财务人走的道路，是一个总体的方向，但这条路线并一定适用于每个财务人，因为人生经历是不可复制的，这也是尽管我们学习了那些成功人士的经验，但仍然不能一比一复制对方的成功的原因。

职业规划是一个个性化且复杂的过程，涉及对个人兴趣、职业目标、个人优势、发展机会以及市场趋势的深入理解和分析。其实，更好的办法的是寻求专业规划师的帮助。不过，每个人身边不一定都能找到从事相关工作的人。对于网络咨询，有人又担心不靠谱。就算在实际中找得到，高昂的咨询费用和时间限制也不是大多数财务人的荷包能负担得起的。

最重要的是，人的兴趣、技能和目标是不断变化的，在规划职业路线的时候，应该以发展的目光来看待自己。所以，规划职业路线不是一次就能做好的，需要根据自己的情况定期或不定期地做出调整。

现在，ChatGPT 就可以扮演职业规划师这个角色，虽然称不上多专业，但是在一定程度上给一些指导意见还是做得到的，毕竟最终的职业发展道路还是要靠自己走。每个人的想法随时在变，就算过段时间又有了新的想法，也能让 ChatGPT 帮你重新做规划。

现在还以入职新公司的“财务主管”为背景，让 ChatGPT 帮你规划职业路线图。首先，你要使用“角色扮演”的提问招式，赋予 ChatGPT 职业规划师的角色，你可以这么说：“现在，你是一名职业规划师，请帮我规划未来的职业路线，你可以对我进行提问，我回答，最后给我一份清晰的职业路线规划图。”然后，ChatGPT 就会向你提出一些问题，如图 8-16 所示。

当然，我很乐意帮助你规划你的职业路线。首先，我需要了解一些关于你的信息。以下是一些关键问题：

1. 你现在的年龄是多少，你处在职业生涯的哪个阶段（学生，初入职场，中级职位，高级职位等）？
2. 你目前的工作是什么？你在这个领域工作了多久？
3. 你有什么专业技能或者技术？
4. 你对你的未来有什么特定的职业目标吗？比如想成为某公司的CEO，或者创立自己的公司等等。
5. 你有没有任何特别的兴趣或爱好，你希望这些爱好在你的职业生涯中扮演一定的角色吗？
6. 你在你的职业生涯中有什么特别想要避免的吗？
7. 你目前的教育背景是什么？
8. 对于进一步的教育和专业培训，你有何打算或意愿？

你的回答将有助于我更好地理解你的目标和期望，并为你制定一个更具针对性的职业路线规划。

图 8-16　ChatGPT 做职业规划前了解用户情况示例

这些问题都是在帮助规划职业路线图的过程中不可或缺的一部分，只有了解这些关键信息，才能实现职业路线规划的个性化定制。

比如，透过你的年龄和职业阶段可以知道你现在的职业发展情况，从而了解你的经验水平以及你可能面临的机会和挑战。同时，通过你当前的工作和你在这个领域的工作年限，可以知道你的专业技能以及你在这个领域的深度。职业目标和兴趣爱好可以为规划职业路线提供方向，代表你想要实现什么样的未来，这样 ChatGPT 就可以提供更符合你需要的建议和策略。而你想要避免的事情代表了你的价值观，ChatGPT 会根据这一内容规避那些可能会对你的职业满意度产生负面影响的路径。通过教育背景以及你对于进一步的教育和专业培训的态度和打算，可以知道你的学习能力以及你对自我提升的态度。如果你有意愿进一步提升自己，ChatGPT 就可以为你提供一些建议。

对此，你可以做出相应的回答，以下是一个回答的例子：

1.30 岁，中级职位。

2. 现在是一名财务主管，从事财务工作的第六年。

3. 大学专业是财务管理，具备中级会计证书，熟练掌握办公软件。

4. 我希望未来能成立自己的财务咨询工作室，为其他公司做财务咨询。

5. 我喜欢写作和画画，一般作为兴趣丰富生活，如果职业发展中用得到，当然是最好的。

6. 我喜欢松弛有度的工作与生活，避免工作和生活混为一谈，只有工作没有生活是我不能接受的。

7. 我的教育背景是大学本科。

8. 我有读在职研究生的打算，目前正在备考。

针对这个回答，ChatGPT 给出了一个相应的职业规划路线图，如图 8-17 所示。

感谢你提供的信息。根据你的回答，我为你制定了一个初步的职业路线规划，希望对你有所帮助：

1. **现阶段-提升专业技能：** 继续深化你的财务知识和技能，阅读最新的财务管理和会计方面的书籍和研究，熟悉财务咨询的市场需求和最新趋势。同时，为了你的长期目标，可以参加企业管理和创业相关的研讨会或培训，以便更好地了解如何运营一个财务咨询工作室。
2. **中期-读在职研究生：** 你已经提到了你打算读在职研究生，这将是你进一步提升自己的学历和专业知识，同时也是拓宽你的人脉，结识可能的合作伙伴或者客户的好机会。你可以选择相关的商业管理或者财务管理专业，以便对管理咨询工作室有更深入的了解。
3. **长期-创立自己的财务咨询工作室：** 在积累了足够的经验和知识后，你可以开始着手创立自己的财务咨询工作室。这可能需要你学习一些新的技能，比如市场营销，客户关系管理等等。
4. **个人兴趣的融入：** 你提到你喜欢写作和画画。这些爱好可以帮助你在咨询工作中脱颖而出。例如，你可以写一些关于财务管理的文章，分享你的专业知识和经验。你也可以使用你的画画技巧来制作引人入胜的图表和报告，以帮助你的客户更好地理解你的建议。
5. **生活和工作的平衡：** 在你的职业规划中，保持工作和生活的平衡是非常重要的。虽然创立自己的咨询工作室可能需要投入大量的时间和精力，但你应该确保自己有足够的时间来享受生活，和家人朋友共度美好时光。你也可以考虑在你的咨询工作室中引入柔性工作制度，以便在保证工作效率的同时，允许员工有足够的休息和休闲时间。

这只是一个基本的规划，你的实际职业路径可能会因为市场条件，个人情况等各种因素而有所不同。你可以根据你的需要，调整和修改这个规划。同时，记住，无论你的目标是什么，始终保持开放的心态，持续学习，保持积极的态度，是成功的关键。

图 8-17　ChatGPT 提供职业规划示例

ChatGPT 给出的这份职业规划路线图的综合性和实用性都还不错。它根据你的当前情况和未来目标，将你的职业发展分为几个阶段，并为每个阶段设定了具体的目标和行动计划。这不仅有助于你清晰地看到自己的发展路径，也让你知道在每个阶段应该做什么，怎样做才能达到自己的目标。

这份规划也很好地考虑了你的个人兴趣和生活需求。将写作和画画的爱好融入你的职业生涯中，这既可以让你的工作变得更有趣，也可以帮助你在工作中展现出自己的独特之处。同时，规划中也特别强调了保持工作和生活的平衡，这非常重要，因为只有身心健康，你才能在职场上发挥出较好的状态。

在最后，这份规划还提醒你需要保持开放的心态，持续学习，保持积极的态度。这些都是职业成功的关键因素。

如果你认为这份职业规划路线图符合你的当前需要，就可以接纳并安排之后的学习和工作，一步一步践行。如果哪一步不知道怎么实现，也可以继续让 ChatGPT 以职业规划师的身份给出相应的建议，让它真正成为你的职业发展“助手”。

9 一对一指导，让 ChatGPT 成为你的备考伴侣

“今年你考哪科？”“你过几科了？”这是每年备考季公司走廊里、茶水间常常听到的财务人专属问候语。等到了各类考试出成绩的那天，财务人的朋友圈还会被同学和同行的成绩单刷屏。在成为财务人的那天起，考证已经是一门必修课。但年年报名，年年考试，成绩下发的时候有人欢喜，自然也有人愁。应试的过程并非易事，如果你想改变一下学习方法，给自己找一个备考伴侣，或一个答疑助手，ChatGPT 也许是个不错的选择。

9.1 ChatGPT 的高效考证建议

——AI 已经考过了 CPA，你准备好跟上了吗？

可以说，选择了做财务人，就是选择了一条考证之路。虽然证书不能代表一切，但是在求职、升职等重要职业场合，含金量高的证书可以让人第一眼注意到你。如果你也成了一名财务人，相信已经开始关注自己需要考取哪些证书。不过，对于怎么备考，很多人十分头痛。毕竟，财务证书的考试，不仅科目众多，覆盖的知识面也广。考证也不是一时之功，而是一个漫长的过程，记忆方法、备考心态、备考计划都是影响你成绩的关键因素，你需要找到完全适合自己实际情况的策略，方能突破一次又一次的自我。

9.1.1 不是在考证，就是在准备考证

说到财务人的自我提升之路，那简直就是两个字——考证。不是正在考证，就是在考证的路上。

你看，会计专业技术资格证，一路从初级到高级，就像是在“打怪升级”，每一关都得扛过去。刚一口气考过初级会计考试，你以为就能松口气了？不好意思，中级会计已经等在那里了。科目数量增加，难度增加，而且要在连续的两个考试年度内过关，才能拿到中级会计资格证书。就算过了中级，还有高级等着你。

如果你想要走得更远一些，可能还会考虑考取注册会计师（CPA）。然而，CPA 的考试科目更多，《会计》《审计》《财务成本管理》《经济法》《税法》《公司战略与风险管理》，还有职业能力综合测试。这简直是一场马拉松！

你以为也就这些？不，如果你对税务感兴趣，注册税务师（CTA）考试的科目有《税法（一）》《税法（二）》《涉税服务相关法律》《财务与会计》《涉税服务实务》。这一路考下来与学习一个全新的专业也差不多了。还不止，管理会计师、资产评估师等相关的证书，真是数不清，多考一个是一个。

所以，对于财务人来说，考证就像是我们生活的一部分。每一天都在努力备考，希望能够通过考试，取得证书，提升自己，升职加薪。尽管考证之路道阻且长，但是每一次的努力，都会让我们离目标更近一步。

之前我们说过，ChatGPT 是懂财务的。那么作为一个人工智能，ChatGPT 是否能在考证上给予财务人一些帮助呢？

可以的，GPT-4 已经通过了美国注册会计师考试，而 ChatGPT 正是基于 GPT-4 建立的，这意味着它拥有大量的财务专业知识，可以提供给财务人学习和参考。所以，无论你在备考过程中遇到什么难题，是学习上的还是心理上的，都能向 ChatGPT 寻求帮助，得到相关的建议。ChatGPT 不仅拥有财务专业知识，在记忆方法、心态调整、备考计划等方面，也能全方位地给予高效考证建议，让你在考证路上“少走弯路”。

9.1.2 提高记忆的方法

无可否认，记忆力在财务人考证过程中是个重要因素。记得越好越快，就越可能快速通过各场考试，这也是为什么有些人好像学习时间并不长，可以每次都能顺利通过考试。但有些人就屡考屡败，十分无奈。

很多人都试过死记硬背，那种把自己逼到角落，一遍遍重复的感觉，但效果却并不好。然后就开始自我怀疑，甚至后悔为什么选财务这条路。

其实，记忆也是有诀窍的，那些世界上的记忆大师也不全是天生的，也有掌握了高效的记忆方法才成为“大师”的。其实，那些记忆方法我们平时也都能在网上搜索得到，但是看着简单，应用起来却并不容易，尤其是在财务考证这样的特定场景下，又是另一回事。

比如记忆宫殿，在备考的时候操作起来让人手足无措。这种方法要构建一个“宫殿”，然后在脑中用特定的图像代表信息，通过在宫殿中漫步来记忆和回忆。但备考的财务人可能根本不知道，面对繁杂的专业知识，到底应该怎么把知识点放置到不同的房间里。如果空间想象力不够，就很可能浪费时间。

其实，我们想要的也不是这些看起来很“高大上”的记忆方法，而是能直接上手操作的小技巧，这一点 ChatGPT 可以办到。你可以直接说明自己的现状，让它根据特定的知识内容，给出符合你当前情况的记忆技巧和方法，如图 9-1 所示。

LI 我正在备考注册会计师的《会计》科目，知识点太多记不住，请给我提供一些操作性强的有效记忆方法

我理解你的挑战，以下是一些具体的操作性强的有效记忆方法，可以帮助你备考《会计》科目：

1. **使用快速阅读法:** 花5-10分钟快速阅读章节的标题，副标题，图表和总结部分，然后再仔细阅读全文。这样做可以帮助你构建一种全局理解，然后在更深入的学习过程中填充具体的细节。
2. **把笔记变得更可视化:** 在学习过程中使用箭头，框架，颜色和图形。例如，当你学习资产负债表时，你可以在纸上画出一个表格，然后把资产写在左边，负债和所有者权益写在右边。你可以用箭头来表示不同的会计交易是如何影响这些帐户的。
3. **使用词卡或应用程序复习:** 制作词卡并在随身携带，每天抽出几分钟复习。你也可以使用如Anki等应用程序，这些应用程序使用间隔重复系统，可以帮助你更有效地记住信息。

4. **应用真实的案例**: 如果你在阅读教科书时遇到一个概念或原则，试着去找一个真实的案例，看看它是如何应用的。这样做可以帮助你更好地理解和记住这个概念。
5. **每天学习一点点**: 不要试图一次性学习大量的信息。相反，每天设定一个小目标，比如学习一个章节或者一个概念，然后在那天的结束时回顾一下你学到的东西。
6. **定期的自我测验**: 对你自己进行测验是一种非常有效的学习方法。每次学完一个章节或者一个概念后，尝试回答一些相关的问题。这样做可以帮助你检查自己是否真正理解了这些知识。

图 9-1　ChatGPT 回答备考记忆方法示例

可以看到，ChatGPT 提供了一些具体、实用且操作性强的记忆和学习方法，对于备考的你来说还是很有帮助的。整个建议包含了快速阅读、可视化笔记、使用词卡或应用程序复习、应用实例、每天学习一点点以及定期自我测验等一系列的方法，还强调了学习方法的灵活性。比如，通过使用真实的案例来理解会计概念，或者把学习过程视为一个持续的、每天都需要投入一点时间的过程，而不是试图一次性掌握大量信息。这些都是非常实用且有效的建议。

除了这样整体性的记忆方法，如果你就是对某一个知识点记不住，也可以向 ChatGPT 寻求解决的办法，如图 9-2 所示。

LI

自用房地产转换为以公允价值模式计量的投资性房地产时，如果转换日房地产的公允价值小于其原账面价值，将差额计入当期损益；如果转换日房地产的公允价值大于其原账面价值，将其差额计人其他综合收益。
我总是记不住这个知识点，有没有什么办法能让我快速记住忘不掉?

记住复杂的规则或者概念确实挑战性很大，尤其是像你这种情况，你需要记住的是关于房地产从自用转换为投资性财产的会计规则。这里有几个可能的方法来帮助你记住这个概念：

1. **建立情境记忆:** 你可以为这个知识点创造一个生动的故事或情境。例如，你可以把这个规则想象成一个人在电子游戏中的转职过程。假设你是一名冒险者（自用房地产），你决定转职成为法师（投资性房地产）。转职时，如果你的法师等级（公允价值）低于你的冒险者等级（账面价值），那你就会失去一些经验值（计入当期损益）。如果你的法师等级高于你的冒险者等级，那么你就会得到一些奖励（其他综合收益）。每次你想到这个知识点，都可以想到这个故事，这样应该能帮助你记住。
2. **制作词卡:** 你可以把这个知识点写在一张词卡上，一面写“自用房地产转换为投资性房地产时的会计规则”，另一面写下规则的具体内容。然后你可以定期查看这张词卡，直到你能够不看答案就能准确地回忆起这个规则。
3. **多做练习题:** 尝试找一些涉及这个规则的练习题来做。通过解决实际问题来应用这个规则，可以加深你对这个知识点的理解和记忆。

图 9-2 ChatGPT 回答具体知识点记忆方法示例

可以看到，ChatGPT 完全理解了房地产从自用转换为投资性财产的会计规则，并给出了三个具体的记忆方法，包括建立情境记忆、制作词卡和多做练习题。建立情境记忆的方法非常有新意，通过将这个会计规则与电子游戏中的角色转职进行类比，创建了一个生动的故事，让人更容易记住这个规则。制作词卡的方法则是经典的学习技巧，通过反复复习这个知识点加深记忆。多做练习题这个建议就很普通了，这是我们都知道的。

整体来说这个回答很有实用性，如果你也有备考记忆难题，尝试来问问 ChatGPT 吧。

9.1.3 备考心态调整

熬夜学习，咖啡为伴，眼前的题目每个字都认识，组合起来还是不知道选哪个，ABCD 四个选项都像正确答案。纠结、烦躁，想放弃又觉得不甘心，继续学习又学不进去……仅仅是听着这样的场景描绘，就已经开始心有戚戚焉了。这大概就是备考焦虑了，很多人都曾经历过。

如果不知道该怎么调整自己，在网上查询的方法又不太实用的话，可以把自己的情况说明，问问 ChatGPT 有没有什么好办法。

你可以这么问："最近，我在备考过程中陷入了焦虑状态，总觉得知识点太多，时间不够用，很气馁，又学不进去，不知道该怎么办，请提供一些实用的方法帮助我快速调整一下心态。"

ChatGPT 的回答如图 9-3 所示。

我完全理解你的感受，学习压力和焦虑感是许多人备考期间会遇到的问题。以下是一些实用的方法，可能对你有所帮助：

1. **制定学习计划**：计划可以帮助你更好地管理时间，也可以让你清楚地知道每天需要做什么。试着把大的任务分解成更小、更易于管理的部分，并给每个部分设定一个明确的时间表。对于那些需要更多精力的任务，尽量在你最有精力的时候去完成。
2. **适当放弃一些不重要内容**：如果时间确实紧张，考虑一下是否有些部分不是那么关键或者重要，可能可以暂时放下。这样可以让你集中更多的精力在核心、重要的知识点上。
3. **定时学习与休息**：长时间的学习可能会导致疲劳和压力积累，因此在学习中安排适当的休息是很重要的。你可以尝试采用"番茄工作法"，这是一种定时工作和休息的方法。你可以设定25分钟的学习时间，然后休息5分钟。每四个"番茄"（即100分钟的学习时间）后，休息15-30分钟。
4. **练习冥想和呼吸技巧**：这些方法可以帮助你减少焦虑感和压力。你可以试试简单的呼吸练习，如4-7-8呼吸法，或者尝试使用冥想应用来进行指导的冥想。
5. **寻求支持**：与朋友，家人或者导师分享你的感受和困扰，他们可能会提供不同的观点和建议。你也可以考虑寻求心理咨询师的帮助。
6. **练习积极思考**：将注意力从自我批评转移到自我激励。为自己设定实际可达的小目标，并在达成后给予自己一些奖励。

请记住，你的心理健康和学习效率同等重要。如果你觉得压力过大，一定要采取适当的行动照顾好自己。希望这些建议能够帮助你。

图 9-3　ChatGPT 给出缓解学历压力和焦虑的解决方法示例

这个回答的开头很好地理解和接纳了你的困扰，然后给出了一系列实际可行的建议，如制订学习计划、选择重点知识、设置学习和休息的时间、练习冥想和呼吸技巧、寻求支持以及练习积极思考。这些建议都很具体，不是流于表面的鼓励语句，而是具有一定可操作性。如果你对其中某一个建议有兴趣，如“练习冥想和呼吸技巧”，但是不知道具体应该怎么做，也可以进一步详细询问，让 ChatGPT 给出对应的回答。

9.1.4 ChatGPT 写备考计划

在刚刚 ChatGPT 给出的心态调整方法中，第一个方法是制订学习计划。其实，这不仅是调整心态的方法，能让你对学习进度更有把握从而缓解焦虑，而且是一种很重要的提高学习效率的方法。

在备考的时候，相信很多人都看过考过的“大神”分享的备考经验帖和计划，如先花一个月的时间进行一轮复习，再一个月的时间集中刷题，最后半个月用近 5 年的真题来计时考试并总结复盘等。

这些方法在一定程度上是具有参考价值的，但也有可能让我们忽视一个重要的事实：每个人的学习方式和节奏是不一样的，有的人可能喜欢深夜复习，有的人可能早上精力更充沛；有的人善于整块时间学习，有的人更适合零碎时间进行复习；有的人是上班族，只能下班备考，有的人却是全职备考……情况太多了，如果简单地照搬别人的备考计划，很难达到同样的效果。慢慢摸索总结自己的备考计划很可能会在前期浪费时间。

其实，ChatGPT 可以根据你的实际情况，为你制订合理的备考计划。

比如，你可以告诉 ChatGPT："我在备考注册会计师《会计》和《审计》，你可以对我进行提问，我会一一回答，最后请帮我制订一个适合我的详细、高效的备考计划，帮助我今年通过这两门考试。"

然后，它就会对你进行提问，来了解你当前的学习进度，如图 9-4 所示。

非常好，让我们首先针对《会计》和《审计》的两部分进行提问，以了解你当前的学习情况。

会计部分：

1. 你是否熟悉会计的基本方程式：资产=负债+所有者权益？
2. 你能否理解和解释应计会计和现金会计的区别？
3. 你能描述一下不同的会计报表（如资产负债表、利润表、现金流量表等）之间的关系吗？

审计部分：

1. 你了解审计的基本流程和原则吗，例如风险评估、内部控制测试等？
2. 你能解释一下什么是物质性水平和审计风险吗？
3. 你对于审计证据的收集和评估有何理解？

请先回答以上问题，之后我会根据你的回答，帮助你制定一个详细、高效的备考计划。

图 9-4　ChatGPT 了解学习情况示例

除了学习进度，制订备考计划还需要了解你的其他备考情况，包括学习时间、学习方式、自我评价、距离考试的时间等，如图 9-5 所示。

很好，感谢你详细的回答。从你的回答中，我可以看出你对会计和审计的基本概念和原则有非常清楚的理解。接下来，我们来制定你的复习计划。

但在此之前，我需要了解一些额外的信息来帮助我更好地制定个性化的复习计划：

1. 你每天有多少可用的学习时间？你的周末时间会更多吗？
2. 你的学习方式是什么？你更喜欢阅读书籍，还是观看教学视频，或者做练习题？
3. 你觉得在《会计》和《审计》这两个主题中，你的理解和掌握程度如何？
4. 你打算什么时候参加这两门考试？

以上信息将帮助我更好地为你制定复习计划。

图 9-5　ChatGPT 了解其他备考情况示例

你要根据自己的实际情况回答这些问题，如工作日每天下班可以学习 3 个小时，周末每天可以学习 8 个小时；喜欢观看视频掌握知识点和做练习题巩固；掌握程度只有基础内容；距离考试还有 4 个月时间。

当你把上面这些问题都回答完之后，ChatGPT 就会提供一份详细、高效的备考计划，如图 9-6 所示。

> 非常好，根据你提供的信息，下面是我为你制定的详细、高效的备考计划：
>
> 1. 分配学习时间：每周你有约29个小时可以用来学习，你可以将这些时间分配给《会计》和《审计》两门科目。我建议你将更多的时间分配给你感觉更难的科目。每个科目每周至少需要12小时的学习时间。
> 2. 观看教学视频：因为你喜欢通过视频来学习，你可以找一些优质的注册会计师在线课程或教学视频，如Coursera、edX、Bilibili等平台上的相关课程。你可以每天花2小时的时间看视频。
> 3. 做练习题：在看完一个章节的视频后，做一些相关的练习题以巩固所学知识。对于你不熟悉或者容易忘记的内容，建议做笔记以便复习。
> 4. 复习和模拟考试：每周预留一些时间来复习所学的内容，并进行模拟考试。模拟考试可以帮助你熟悉考试的格式和时间管理，也能让你了解自己的薄弱环节。
> 5. 时间管理：由于距离考试还有4个月的时间，你可以将学习内容按月分配，前3个月用于学习和理解知识点，最后一个月主要用于做模拟题和复习。
>
> 这只是一个基础的学习计划，你可以根据自己的进度和情况进行调整。希望这对你有所帮助，祝你考试顺利！

图 9-6　ChatGPT 制订备考计划示例

ChatGPT 给出的是一个基础的学习计划，如果你想要的是每天具体的时间表计划也可以说明需要，让它给你提供。然后你只需要按照计划开始按部就班地学习就好，如果你进度慢了或者有其他的计划，中途还可以自由进行调整。

9.2 借用 ChatGPT 掌握财务知识要点

——让 ChatGPT 成为你的财务“私教”。

每一个财务人都在为了自己的目标而努力，如果你也正在备考那些让人头疼的 CPA、CTA 考试，冗长的公式，复杂的概念，纷繁的条款与准则，堆积如山的书本和习题，几乎要把你淹没，或许可以考虑寻找 ChatGPT 的帮助，用它来找到重点，绘制思维导图，解析知识概念，一遍迅速掌握知识，通过考试。

9.2.1 财务考证也需要“划重点”

在学生时代，每次重要的考试前都期盼着“划重点”环节，重点就是需要学习的知识要点。很多职场财务人要考证，都会先去网上找其他人分享的重点内容总结。

就拿备考 CPA 来说，相信考过 CPA 的财务人都知道，仅《会计》一科，重点就有厚厚一本。其实在最初学习的时候，或者说一轮复习的时候，肯定是需要把这些重点全部过一遍，但是等到二轮复习、三轮复习的时候，复盘和总结就很重要了，因为每个人对各部分知识点的掌握程度不一样，所以后面的“重点”也就是把自己掌握不牢固的内容单独拎出来再复习。

所以，重点记忆是一种学习策略和应试技巧。各个科目的知识体系庞大，信息量大，如果试图全篇硬背，不仅效率低下，反而让人难以深入理解。如果能够抓住每个科目的知识要点，然后通过举例子、练题等方式加深理解，就能在记忆中建立起一个更加有逻辑和条理的知识结构，提高学习效率。

ChatGPT 也能帮助划重点，如你正在学习“存货”这一章内容，可以直接提问，让它告诉你哪些是重点内容，如图 9-7 所示。

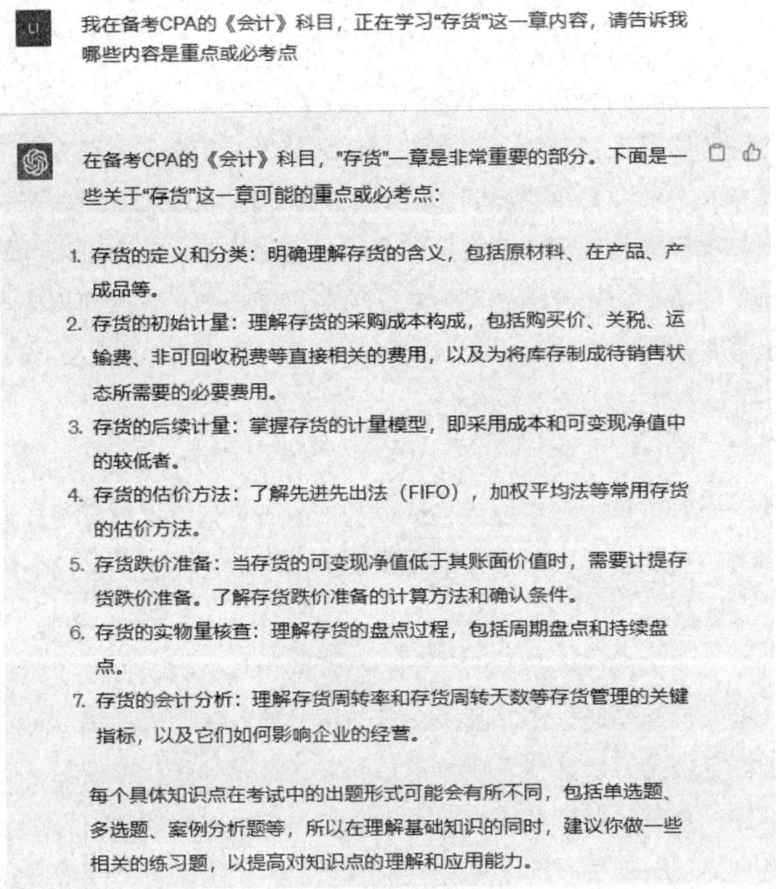

LI 我在备考CPA的《会计》科目，正在学习“存货”这一章内容，请告诉我哪些内容是重点或必考点

在备考CPA的《会计》科目，"存货"一章是非常重要的部分。下面是一些关于“存货”这一章可能的重点或必考点：

1. 存货的定义和分类：明确理解存货的含义，包括原材料、在产品、产成品等。
2. 存货的初始计量：理解存货的采购成本构成，包括购买价、关税、运输费、非可回收税费等直接相关的费用，以及为将库存制成待销售状态所需要的必要费用。
3. 存货的后续计量：掌握存货的计量模型，即采用成本和可变现净值中的较低者。
4. 存货的估价方法：了解先进先出法（FIFO），加权平均法等常用存货的估价方法。
5. 存货跌价准备：当存货的可变现净值低于其账面价值时，需要计提存货跌价准备。了解存货跌价准备的计算方法和确认条件。
6. 存货的实物量核查：理解存货的盘点过程，包括周期盘点和持续盘点。
7. 存货的会计分析：理解存货周转率和存货周转天数等存货管理的关键指标，以及它们如何影响企业的经营。

每个具体知识点在考试中的出题形式可能会有所不同，包括单选题、多选题、案例分析题等，所以在理解基础知识的同时，建议你做一些相关的练习题，以提高对知识点的理解和应用能力。

图 9-7　ChatGPT 总结财务知识要点示例

可以看到，ChatGPT 完全围绕“存货”的各方面知识点展开了回答，基本是我们在学习过程中遇到的内容，这只是一份猜测的可能考点，并不是作为标准呈现的内容，在你不知道怎么入手，或者没有其他学习资料的时候可以作为一个参考。

9.2.2　用 ChatGPT 高效绘制思维导图

很早以前就有人发现，我们的大脑更善于记忆图像而不是文字，所以，通过把抽象的财务知识转化为直观的图像，可以更深入地记忆这些知识。这时候就让人想到了思维导图。

思维导图是由英国心理学家托尼·博赞（Tony Buzan）发明的思维工具，其结构体现了知识的逻辑性。主题居中，相关的主要概念通过分支连接在主题上，更详细的信息则连接在这些主要概念的下一级分支上。这种层次清晰、逻辑明确的结构，能让我们更好地理解和记忆财务知识的内在联系，从而提高记忆效率。

但是如果由自己来一页一页绘制思维导图会花费大量的时间，有了 ChatGPT 帮忙，就可以用较快的速度生成财务知识要点的思维导图了。

前面介绍过，ChatGPT 的插件商店中就有插件可以用来画思维导图，即“Show Me Diagrams”，简单的思维导图可以直接画出来，如直接把图 9-7 的财务知识要点总结画成思维导图，如图 9-8 所示。

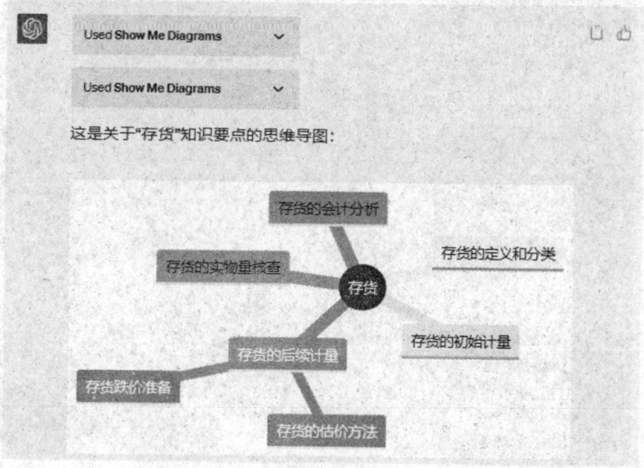

图 9-8　ChatGPT 插件生成财务知识要点思维导图示例

这个插件目前的使用便捷程度还不太能满足更复杂的内容要点呈现的需要，所以，用 ChatGPT 结合其他成熟一些的思维导图的制作工具是当前的更好选择。现在，市面上有很多类似的工具，如幕布、Xmind、Markmap 等。

在此先以幕布为例，一起来操作一下。打开 ChatGPT，继续让它把“存货”的知识要点生成思维导图文本，用 OPML 格式（具体文本格式看思维导图制作工具的要求）的文本呈现，如图 9-9 所示。

```xml
<opml version="2.0">
  <head>
    <title>存货会计</title>
  </head>
  <body>
    <outline text="存货的初始计量">
      <outline text="外购方式取得">
        <outline text="外购存货成本">
          <outline text="价、税、费"/>
          <outline text="运输途中的合理损耗"/>
          <outline text="不影响存货成本的例子"/>
          <outline text="仓储费用的区分"/>
          <outline text="进货费用的三种处理方向"/>
        </outline>
      </outline>
      <outline text="加工方式取得">
        <outline text="消费税的处理"/>
      </outline>
      <outline text="其他方式取得的存货"/>
      <outline text="提供劳务取得"/>
    </outline>
    <outline text="发出存货的计量">
      <outline text="先进先出法"/>
      <outline text="移动加权平均法"/>
      <outline text="月末一次加权平均法"/>
      <outline text="个别计价法"/>
    </outline>
    <outline text="存货的期末计量">
      <outline text="成本（账面余额）与可变现净值孰低原则"/>
      <outline text="减值迹象的判断"/>
      <outline text="存货减值的计提、转回和结转"/>
    </outline>
    <outline text="存货的清查盘点">
      <outline text="存货盘盈（实物多、账上少）"/>
      <outline text="存货盘亏（实物少、账上多）"/>
      <outline text="税法规定"/>
    </outline>
  </body>
</opml>
```

图 9-9　ChatGPT 生成思维导图文本示例

这里的思维导图文本内容仅仅是让 ChatGPT 随机自动生成的，作为展示操作步骤，在实际应用的时候，其实可以把考试大纲标出的考点内容或其他参考资料的文本内容输入给 ChatGPT，如果内容太多可利用插件功能直接把资料文档给 ChatGPT，然后让它总结思维导图，这样出来的内容更有学习价值。

生成思维导图文本之后，你需要点击右上角的“Copy code”复制下来，把内容保存为一个文件。这一步可以新建一个“文本文档”，然后把内容粘贴进去，然后在菜单中选择“文件”下的“另存为”，如图 9-10 所示。

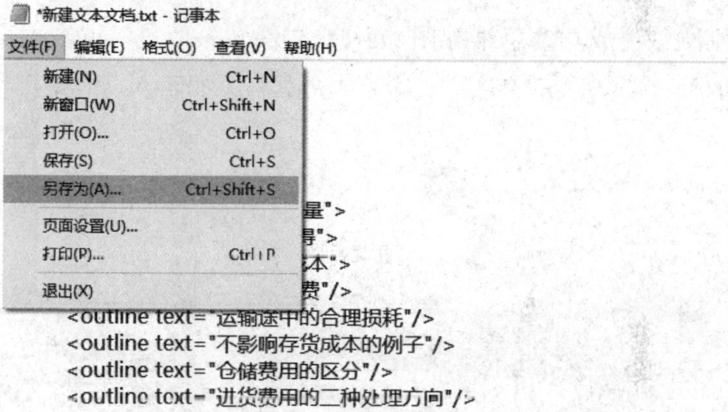

图 9-10 文本文档另存为 OPML 格式文件入口

在“另存为”对话框中，选择你希望保存文件的位置，然后在“文件名”栏中输入一个名称，如“思维导图 .opml”，保存类型选择“所有文件（*.*）”，点击“保存”按钮，如图 9-11 所示。

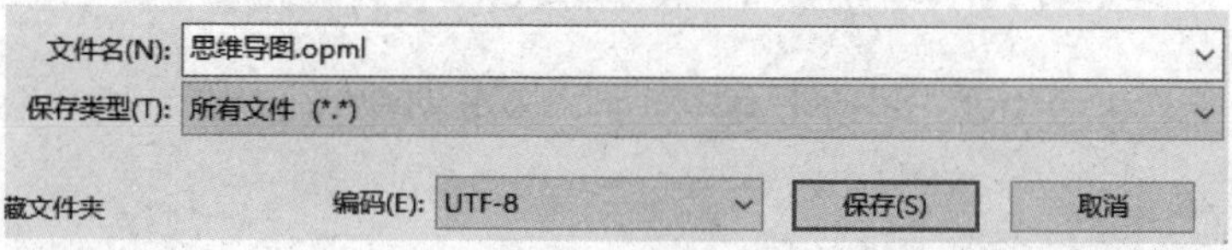

图 9-11 文本文档另存为 OPML 格式文件名和保存类型选择

这样，你的思维导图 OPML 文件就创建成功了。接着要导入思维导图的制作工具。

打开幕布官网，点击右上角的“进入幕布”，如图 9-12 所示。

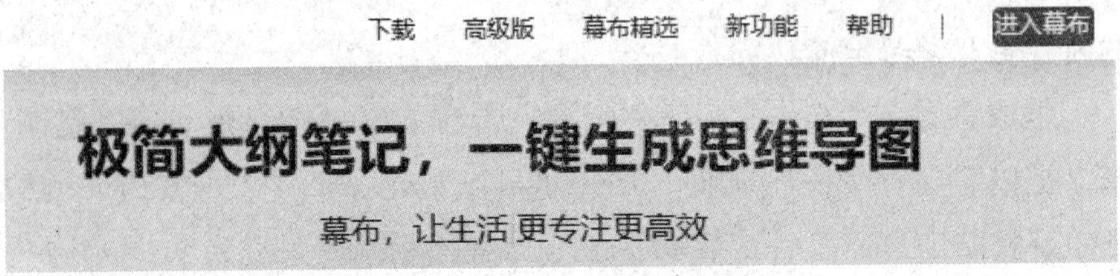

图 9-12　幕布主页

把刚刚创建成功的思维导图 OPML 文件导入幕布，点击主页左上角的黑圈加号，选择“导入”—“导入 OPML”，如图 9-13 所示。

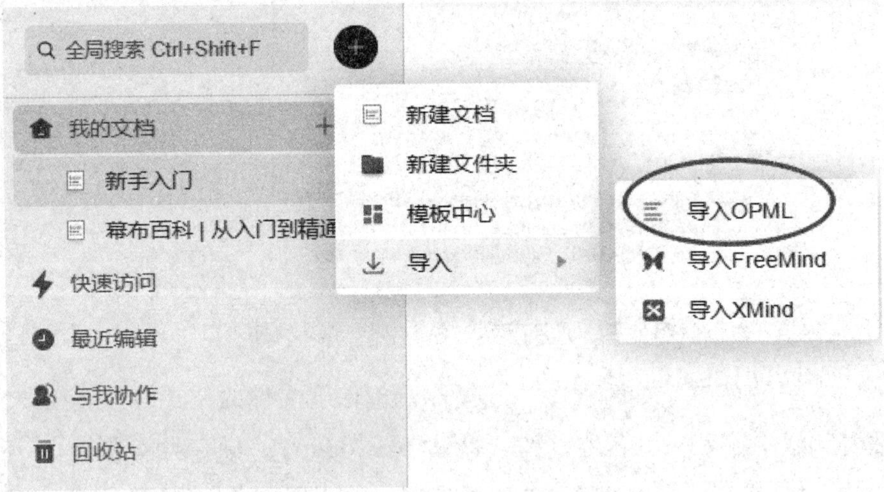

图 9-13　幕布导入 OPML 文件

然后你的文本就自动上传成功，幕布即刻生成了思维导图，如图 9-14 所示。

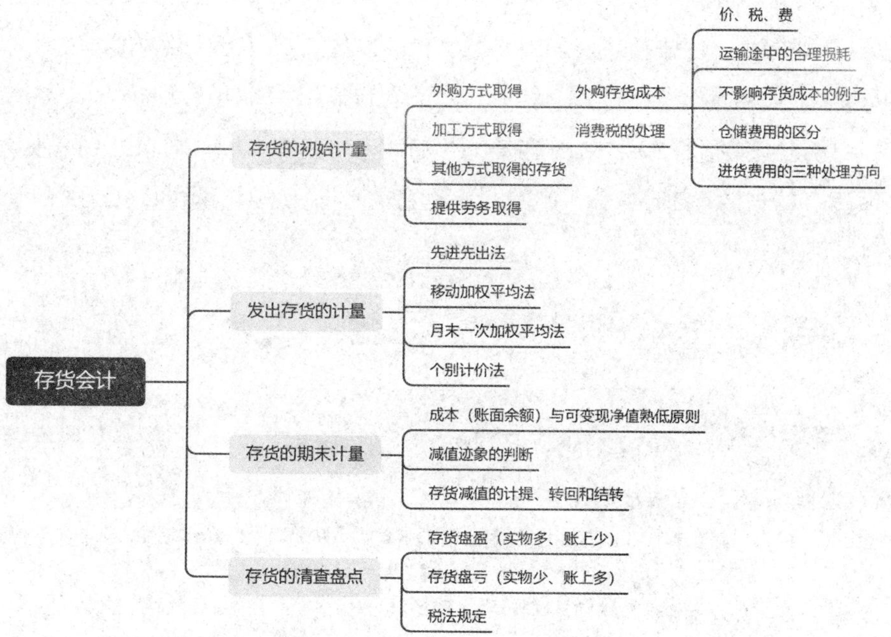

图 9-14　幕布生成的思维导图

如果你需要修改内容，可以直接在“大纲笔记”中编辑，对应的“思维导图”也会自动变化。

9.2.3　ChatGPT 的知识要点讲解

考证不仅仅是为了得到一个证书，更重要的是提升自己解决工作问题的能力。所以，在掌握财务知识要点的过程中，财务人不仅仅需要记忆，关键的是要理解。但财务是一个有深度的领域，各类财务证书的考试科目内容涉及很多抽象的概念和复杂的计算。课本一般都是用非常专业的方式阐述这些知识，这让刚开始学习的人很难秒懂，甚至是一些有经验的财务人，在理解某些复杂的概念时也会感到艰难。

在理解并掌握财务知识要点上，ChatGPT 也能帮得上忙。

ChatGPT 拥有大量的学习数据，包括各种财务理论、案例、专业术语、公式等。当我们向它提出问题，它可以凭借强大的理解和表达能力，用简洁、通俗易懂的语言来解答，让复杂的知识变得容易理解。

还是以“存货”为例，这是《会计》中的一个重要概念。如果你对“存货”的概念感到困惑，或者不清楚它的计量方法，都可以把这些问题直接问 ChatGPT。

LI 存货的计量方法有哪些

存货的计量方法主要包括以下几种：

1. **先进先出法（FIFO）**：这种方法假设最先购买或生产的商品是最先销售的，因此期末存货的成本是最近购买或生产的成本。在通货膨胀的环境下，这可能会导致库存价值被高估。
2. **后进先出法（LIFO）**：这种方法假设最后购买或生产的商品是最先销售的，因此期末存货的成本是最早购买或生产的成本。在通货膨胀的环境下，这可能会导致库存价值被低估。需要注意的是，LIFO在一些国家和地区，例如欧洲和中国，是不被允许使用的。
3. **加权平均法**：这种方法不区分先后购买或生产的商品，而是将总成本除以总数量以得到平均成本。每次有新的购入或生产，都会重新计算平均成本。加权平均法有两种形式：移动加权平均法（每次购入或生产都重新计算平均成本）和定期加权平均法（在特定的会计期间，例如每月或每季度，重新计算平均成本）。
4. **个别计价法**：这种方法适用于对那些高价值且易于识别的物品进行计价。每个存货项目的成本在购买或生产时就已知，并且该成本会一直用于该项目，直到其被出售。

图 9-15　ChatGPT 回答存货的计量方法示例

对于这些问题，ChatGPT 都能给出准确的回答。不止如此，ChatGPT 还能根据你的需求，提供具体的例子，让你更好地理解和掌握这些财务知识要点。比如，你可以问：“请举一个详细的例子解释先进先出法，让我能充分理解这个知识点。”ChatGPT 的回答如图 9-16 所示。

好的，让我们来看一个例子来解释先进先出法（FIFO）的原理。

假设你有一家电子产品商店，销售一种特定型号的耳机。你在一个月内进行了三次采购：

- 1号，你购买了10副耳机，每副耳机的成本为100元，总成本为1000元。
- 15号，你又购买了10副耳机，但由于供应商调整了价格，每副耳机的成本增加到了120元，总成本为1200元。
- 25号，你再次购买了10副耳机，这次每副耳机的成本为150元，总成本为1500元。

所以，在这个月内，你一共购买了30副耳机，总成本为3700元。

然后，假设在这个月的最后一天，你卖出了15副耳机。根据先进先出法（FIFO）的原则，你卖出的这15副耳机应该是最早进入库存的耳机。所以，你会先卖掉1号买入的10副耳机，然后再卖掉15号买入的5副耳机。

这样，销售的15副耳机的成本计算如下：

- 1号购买的10副耳机的成本总计：10副 * 100元/副 = 1000元
- 15号购买的5副耳机的成本总计：5副 * 120元/副 = 600元

所以，你卖掉的这15副耳机的总成本为：1000元 + 600元 = 1600元。这就是先进先出法（FIFO）的基本原理，你总是先卖掉最早进入库存的商品。

图 9-16　ChatGPT 举例说明先进先出法示例

ChatGPT 用一个电子产品商店的进货、销货例子，说明了先进先出法的操作流程，先销售最早进入库存的商品。然后，通过实际的计算，清楚地解释了如何根据先进先出法计算存货的成本。

看到这里，相信你已经能理解先进先出法了。ChatGPT 不仅可以帮助梳理财务知识要点，生成思维导图，还可以深入浅出地解析财务概念，提供实例让我们更好地理解抽象的理论，妥妥的就是一名备考“私教”。

9.3 解题达人：ChatGPT 的专业解析

——选择题、简答题、计算题，“答疑助手”上线带你一网打尽。

“题海战术”一直是应对各种考试的必选策略，通过大量刷题、总结错题能快速检验自己的学习成果，找出知识薄弱点。在应对各类财务考试的过程中，常见的题型有选择题、简答题、计算题这三种，而综合题一般可以视为上述三种题型的集合。不过，无论哪种题型，ChatGPT 都可以尝试给出答案。当然，这里并不是说 ChatGPT 的回答都是准确的，GPT-4 通过美国注册会计师考试也不代表所有的题目都拿了满分。但是，在你发现自己做错了题，对照了答案还是不能理解的情况下，ChatGPT 这个“答疑助手”就能派上用场了。

9.3.1 ChatGPT 解析选择题

在各类财务考试中，选择题题型常常占据着重要的地位。无论是会计职称考试，还是 CPA、CTA 这些考试，都有大量的选择题。

选择题的种类很多，单选题、多选题，还有不定项选择题。虽然种类很多，但它们有一个共同点，那就是正确答案已经在选项中给出，你只需要找出哪些选项是正确的，哪些选项是错误的。在时间紧张的考试环境中，选择题的这一特点可以帮你在短时间内快速作答，节约时间。

然而，尽管选择题在表面上看起来简单，但是要想正确地选择出来并不容易。因为每一个选项都可能包含复杂的信息，需要你有深入的理解能力和灵活的思考能力。在选择题中，常常会有几个选项看起来都像是正确的答案。在这种情况下，你就需要运用自己的知识和经验，做出正确的选择。

在应试中，选择题的回答也是有技巧的。来看看 ChatGPT 给出的选择题做题技巧，如图 9-17 所示。

LI　参加CPA考试，做选题有哪些技巧

在参加CPA（Certified Public Accountant，注册会计师）考试时，以下是一些做选题的技巧：

1. **读题与理解题目**：这可能听起来很显然，但在时间紧迫的考试环境中，候选人有时会过快地阅读问题而错过关键信息。读懂并理解每个问题是至关重要的，即使需要花费一些额外的时间。
2. **做好时间管理**：在考试中，时间管理非常重要。你需要确保每个问题都有足够的时间来完成，而不是花太多时间在某个问题上，导致其他问题没有时间处理。因此，需要预先了解每个部分的题目数量和所需时间，并合理安排答题顺序和时间。
3. **充分利用选择题的特性**：选择题有一个特性就是答案已经在选项中，有时即使你对题目不太确定，通过排除法也能找出正确答案。对于一些不确定的题目，可以先留着，等做完其他题目后，再回头来做。
4. **精准理解题目要求**：如果题目问的是"最可能"，就选择最可能的答案；如果题目问的是"必须"，就选择必须的答案。看清题目要求，可以避免很多误区。

图 9-17　ChatGPT 回答选择题做题技巧示例

假如，当你做选择题的时候，发现自己做错了一道题，题目如下：

（单选题）下列各项不属于存货的是（　）。

A. 原材料

B. 周转材料

C. 工程物资

D. 委托加工物资

这道题的正确答案是 C，而你选择了 D。你不明白，为什么委托加工物资算存货，而工程物资不算存货。这个时候，你可以把问题抛给 ChatGPT，就能得到一个详细的答案解析，如图 9-18 所示。

LI

（单选题）下列各项不属于存货的是( )。
A.原材料
B.周转材料
C.工程物资
D.委托加工物资
这道题的答案是C，可是我选成了D，我不理解，请详细为我解答，让我充分理解并掌握这个知识点

好的，我来为你详细解释一下。

在会计中，"存货"是指企业在正常生产经营过程中，用于销售或者生产准备销售的资产，这包括原材料、在产品、产成品等。存货是企业用于转化为现金的一项重要流动资产。通常包括：

- **原材料(A)**：这是用于生产过程的基础物料，例如制造业中的金属、塑料等，或者食品制造中的原材料如麦粉、糖等。
- **周转材料(B)**：这是在生产过程中消耗，但并不直接转化为产品一部分的物料。例如，制造过程中用到的磨砂纸、清洁剂、润滑油等。
- **委托加工物资(D)**：这是指所有权属于企业，但是被委托给其他企业加工的物资。这类物资尽管不在企业自身手中，但是由于所有权仍在企业，因此仍属于存货。

然后，我们来看看"工程物资(C)"。通常来说，工程物资是用于企业的固定资产投资，如厂房建设、设备改造等，而并非用于销售或者生产准备销售的物品，所以通常不被视为存货，而是被分类为固定资产或者其他非流动资产。当然，具体的分类方式可能会因会计准则的不同而有所差异。

图 9-18　ChatGPT 解析选择题示例

在这里，ChatGPT 把每个选项都详细讲解了一遍。看了这一番解释和例子，你基本掌握了哪些东西属于存货，不仅知道了为什么选

C，而且知道了为什么不选 D。如果碰到更具体的题目，还可以专门让 ChatGPT 在你做错的选项和正确答案之间做个详细的对比，为你生成一份私人化的专题讲解。

9.3.2　ChatGPT 解析简答题

简答题在财务类证书考试中也占据了不少的分值，其目的主要是考查大家对于财务知识的深入理解和应用能力，也考查了考生的逻辑思维和表达能力。

简答题是一种开放性的问题，不同于选择题只需要在给定的选项中选择正确答案，简答题需要我们用自己的话描述或解释某个概念、原理或问题。简答题通常没有标准答案，即使是同一个问题，不同的人也会有不同的答案。这一特点要求我们在理解和掌握知识的基础上，还要能够灵活运用知识，发挥自己的思维，从而给出独特且正确的答案。这不仅需要深入理解所考的知识点，还需要有清晰、准确的表达能力。

不要小看表达能力，有些人明明知道怎么回事，但就是表达不出来。举个例子，假设在参加 CPA《公司战略与风险管理》考试的时候，遇到这样一个简答题："请简述你理解的密集型战略及其在企业中的实际应用。"

有的人可能会这样回答："密集型战略就是把自己做的产品卖得更多，把自己的市场份额扩大。比如，一个公司卖的产品很受欢迎，它就应该多生产，多销售。"

虽然这个回答抓住了密集型战略的一部分精髓，但并未准确地表达出其深层含义，也没有展示出自己对如何在实际业务中应用此战略的理解。密集型战略不仅仅是增加产量和销售，更是通过市场渗透、市场开发、产品开发等战略方式在现有市场和新市场上增加市场份额，提升公司竞争地位。

简答题不只是测试你是否了解一个概念，更重要的是看你对概念的理解程度和能否将其应用于实践。不同的考试会对此有不同的要求，但都需要你能准确、清楚地表达出自己的理解，以便阅卷老师能看到你真正掌握的知识程度。

如果在回答简答题的时候，觉得自己表达能力的确有所欠缺，多看标准的回答是有帮助的。还是前面这道简答题，ChatGPT 的回答如图 9-19 所示。

LI 请简述你理解的密集型战略及其在企业中的实际应用。

"密集型战略"是一个商业术语，通常用于描述一个企业寻求通过密集发展其现有市场和产品的增长策略。这种策略的核心在于充分利用现有的资源和能力，通过深化市场渗透、市场拓展、产品开发等方法，实现企业的增长和发展。

1. 市场渗透：这意味着公司会在现有的市场中推广已有的产品或服务，以便获得更大的市场份额。例如，一家公司可能会通过增加广告和促销活动来尝试吸引更多的消费者。
2. 市场拓展：这涉及将现有的产品或服务引入新的市场。例如，一家只在某一地区运营的公司可能会选择将其业务扩展到全国或国际市场。
3. 产品开发：这意味着在现有市场中推出新产品或服务。例如，一家制造商可能会决定开发和推出一个全新的产品线，以满足其现有客户的需求。

在企业中，密集型战略的应用可以使企业更好地利用其内部资源，提高市场份额，扩大销售，提高盈利能力。同时，这种策略也有助于企业更好地了解其目标市场，提高产品和服务的质量，从而提高消费者满意度。

然而，需要注意的是，密集型战略也存在一定的风险。例如，过度集中于现有市场可能导致企业忽视新的市场机会。此外，过度推广产品可能导致市场饱和，而新产品的开发则需要大量的研发投入，且并非总能取得成功。

因此，企业在制定和执行密集型战略时，需要对市场、竞争对手以及自身的能力和资源进行全面的评估和考虑，以确保战略的成功执行。

图 9-19　ChatGPT 回答简答题示例

注意，ChatGPT 给出的仅仅是一个参考答案，而非标准答案，所以在学习的时候，通过提问 ChatGPT 可以观察它回答简答题的思路，模仿它的回答来完善自己的回答。

当然，这只是让它来帮助你应对简答题的方式之一。在我们自己备考的过程中，除了选择题、计算题这种一对答案就知道自己的回答是否正确的题目，面对这种没有标准答案的简答题，我们是不知道自己回答的怎么样的。

这个时候，可以让 ChatGPT 来对你的回答做出一个评价。这里就用刚刚的另一个回答——“密集型战略就是把自己做的产品卖得更多，把自己的市场份额扩大。比如，一个公司卖的产品很受欢迎，它就应该多生产，多销售。”来让 ChatGPT 评价一下，如图 9-20 所示。

你的回答对密集型战略的理解是准确的，你成功地概述了密集型战略在企业中的一种重要应用，即通过增加产品销售来扩大市场份额。这种方法也被称为市场渗透策略。你的解释清晰、简洁并直接相关。

但是，要更全面地理解密集型战略，你还可以考虑包括其他元素，比如市场开发（引入新市场的现有产品）和产品开发（在现有市场推出新产品）。这些是密集型战略的另外两个重要组成部分，但在你的回答中并未提及。

图 9-20　ChatGPT 评价简答题回答情况示例

可以看到，ChatGPT 肯定了这个回答正确的一面，也点出了这个回答缺少的内容，这对于备考的财务人来说，也算一个助力的方向。

9.3.3　ChatGPT 解析计算题

计算题在财务类证书考试的大多数科目中都是“重头戏”。从简单的财务比率计算，到复杂的财务报表分析，再到需要运用统计学原理的概率计算，每一个环节都可能成为考点。而且，计算题并不一定只在专门的计算题里出现，选择题、综合题里都有变形的计算题。比如，选择题里就可能给出四个数，让你计算选择哪个是这笔存货的入账价值。或者在一道综合题中，你需要进行一系列的财务指标计算，然后据此计算结果进行分析。

计算题的难点常常并非在于公式的运用，而是在于理解题目要求、把握计算步骤和对结果的分析。对财务人来说，仅仅会计算还不够，更重要的是理解这个计算背后的财务逻辑。有时候可能对着一道题目算了好半天都没有头绪，这在时间有限的考试中简直会让人急出一头汗，也来不及去反复推敲。

而计算题类题目在整场考试中的分值通常较高，每一道题目的得失对最后的考试结果都有重大影响。再加上，考试的时候还可能会因为紧张看错题目，这就更容易错上加错。

所以，对备考的财务人来说，强化计算题的训练是必不可少的。特别是在专门的计算题目中，只写一个结果得不到全部分数的，计算的过程也是需要计入分数的。

ChatGPT 在解析计算题方面也颇有些“能力”，我们先拿一道财务管理的计算题考一考 ChatGPT，如图 9-21 所示。

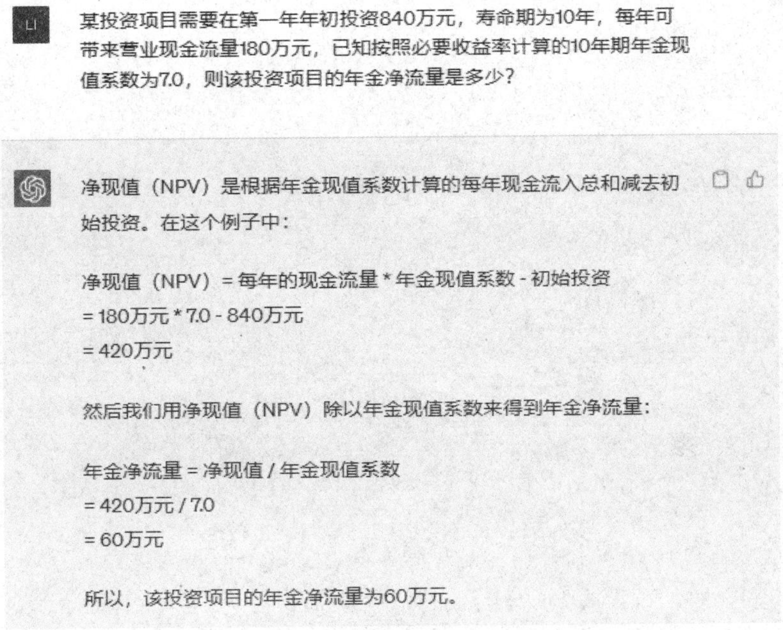

某投资项目需要在第一年年初投资840万元，寿命期为10年，每年可带来营业现金流量180万元，已知按照必要收益率计算的10年期年金现值系数为7.0，则该投资项目的年金净流量是多少？

净现值（NPV）是根据年金现值系数计算的每年现金流入总和减去初始投资。在这个例子中：

净现值（NPV）= 每年的现金流量 * 年金现值系数 - 初始投资
= 180万元 * 7.0 - 840万元
= 420万元

然后我们用净现值（NPV）除以年金现值系数来得到年金净流量：

年金净流量 = 净现值 / 年金现值系数
= 420万元 / 7.0
= 60万元

所以，该投资项目的年金净流量为60万元。

图 9-21　ChatGPT 回答计算题示例

这里，ChatGPT 给出了详细的计算过程，如果你看不懂，可以继续就它的回答提出疑问，如“请解释这个计算过程的逻辑，为什么要这样计算，帮助我理解这道题目”。或者你觉得这个计算过程过于烦琐，也可以问它：“有没有更简便的方法做出这道计算题？”ChatGPT 都会有问必答。

这里要注意，ChatGPT 也并不能做对所有的题目，直接把题目给它有时候得出的答案是不正确的。如果你只是单纯来考 ChatGPT 的解题能力恐怕不会得到想要的结果。但如果你把题目和答案都给它，让它来解释这个过程，可能这个结果会更有价值。

10

揭秘未来财务的 AI 变革

我们生活在一个快速变化的世界，而 AI 技术正是推动这种变化的重要力量。此刻，站在一个新的起点上，我们对未来抱有无数的期待与想象。当 AI 财务已经成为现实，未来的财务机器人会有多强大？下一代财务人又会是什么角色？ AI 时代的财务安全怎么保证？这些问题的答案，或许揭示着未来财务的无数可能。

10.1 AI 财务机器人，探索无限可能

——人机共生，探索数字化财务新纪元。

透过 ChatGPT 为财务人赋能的潜力，我们仿佛看到了财务机器人的未来。当 AI 与财务机器人融合在一起，或可迎来一位专注于财务工作的“智能助手”，人机共生的财务之路将越发清晰，财务领域的界限也将出现新的突破。

10.1.1 人机共生，深耕细作

当我们谈论 AI 财务机器人的未来，实际上谈论的是财务人工作方式的未来。AI 财务机器人所具备的功能越多，在各类财务工作中代替人工的可能性也就越大。

财务机器人的出现首先当然要服务于财务工作。这也是未来财务机器人主要的发展方向。现在的财务机器人所体现出来的角色更像是简化日常任务的工具，而在一些涉及数据分析、风险管理等高级领域的应用还不够成熟，虽然其应用了 AI 技术，但可能称为自动化财务机器人更为合适，达不到真正的“智能”层面。

但这也仅仅是现在，是今天。睡一觉起来，明天会怎么样谁都不敢保证。因为，AI 技术的更新速度远超我们想象，看看前面几章 ChatGPT 的花式应用，就能知道 AI 的潜力有多大。

在未来，当财务机器人真正成为智能财务机器人的时候，将不再只是一个自动化工具，而是一个与财务人合作完成工作的“同事”，以远超人类的速度和精度处理庞大的数据，并深入理解这些数据，从复杂的数据信息中挖掘出深层次的价值。不仅如此，智能财务机器人还可以跟踪全球的经济形势，实时分析公司的财务状况，预测未来的财务风险，为公司提供决策建议。

在这种时候，智能财务机器人的发展也将引发人们对于工作本质和价值的深度思考。人机共生这条 AI 时代的财务人出路将会越来越清晰。

人机共生不单单是一种合作模式，不是财务人做这项工作，机器人做另一项工作，而是低端的重复性工作基本交由财务机器人，人工定期或不定期复核，高端的财务工作也会有智能财务机器人的全程参与。在这样的人机共生之下，深耕细作将成为新的追求。

就拿现在的预算管理来说，在制定概预算方案的时候基本是一个大致的方案，误差范围相对较大。因为谁也不能准确预测到未来预算周期内的采购成本是多少，公司的各项费用支出又会是多少。在未来，如果这些数据都有了预测的可能，每项原材料的价格，甚至一张纸的价格都有了准确的数据，误差能控制在较小的范围之内，这时候的预算方案也许真的能精确到元了。

或许这种深耕细作的财务工作结果才能把预算管理的价值发挥到最大。预算管理是这样，其他财务工作也是这样。

10.1.2 ChatGPT 与财务机器人的结合畅想

刚刚说到现在的财务机器人还算不上真正的“智能”，而 ChatGPT 又是如今 AI 的先进代表之作。那么，在此有一个大胆的畅想：将 ChatGPT 接入财务机器人是不是能快速提升财务机器人的智能程度？

其实，这不仅仅是一种可能，现在已经有不同的商业领域开始布局接入 ChatGPT。比如，微软就正式将 GPT-4 接入 Office 工具，如我们先前介绍的 ChatGPT 与 Word、Excel、PPT 的结合使用将不再需要那样分开应用，直接在 Office 工具里就能应用 ChatGPT。只不过目前这项功能还没有开放，仍处于封闭测试阶段，等普及我们身边还需要一段时间。在这个过渡期间，我们还需要以前面的方法应用 ChatGPT 来辅助完成日常工作。

不过，这种应用的结果告诉我们一个事实：ChatGPT 与财务机器人是可能的。即使不是 GPT 模型，也会有新的模型，智能财务机器人的未来就在不远的将来。

那么，这种结合会产生什么样的效果呢？我想，提高人机交互的效率是直接的效果。现在的财务机器人还做不到与人直接沟通，ChatGPT 的接入或许可以给财务机器人安上一张"嘴"。凭借不断升级的 GPT 模型所具备的自然语言处理能力，将数据分析结果以容易理解的方式呈现给财务人。财务人也可以将自己的发现或指令实时传递给财务机器人，双方随时互动，高效完成工作。

可以想象这样一个场景：财务人坐在办公桌前，打开公司的财务机器人系统。他问："Robot，本月预测的收支报告准备好了吗？"AI 财务机器人回答："是的，经理。本月预计收入增长 5%，支出预计增长 7%。"财务经理皱了皱眉头，继续问："为什么支出的预计增长比收入高？"AI 财务机器人分析后回答："主要是原定供应商的材料销售价格预期将会上涨。"经理又问："如果这种趋势继续下去，我们的盈利这个月能否维持？"机器人分析一番后，预测："如果按照目前的趋势，这个月开始，公司的盈利将会持续下降。"

随后，财务经理将这一消息上报公司决策层，迅速做出决策——寻找可替代的供应商。AI 财务机器人也在全程支持工作，全面了解供应商的数据，对比分析选择后，提出了三家可供选择的替代供应商。决策层立即通知采购人员联系合作，最后谈定了一家供应商，完美保证了公司本月及之后的盈利。由此可见，人机交互的效率较高，可以帮助企业实现更好的运营效果。

10.1.3 跨界整合与智能化协作

AI 时代来临，赋能的不只是财务领域，也包括企业的其他领域。数字化转型作为一项整体性任务，为 AI 财务机器人的未来提供了新的可能——跨界整合与智能化协作。

畅想一下，在未来企业的数字化场景中，各种智能系统和机器人有条不紊地工作着，供应链管理系统准确地追踪着货物流动，客户关系管理系统精细地维护着客户关系，AI 财务机器人专注于处理信息和分析财务数据。在互联网和云计算技术的支持下，这些系统与机器人不再是独立运作的孤岛，可以实现跨部门、跨系统的联动，形成一个庞大而高效的业务协同网络。

在这个网络中，AI 财务机器人可以实时获取供应链管理系统的数据，预测并分析其对财务状况的影响。假如某一供应商的供货出现问题，会立即被 AI 财务机器人感知，可能导致的成本增加数据也会即刻报送给财务管理人员，甚至决策层。公司快速响应，联系备用供应商，一场可能的危机消弭于无形。

同样地，AI 财务机器人也可以与客户关系管理系统进行交互，通过分析公司的销售记录，提供更准确的收入预测，为提升客户价值提供策略建议。而在更高的层次上，AI 财务机器人甚至可以与其他 AI 系统集成于同一个 AI 模型下，一键发布任务，共同协作完成。

所以，未来的 AI 财务机器人不单单是一种决策辅助工具，更是一个连接各个部门和系统，提升整个企业效率和效能的集成平台。这种跨界整合和智能化协作，将赋能企业发展，引领企业迈向更加智能和高效的新阶段。

10.2 下一代财务人的新角色

——能 AI 所不能，才是永远的立足之地。

人机共生的时代，现在作为财务人的你想过未来的自己可能做什么工作吗？目前，国内已有名校取消会计专业。当然，这并不意味着不需要“会计”了，而是单一的会计专业人才已经不“吃香”了，如果财务人只拥有会计知识，是不足以应对未来 AI 时代的财务转型的。大数据会计、金融会计、智能会计这些新增的复合型的人才培养方向让我们看到了未来的趋势是怎样的，而下一代的财务人也将拥有更多的角色可能。

10.2.1 柔性数据分析师

AI 财务机器人已经开始在数据分析领域深耕了，相信很快就能应用于高深的数据分析工作。但这里要说的是，数据分析工作 AI 没办法完全取代人的，原因就在“柔性”这个词上。

会计、审计、财务管理这些财务类专业的一级学科都是管理学类，由此可以看出：财务活动的本质上是管理。管理是讲究柔性的，所以数据分析工作也需要柔性。

这里姑且将 AI 所做的数据分析工作称作“刚性”的数据分析，就是把既定的、直接认定与企业运营相关的数据信息自动收集在一起进行分析。而一些无法直接用数据，甚至很难用语言来精准描述的信息，就不在 AI 考虑范围内了。然而，这些信息又是真实存在的，且对企业发展产生重要影响的内容。

比如企业文化，我想，没有一家公司的企业文化能够用数据来直接表示。就算企业文化的内容就是 100% 的忠诚，那每个人心中的 100% 都是一样的吗？因为忠诚本身就是一个相对概念，有的人认为我做好自己的本职工作就是对公司 100% 忠诚，还有的人认为我只要不做有损公司利益的事，哪怕上班迟到、工作拖拉也是 100% 的忠诚。这个东西本身就没办法直接量化。哪家公司能规定说忠诚就是上班不许迟到，迟到了就是不忠诚？

而这些柔性的信息是人能考虑到的，也只有人能收集到这方面的信息并转化为数据。这个数据不是对企业文化内容的直接量化，而是对企业文化影响下人的工作状态的感知评价，用人与人之间的评价分数作为数据，并据此来分析数据进行管理。这就是柔性数据分析师的“柔性”体现之一。

除此之外，某些数据之间的联系有时候是 AI 做不到的，因为 AI 依赖于本身的数据训练库或者已有的案例数据来为公司服务。但就像人与人各不相同，公司与公司的状况也各有不同。AI 财务机器人就算能被训练得高效计算各种财务数据、市场数据，但如果没有人提醒它注意公司员工男女比例、卫生间数量设置比例的科学程度对员工工作效率的影响，AI 是很难主动将这些数据联系在一起的，当然还有更多，这是基于柔性关怀才能考虑到的事情，恰恰也是柔性数据分析师的“柔性”体现之一。

为什么需要人机共生，我想恰好是因为各自擅长的领域不同但又缺一不可，而下一代的财务人的角色将重点体现在“柔性”上。

10.2.2 沟通与合作专家

当 AI 财务机器人进一步普及，将逐渐接管更多的财务基础工作和数据分析任务，而新一代财务人的角色，也会更加侧重于沟通与合作。这里的沟通与合作不单单是与 AI 之间的，更多的是与其他部门和管理层的。

在业财融合、管财融合大方向不变的情况下，业务数据将和财务数据互通有无，业务部门和财务部门的人也需要加强沟通。所以，新一代的财务人需要担任信息的传递者。他们需要将 AI 财务机器人的分析结果，用对方听得懂的语言做出解释，这对财务人的沟通技巧提出了更高的要求。

比如，财务人解释公司的盈利能力和利润率。财务人向高层管理人员汇报可能会引用详细的财务报表，用一些财务术语，如净利润、利润率、营业收入等，来描述公司的盈利情况。他们可能会说："根据公司最新的财务报告，我们的净利润率已经达到 15%，这主要得益于我们的营业收入增加和成本控制。"

而当他们需要向销售团队解释同样的概念时，就需要运用更直观和具体的方式来说明。例如，可以说："你们知道，每次我们成功地完成一个销售，公司就会有收入。但并不是所有的收入都能变成我们的利润。我们还需要支付成本，如产品制造的成本、销售活动的成本、你们的人工成本，以及其他运营成本。目前，我们的净利润率是 15%，这意味着每 100 元的销售收入中，只有 15 元是我们的净利润。这个比例并不高，所以我们需要找到更有效的方法来增加我们的销售，同时降低我们的成本，这样利润率才能提高。"

作为沟通与合作专家的新一代财务人，让自己具备强大的沟通和协调能力又是一场新的适应过程，而这种能力又是学校不会开设的课程，还需要个人进行和有意识的磨炼，从而提升自我。

10.2.3 责任与伦理的监督者

AI 财务机器人无疑能够大幅度提高工作效率，执行高精度的计算和分析任务，减轻财务人的工作负担。然而，我们也必须认识到，无论 AI 的能力如何强大，它始终是一个工具，并不具备人类的责任感和伦理道德。

设身处地来想，如果你是企业老板，即使 AI 财务机器人能独立完成大部分的财务工作，你就真的能放心一切交给它吗？

答案显然是否定的，因为你担心自己公司的财务信息在不知情的情况下泄露，或者 AI 出现重大失误，最后承担责任的却是自己。因为 AI 财务机器人虽然可以精确地执行预设的任务，但它始终无法理解并遵守人类的道德规范。比如，在处理敏感的财务数据时，AI 并不能理解数据的重要性和保密性，只会按照预设的程序来处理，这就给数据安全埋下了隐患。所以，你还是会找人来负责监督 AI 工作。监督者不一定是一个人，可能是多个人来分管不同的任务。这些人还必须懂财务，不然即使 AI 犯了错也看不出来，这就是下一代财务人的新角色——责任与伦理的监督者。

除了伦理道德，偏见与歧视也是应该避免的。例如，某些互联网金融企业的 AI 系统可能通过大数据分析来进行信贷审批，财务人需要监督 AI 系统的运行，确保整个审批过程中 AI 不会对特定群体产生不公平的歧视。

在责任与伦理的监督者这个角色中，下一代的财务人员自身要具备强烈的责任感和高尚的伦理道德，时刻监督 AI 财务机器人的工作，防止其出现错误和故障，同时要正确引导 AI 工作，让 AI 真正成为企业的助手，而不是潜在的威胁。

10.3 AI 财务的安全思考

——安全、高效两不误，方为上策。

AI 财务已成为大势所趋，如何用 AI 为自己赋能是每个财务人的必修课。但是，正如一枚硬币的两面，AI 有其强大的能力，也存在相应的问题和挑战。我们需要考虑如何在利用 AI 辅助财务工作的同时，防止 AI 给公司财务带来威胁。用好 AI，用对 AI，才能为企业创造出更多的价值。

10.3.1 ChatGPT 也是有缺陷的

虽然在此之前我们介绍了很多 ChatGPT 的应用，透过那些问答与互动感受到了 AI 的强大，但也没必要把 AI 想得无所不能，因为其本身就是一个为人类服务的自动化处理工具，且自身存在缺陷。

比如，ChatGPT 的知识库是截至 2021 年 9 月的。这意味着，对于这个时间之后的新闻事件、科技发展或者最新研究进展，它都一无所知。当然，我们之前也介绍过利用插件能弥补这个不足，但这里想要说明的并不是这个，而是从这件事可以看出：AI 的能力取决于人们提供给它的内容，如果数据库没更新，它或许也能通过深度学习，理解一些新的内容，但这个速度与理解程度相较于研究人员直接提供给它数据要慢得多，出现错误的概率也高得多。所以从某种角度来说，当财务人与 AI 财务机器人一起工作，AI 财务机器人能做什么，也取决于控制它的财务人，是不是瞬间觉得 AI 也不那么超乎想象了？

如果使用得少，ChatGPT 的很多回答的确令人惊艳，但是当你与它交流得足够多之后，就会发现：有时候 ChatGPT 给出的答案是相互矛盾的，也就是说它本身没有一个自我的坚定立场和认知，它认为的内容都是设定好的，也是可以更改的。例如，你告诉它上海今天是晴天，我告诉它上海今天是阴天，当你再问它的时候，它就可能一会儿回答晴天，一会儿回答阴天。

所以，尽管 ChatGPT 是一个强大的工具，但也没必要把它想得过于强大，让它的回答来影响我们自己的判断更是不可取的。财务人在使用 ChatGPT 辅助工作的过程中，还是要有自己的认知和理解，将 ChatGPT 给出的内容作为参考，引导它按照你的思路辅助你快速完成任务，而不是完全依靠它来工作。如果你的财务数据分析完全靠它来生成，很可能写得漏洞百出。

在此提醒，财务人要特别注意保护公司的隐私，本身对外公开报告的财务报表数据拿来分析也就算了，如果是内部的客户隐私之类的保密数据，是不能直接发给 ChatGPT 的，否则可能会给公司财务安全带来隐患。

10.3.2 AI 财务的隐私保护

我们都知道，财务是公司的生命线。一旦公司的财务数据泄露，可能会给公司带来较大的经济损失和信誉风险。在未来 AI 财务机器人成为企业必备工具之后，AI 财务的隐私保护问题将变得更加普遍。

那么，AI 时代，企业应该怎么保护数据隐私呢？

从技术上防止数据的泄露肯定是首先想到的一点。AI 财务机器人处理的财务数据量巨大，且敏感度高，因此在技术上需要有足够的保护措施。例如，对数据进行加密处理，保证数据在传输和存储过程中的安全，还有设定访问控制，确保只有被授权的人员可以访问到相关数据等。

除了技术手段，制定并执行严格的数据管理政策也是不可缺少的。未来，每个应用 AI 财务机器人的企业都需要建立一套完善的数据管理制度，涵盖数据的收集、处理、存储、使用和销毁等各个环节，保证数据的安全与合规。制度还需包括定期开展数据安全审计的内容，帮助企业排查数据安全隐患。

以上这些手段都是从外部因素来保护数据隐私，这里还有一个不容忽视的关键要素，就是财务人的隐私保护意识。有些财务人可能对这些根本没有概念，不知道自己的某些行为会导致数据泄露。所以，开展员工教育和培训十分有必要。不仅要让员工明白数据处理的正确方式，还要让员工知道哪些行为会导致数据的泄露。

最后要提醒一点，如果保护措施都做到了，还是不幸发生数据泄露的情况，公司应该怎么办？这就需要提前制定一套完善的应急预案。这个预案要能够在较短的时间内启动，迅速锁定泄露点，防止数据的进一步泄露，同时启动数据恢复工作，尽可能降低数据泄露带来的损失。

10.3.3 AI 需要被监管

2023 年 5 月，一场听证会在美国举行，名称是“AI 监管：人工智能的规则”。OpenAI 首席执行官山姆·阿尔特曼出席听证会，并在会上主动呼吁立法监管 ChatGPT。

自从 ChatGPT 发布以来，其可以生成各种文本内容。，我们也在前边的内容中充分挖掘了它的各种用法，如它能帮我们写个人工作总结、画流程图、写简历、助力备考证书等。但这种强大的生成能力也带来了潜在的风险。如果利用 ChatGPT 产生误导性的信息或恶意的语言就会产生负面的影响。

不过，AI 作为工具本身是没有对错的，只是需要得到正确的使用和引导。为了保证使用和引导的正确性，就需要专门来监管。所以，山姆·阿尔特曼的建议不仅合情合理，而且具有较为重要的意义。我们需要成立监管机构，对 AI 的研发和应用进行审查和监督。我们需要引入许可证制度，确保只有经过严格审查的 AI 产品才能投入市场。我们需要建立一套安全标准，确保 AI 的使用不会带来难以预料的风险。

这些监管措施的执行效果直接关系着企业的财务安全，甚至可能影响到整个市场的稳定发展。如果缺乏有效的监管，一旦 AI 出现问题，可能会给企业带来严重的财务损失，影响企业的信誉。当监管到位，财务人也就能更放心地使用 ChatGPT 或者其他 AI 工具来为自己赋能了，这也将成为下一代财务人的职业必备技能。